ERNST-GÜNTER PARIS

# DER SCHLÜSSEL ZUR PARTNERSCHAFTSASTROLOGIE

1. Auflage; 1.–5. Tausend 1983

ISBN 3-921960-12-6



Herstellung: Druckhaus Hermann Oeben GmbH, 8033 Krailling
Printed in Germany

Ernst-Günter Paris

# Der Schlüssel zur Partnerschaftsastrologie

»Sage mir, mit wem du umgehst,
so sage ich dir, wer du bist.«
J.W. von Goethe
»Maximen und Reflexionen«

Horoskop Beziehungen
zwischen
Liebenden, Ehepartnern, Freunden,
Bekannten und Geschäftspartnern.

URANIA BLAUE REIHE 12

# Inhaltsangabe

## 1. Partnerschaften

Wir kommen auf diese Erde und werden in ein Volk hineingeboren. Unsere Eltern sind die ersten Partner. Sie schenkten uns das Leben.

Wenn wir heranwachsen, nehmen wir weitere Beziehungen auf mit den Geschwistern, den Spielgefährten, den Freunden und dem übrigen Familienkreis.

Wir sind nie allein. Anfangs behütet und umsorgt von der Familie; später, wenn wir eigenständig geworden sind, wählen wir uns den Kreis der Menschen, dem wir uns zugehörig empfinden.

Mit dem Erwachen der Liebe halten wir Ausschau nach der richtigen Lebensgefährtin oder dem Lebensgefährten. Viele schließen den Bund für das Leben. Über kurz oder lang kommt jedoch bei diesem oder jenem ein böses Erwachen. Man erkennt, nicht die richtige Wahl getroffen zu haben. Man geht wieder auseinander. Bald wird eine neue Liebesbindung eingegangen. Oft kommt es zu einer weiteren Heirat.

Das ist der Lauf der Welt.

Es geht uns mit unseren Freundschaften nicht anders. Einige halten ein Leben lang. Es gibt aber auch Weggenossen, die uns nur eine Weile begleiten. Das Schicksal will es, daß wir sie eines Tages aus dem Auge verlieren. So bleibt uns nur noch eine Erinnerung.

Treten wir in das Berufsleben ein, kommt es zu einer Zusammenarbeit mit Menschen, mit denen uns gemeinsame Interessen verbinden. Manche gehen eine Geschäftspartnerschaft ein, andere wieder werden Teilhaber in einer Firma.

Viele Menschen kreuzen im Laufe unseres Lebens unseren Weg.

Alle diese Verbindungen und Beziehungen mit anderen Menschen sind nicht zufällig. Wenn hier das Wort Zufall Geltung haben soll, dann nur in dem Sinne, daß diese Menschen zu einem bestimmten Zeitpunkt, in einer bestimmten Situation an einem bestimmten Ort schicksalhaft mit uns zusammenfinden sollen. Der Zufall ist ein Gesetz.

Alles, was auf uns zufällt, hat aus höherer Sicht einen Sinn. Es geht darum, uns diesen Sinn zu erschließen. Das eigene Horoskop

wird transparenter, wenn wir es mit Horoskopen uns interessierender Mitmenschen in Beziehung setzen.
Wir gewinnen nicht nur Einsichten in den Charakter und das Schicksal unserer Partner, wir lernen zugleich uns selber besser zu verstehen. Partnervergleiche lassen uns das Zueinander, das Miteinander und das Gegeneinander besser begreifen. Für den Betrachter öffnen sich ganz neue Perspektiven. Sie sind eine große Bereicherung, nicht nur wegen ihres praktischen Wertes, sie vertiefen auch unser astrologisches Wissen.
Aktionen und Reaktionen unserer Partner auf unsere Handlungen sind Reflexionen auf unsere Wesensbeschaffenheit. Das gilt auch umgekehrt. Ob diese Handlungen nun sinnvoll oder sinnlos oder für andere nützlich oder schädlich sind, verrät der Partnervergleich.
Es geht hierbei um keine moralische Bewertung, sondern zunächst um die grundlegende Feststellung, daß wir alle nach dem Gesetz unserer inneren Notwendigkeit handeln.
Das Horoskop läßt uns das Gesetz erkennen.
Seit eh und je gilt der Satz: »Charakter und Schicksal sind eins«, eine Wahrheit, die wohl gelegentlich zitiert, die aber in ihrer Konsequenz meistens nicht zu Ende gedacht wird.
Betrachten wir ein Horoskop. Es ist der flächenhafte Aufriß einer dreidimensionalen Welt. Das Horoskop setzt sich in seinen wesentlichen Bezügen zusammen aus dem zwölfgeteilten Tierkreis, den 12 Erdraumfeldern und den Planeten.
Der Tierkreis ist das Symbol eines vieldimensionalen Weltenraumes, in dem Zeit und Zeitlosigkeit, Dauer und Ewigkeit in einem Punkt zusammenfallen. Dort ist unsere Seele beheimatet.
Körper und Seele sind während unserer Erdenzeit unlösbar miteinander verbunden.
Die bedeutsamste Stelle des Tierkreises ist der Aszendent, der zugleich die Spitze des 1. Erdraumfeldes bildet. Der Aszendent steht exakt in dem Zeichen, das im Geburtsaugenblick am Osthimmel aufsteigt.
Im Hinblick auf unsere seelische und körperliche Beschaffenheit hat der Aszendent eine entscheidende Bedeutung.
Die geistige Beschaffenheit ist im Symbol der Sonne zu erkennen.

Der Mensch ist mit Bewußtsein beschenkt und kann sagen: »ich bin!«
Die Beschaffenheit der Sonne im individuellen Horoskop gibt eine klare Auskunft über die geistigen Fähigkeiten, über die vitale Lebenskraft.
Damit haben wir zwei der wichtigsten Bezugspunkte im Horoskop genannt: Aszendent und Sonne. Aus dem Zusammenwirken von Aszendent und Sonne lassen sich bereits grundlegende Schlüsse auf Charakter und Schicksal eines Menschen ziehen. Selbstverständlich genügen sie allein noch nicht, um zu einer abschließenden Beurteilung eines Partnervergleichs zu kommen, aber sie sind eine gute Grundlage, auf der wir aufbauen können.
Die Stellungen von Aszendent und Sonne sind in 144 Kombinationen im Tierkreis möglich. Diese 144 Kombinationen in ihren Auswirkungen auf Charakter und Schicksal sollen eingehend behandelt werden.
Zuvor noch ein Wort zur Sonne. Man muß die Planeten als der Sonne zugehörig ansehen. Sie sind ein Teil von ihr. In urfernen Zeiten sind sie vielleicht einmal aus der Sonne hervorgegangen. Sie stellen die Vielfalt der Aspekte der Einheit Sonne dar.
Ganz anders steht es mit dem Mond, der kein Teil der Sonne ist. Eher noch müssen wir ihn der Erde zuordnen, mit der er unlösbar verbunden ist.
Im überlieferten Sprachgebrauch werden Sonne und Mond astrologisch als Planeten bezeichnet. Das ist eigentlich unsinnig, denn die Sonne, das Zentralgestirn unseres kosmischen Systems, ist ein Fixstern und der Mond ist ein Trabant der Erde. Der Mond umkreist die Erde und zieht mit ihr gemeinsam um die Sonne.
Der Mond nimmt eine Mittlerstellung ein zwischen der Sonne, den Planeten, die zusammen die geistigen Prinzipien verkörpern, und dem Tierkreis, dem Symbol der Seelenkräfte.
Das Geistzentrum Sonne schenkt uns das Bewußtsein, der Mond regiert und regelt unser Unbewußtsein. In diesem Unbewußten halten wir jedes Erlebnis der Vergangenheit, der Gegenwart und der Zukunft fest.
Der Mond symbolisiert das personifizierte Urgedächtnis der Erde. Er steht in einem unmittelbaren Wesensbezug zu unserem Gedächtnis.

Je nach Beschaffenheit unserer seelischen und intuitiven Anlagen können wir die lunaren Gedächtniskräfte in uns wecken. Sie geben uns Einblicke in die Nachtseite des Lebens, die normalerweise dem Bewußtsein verschlossen bleiben. So viel zur Mittlerfunktion des Mondes.

Bleibt noch etwas über die 12 Felder des Horoskopes zu sagen. Sie bedeuten die eigentlichen Schicksalsebenen, auf denen die Seelenkräfte und die geistigen Planetenprinzipien zur Auswirkung kommen.

In den 12 Feldern wird Schicksal zum Ereignis.

Die Felder sind der Erde zuzuordnen. Das Horoskop stellt eine Dreiheit dar: Tierkreis, Planeten und Erdraumfelder. Diese Dreiheit steht zu den Seelen-, Geist- und Körperkräften in der Natur in einem Wesensbezug.

Nicht anders steht es mit uns. Auch wir leben in der Dreiheit: Körper, Geist, Seele.

Und nun wird anschließend besser zu verstehen sein, daß »Charakter und Schicksal« tatsächlich eins sind.

Jedes Lebewesen hat sein Revier, in dem es beheimatet ist und sich bewegt. Zum Beispiel die Zugvögel kehren jedes Jahr in ihre Reviere zurück, sei es im Süden oder im Norden.

Theoretisch kann der Mensch die ganze Erde als sein Revier betrachten und sich überall frei bewegen; tatsächlich aber gehorcht er einem eingeborenen Gesetz und bleibt in einem bestimmten Lebensraum. Bei dem einen ist dieser Bereich kleiner, bei dem anderen größer; das ist individuell unterschiedlich.

Innerhalb dieses abgesteckten Lebensraumes vollzieht sich das Schicksal eines jeden Menschen. Innerhalb dieses Rahmens kann auf ihn ereignismäßig nur zukommen, was mit der Geburt in seinen Charakter gelegt wurde. Alles Erleben — dazu gehören auch die Begegnungen mit anderen Menschen — ist die Reflexion seiner Wesensanlagen.

Da Charakter und Schicksal eins sind, wird endgültig verständlich, daß aus einem Horoskop beides, nämlich der Charakter und das Schicksal abzulesen sind.

Das Innen und das Außen bilden eine untrennbare Einheit. Selbsterkenntnis kann sich nicht allein darauf beschränken, die eigene

Wesensart zu analysieren. Unser Innenleben wird durch die geistig-seelischen Anlagen bestimmt. Die naturnotwendige Ergänzung finden wir im Außen. Dieses Außen sind die tagtäglichen Begebenheiten, die erfreulichen oder leidvollen Erfahrungen, die wir machen. Dazu gehören auch die Menschen, die unseren Weg kreuzen.

Das alles ist zusammen das exakte Spiegelbild unseres Innenlebens, die Reflexion unseres Charakters.

Wer sich darin übt, unter diesem Gesichtspunkt seinen Umgang mit anderen zu studieren, erschließt sich alsbald ganz neue Einsichten. Man lernt verstehen, daß alle Partnerschaften — ganz gleich auf welcher Ebene und zu welchem Zweck sie geschlossen werden — stets die Reflexionen der eigenen Psyche sind.

Es gibt in der astrologischen Literatur Bücher, in denen die Frage aufgeworfen wird, wer zu wem paßt. Diese Frage ist falsch gestellt. Man kann da lesen, welche Tierkreiszeichen miteinander harmonieren und welche nicht, wobei von der Sonnenposition im Horoskop ausgegangen wird. Das sind Verallgemeinerungen, die praktisch wertlos sind. Es ist Zeitverschwendung, sich damit zu beschäftigen.

Es muß stets das Gesamtbild eines Horoskops betrachtet und mit dem Horoskop des Partners verglichen werden. Alle Faktoren beider Horoskope müssen sorgfältig gegeneinander abgewogen werden. Nur so wird man zu einem schlüssigen Bild über Partnerschaften kommen.

Diesen Weg gehen wir gemeinsam.

Zuerst analysieren wir alle Teile der Horoskope, die zur Beurteilung einer Partner-Beziehung erforderlich sind. Abschließend folgt ein Beispiel, das zeigt, wie die gewonnenen Einzelkenntnisse zusammengefügt werden. Sie vermitteln eine klare und eindeutige Aussage über die Beschaffenheit der horoskopierten menschlichen Beziehungen.

*

Wir gehen davon aus, daß der Leser ein Grund-Horoskop errechnen und deuten kann. Das ist im 1. Band »Der Schlüssel zum Horoskop« ausführlich dargelegt, sodaß wir uns damit nicht aufhalten müssen.

Die Sonne im Tierkreis und im Erdraumfeld ist genau so wichtig wie der Aszendent in den 12 Tierkreiszeichen.

Die 144 Kombinationen sind an den Anfang gestellt, weil sie sich vortrefflich für eine Schnelldiagnose eignen. In prägnanter Weise vermitteln sie die geistig-seelischen Anlagen und die sich daraus ergebenden Wesenszüge.

## 2. Im Zeichen Widder Geborene

Widder-Geborene sind ich-bezogene Menschen. Erfahrungen, die sie sammeln, werden unter dem Gesichtspunkt des persönlichen Nutzwertes eingeordnet. Ihre Einstellung zu Menschen und Dingen ist eine subjektive. Sie wollen gern im Mittelpunkt stehen, darum brauchen sie die Umwelt, die ihnen Gelegenheit geben soll, das eigene Ich-Bewußtsein und Ich-Gefühl zu stärken.

Es sind Tatmenschen, die sich dem Leben stellen. Sie handeln aus vitaler Kraft und suchen die kämpferische Auseinandersetzung. Die Triebfeder ihres Handelns ist ein ausgeprägter Ehrgeiz. Widerstände müssen überwunden werden. Das spornt zu großen Leistungen an.

Nicht die Arbeit an sich ist es, die den Widder-Geborenen befriedigt, es ist vielmehr die Arbeit, die ihm Geltung verschafft, durch die er sich auf den Sprossen des Erfolges nach oben arbeiten kann. Dieser Drang nach Selbstbehauptung, nach eigener Geltung, ist es auch, der ihn die Beziehungen zur Herkunft, zum Elternhaus, zur Tradition bisweilen vernachlässigen läßt.

Der starke Freiheitsdrang läßt sich mit den Ehefesseln schlecht vereinbaren, deshalb geraten Ehen mit Widder-Geborenen leicht in eine Krise.

Bei aller Bereitschaft zur Gemeinschaft und Geselligkeit geraten Widder-Geborene schnell in Opposition mit ihrer Umwelt, wenn sie ihre Ansprüche gefährdet sehen. Sie melden gern ihre Führungsansprüche an. Ihr Interesse an einer Aufgabe besteht jedoch nur so lange, bis diese Aufgabe bewältigt ist. Das Interesse erlahmt dann schnell. Sie wenden sich neuen Zielen zu.

Widder-Geborene schätzen freundschaftliche Bindungen. Sie wählen meist einen kleineren Kreis. Ernsthaft eingegangene Beziehungen erweisen sich als dauerhaft.

Widder-Geborene reisen gern, auch in ferne, fremde Länder. Sie suchen das Abenteuer. Das stärkt ihr Selbstgefühl und kommt ihrem Verlangen nach Geltung entgegen.

In ihren erotischen Bindungen können sie recht gewagte Beziehungen eingehen. Auch hier suchen sie das Abenteuer, das ihnen einen besonderen Reiz vermittelt. Das Ich-Gefühl wird mit jeder neuen Eroberung gestärkt. Es ist nicht immer leicht, Widder-Geborene in das enge Korsett einer ehelichen Bindung zu schnüren. Die Pflichten in einer Ehe können schnell als lästig empfunden werden.

Wirtschaftliche Fragen nehmen in ihrem Denken keinen allzu großen Raum ein. Besitz ist ihnen eine Notwendigkeit zur Selbsterhaltung. Geld gleitet ihnen schnell durch die Finger.

Das Wesen der Widder-Geborenen ist frisch, jugendlich und unbekümmert. Sie belasten sich nicht gern mit Problemen. Es ist ihr Bestreben, eine innere und äußere Unabhängigkeit zu erreichen. Für dieses Ziel setzen sie ihre ganze vitale Kraft ein.

Widder-Geborene messen gern ihre Kräfte mit anderen. Sie haben ein großes angeborenes Selbstvertrauen. Das gibt ihnen den Mut, sich unbekümmert an Aufgaben zu wagen, die sie bisweilen überschätzen. So leicht geben sie aber nicht auf. Hindernisse und Widerstände, die nicht sofort zu brechen sind, werden nach einer gewissen Zeit nochmals angegangen, um dann beim zweiten oder dritten Versuch das Ziel zu erreichen.

Widder-Geborene sind impulsiv und neigen daher auch zu Voreiligkeiten. Sie eignen sich eher zur Erledigung kurzfristiger Aufgaben als langfristiger, weil ihr Interesse schnell erlahmt. Im Berufsleben zeichnen sie sich durch fortschrittliche Ideen aus. Sie sind

gute Organisatoren und können mit ihrer Begeisterungsfähigkeit andere mitreißen.
Widder-Geborene können witzig sein, aber sie sind nicht sonderlich humorvoll. Sie machen gern jeden Spaß mit, sofern es sich um die Mitmenschen handelt. Treibt man mit ihnen Spaß, können sie recht empfindlich reagieren und sind schnell beleidigt. Reizt man sie, können sie sehr zornig werden und schnell aufbrausen.
Der Widder-Mann ist triebhaft, jedoch im allgemeinen der Liebespartnerin gegenüber ritterlich, doch kann er gelegentlich auch etwas herrisch auftreten. Bei seiner Freude an Eroberungen kommt es schnell zu Verbindungen. Eine kluge Partnerin, die den Widder-Mann nicht fühlen läßt, daß sie eigentlich den Ton angibt, erreicht viel bei ihm.
Die Widder-Frau hat ebenfalls ein ausgeprägtes Tatleben. Ihre Ich-Betonung kann sie etwas maskulin erscheinen lassen. Ihr Liebes- und Gefühlsleben zeichnet sich weniger durch Zärtlichkeit und Hingabe aus. Die Wahl des Partners erfolgt häufig aus dem Bedürfnis nach persönlicher Geltung. Die Stellung des Mannes, sein Ansehen, kann hierbei eine bestimmende Rolle spielen.
In ihren Gefühlsäußerungen ist die Widder-Frau einfach und direkt. Sie kann sehr eifersüchtig sein, allerdings weniger aus verletztem Selbstgefühl, mehr durch enttäuschtes Liebesempfinden. Sie fühlt sich in ihrem Stolz gekränkt.
In einer Ehegemeinschaft kann sich die Widder-Frau als eine hervorragende Mitarbeiterin betätigen. Wenn der Ehemann etwas passiv ist, wird die Widder-Frau umso aktiver. Mit ihrer Einsatzbereitschaft »steht sie ihren Mann«.

*

☉♈ — *Asz.* ♈

Sonne und Aszendent im feuerelementaren Zeichen Widder lassen die Eigenschaften und Neigungen dieses Zeichens betonter in Erscheinung treten.
Hier wie bei allen noch folgenden Fällen, müssen die anwesenden Planeten im 1. Feld und die Aspekte auf den Aszendenten berücksichtigt werden.

☉♈ — *Asz.* ♉

Die feuerelementare Sonne verbindet sich mit dem erdelementaren Stier. Willensstärke und Energie des Zeichens Widder verbinden sich mit den zur Beständigkeit neigenden Eigenschaften des Stieres. Daraus entsteht eine Wechselwirkung. Es stehen gegenüber Ungeduld und Ausdauer, Unruhe und Ruhe.

Einerseits leidenschaftlich und begeisterungsfähig mit einem klaren Sinn für die Wirklichkeit, sind diese Menschen auf ihre Sicherheit bedacht und streben anderseits mit Nüchternheit auf ihre abgesteckten Ziele los.

Eine gute Portion Egoismus ist immer mit im Spiel. Es werden Forderungen an die Umwelt gestellt. Das einmal Erreichte wird zäh verteidigt, um es zu bewahren.

Wenn das Tatleben keine freie Entfaltung erfährt, weil aus irgendeinem Grund Hemmungen bestehen, werden die Willenskräfte gestaut. Das kann explosive Wesensäußerungen verursachen, die sich durch Jähzornsausbrüche Luft machen.

☉♈ — *Asz.* ♊

Die Sonne findet im luftelementaren Zeichen Zwillinge eine recht gute Ergänzung. Widder will führen und seinen Willen durchsetzen. Das Zeichen Zwillinge verleiht gute Verstandeskräfte, die schnell eine Lage erkennen lassen.

Diese Menschen passen ihre Willensäußerungen den gegebenen Umständen an. Hierbei wird nicht blind drauflos gestürmt, denn das Denken wägt nach allen Seiten ab. Das bewahrt vor Voreiligkeiten.

Diese Menschen überzeugen durch Rede, Schrift und Handeln. Sie erweisen sich als geschickt im Umgang mit anderen. Ihre organisatorischen Fähigkeiten werden diplomatisch eingesetzt.

Aufgeschlossenheit für neue Ideen paart sich mit einem begeisterungsfähigen, fortschrittlichen Denken.

Liegen sehr kritische Aspekte auf Sonne oder Aszendent vor, kann das vom Widder angestachelte Machtstreben durch Raffinesse im Einsatz der Mittel untermauert werden. Da bleiben Gebote unbeachtet und über gegebene Schranken setzt man sich einfach hinweg.

☉ ♈ — *Asz.* ♋

Der feuerelementare Widder verträgt sich nicht gut mit dem wasserelementaren Krebs. Willens- und Gefühlsimpulse stoßen aufeinander. Die Veranlagung wird dadurch zwiespältig.

Das Innenleben dieser Menschen ist unruhig und unterliegt dem Wechsel. Sie sind schnell zu erregen und im Wesen launisch. Die Willensimpulse drängen zur Erfüllung großer Aufgaben. Die sehr wechselvolle geistig-seelische Beschaffenheit fördert einerseits die Handlungsbereitschaft, um andererseits zugleich auf Zurückhaltung bedacht zu sein. Es sind sensible Menschen, die schnell auf seelische Impulse ansprechbar sind und die zu Impulsivitäten neigen.

Bei starker Bindung an die Familie und die eigene Häuslichkeit besteht auch Aufgeschlossenheit für die Außenwelt mit allen ihren Anforderungen. Mal sind es berufliche, mal häusliche oder familiäre Interessen, die im Vordergrund stehen. Das Verlangen nach Veränderung ist sehr stark und darf als die treibende Kraft aller Handlungen angesehen werden.

☉ ♈ — *Asz.* ♌

Widder und Löwe sind beide feuerelementare Zeichen. Es ergänzen sich ein starker Wille, ein betontes Tatleben und ein ausgeprägter Ehrgeiz.

Die Menschen zeichnen sich durch bemerkenswerte Leistungsfähigkeit aus. Sie sind selbstbewußt und haben meistens besondere Talente. Die Art dieser Talente sind zu erkennen aus der Beschaffenheit der Planeten, deren Aspekte und ihre Stellung in den Zeichen und Feldern.

Gefühle werden dem Willen untergeordnet. Diese Menschen sind sich ihres Wertes bewußt und vertreten ihre Interessen leidenschaftlich. Das Streben nach sozialem Aufstieg findet Erfüllung. Erfolge bringen Auszeichnungen und Ehrungen, für die sie sehr empfänglich sind.

Es sind in erster Linie Berufsmenschen, die ihre Fähigkeiten gern mit anderen messen. Sind sie die Überlegenen, zeigen sie sich von ihrer generösen Seite und protegieren die Unterlegenen. Bisweilen kommt das Familienleben zu kurz.

Bei kritischen Aspekten wandelt sich Führungsbewußtsein in Herrschsucht, Überlegenheit in Anmaßung und Würde in Überheblichkeit.

☉♈ —*Asz.* ♍
Widder schenkt einen starken Willen und Forschheit im Handeln. Jungfrau verleiht sachliches und nüchternes Denken. Eine gute Urteilskraft und Kritikfähigkeit verbindet sich mit einem Sinn für Einzelheiten. Das verhindert vorschnelle Überlegungen.
Bei aller Kühnheit der Ideen kann man doch von einer guten Ausgewogenheit im Denken und Handeln sprechen.
Ein einmal eingenommener Standpunkt wird mit Nachdruck vertreten. Diese Menschen argumentieren gern. Sie werten ihre Kenntnisse und Erkenntnisse kritisch aus und gehen dabei auf alle Einzelheiten ein. Sie planen vorsichtig und gründlich, bevor sie handeln. Im Einsatz der Mittel sind sie nicht kleinlich, eher großzügig. Ihre Erfolge gründen in ihrem vorsichtigen und gut überlegten Vorgehen.
Bei kritischen Aspekten tritt allerdings ein Zwiespalt auf, den man nicht übersehen soll. Wille und Verstand stehen in einem Spannungsfeld. Hierdurch macht sich Egoismus stärker bemerkbar. Es kommt zu extremen Handlungen.

☉♈ —*Asz.* ♎
Hier verbindet sich das Tat- und das Empfindungsleben in einer sehr eigenwilligen Ausprägung. Bei vorwiegend harmonischen Aspekten kann man auf einen künstlerischen Gestaltungsdrang schließen.
Alles Schaffen und Handeln dieser Menschen entspringt dem Wunsch, in das Licht der Öffentlichkeit zu gelangen. Einerseits lieben sie die Selbständigkeit, andererseits verbünden sie sich gern zur Zusammenarbeit mit anderen.
Das ausgeprägte Selbstbewußtsein kann manchmal störend sein und zu Spannungen mit der Umwelt führen.
Diese Menschen pflegen nicht nur ihre persönlichen Beziehungen, sie sind in gewisser Weise sogar von ihnen abhängig. Oft spielt die Ehe eine bedeutende Rolle.

Bei kritischen Aspekten wollen diese Menschen gern dominieren. Sie wollen in ihrer engeren Umwelt die erste Geige spielen. Der Führungsanspruch wird von ihnen mit Nachdruck vertreten.

☉♈ — *Asz.* ♏

Widder, das 1. Zeichen im Tierkreis, gilt als noch unbelastet mit Erfahrungen und Problemen. Das 8. Zeichen Skorpion hingegen ist ein Zeichen tiefer Problematik.
Der feurige Widder und der wässrige Skorpion sind Extreme.
Aktive und passive Willenskräfte halten sich die Waage. Diese Menschen sind sowohl im Angriff als auch in der Verteidigung kühn und unerschrocken. Wer sie unterschätzt, unterliegt ihnen leicht.
Die vorhandenen Talente und Mittel werden geschickt verwertet und kommen zum vollen Einsatz. Im Berufsleben, bei der Arbeit zeigen sich diese Menschen als besonders leistungsstark.
Das Triebleben nimmt meistens einen breiten Raum ein, ebenso sind die Leidenschaften kräftig und verführen zu Exzessen. Diese Menschen sollten erst ihre erotischen Erfahrungen sammeln, bevor sie sich fest an eine Partnerin oder an einen Partner binden.
Bei sehr kritischen Aspekten kann Rücksichtslosigkeit bis zur Brutalität auftreten.

☉♈ — *Asz.* ♐

Man kann von einem vielseitigen Tatleben sprechen. Es sind oft sportliche Menschen, die eine körperliche Betätigung für das eigene Wohlbefinden brauchen.
Es besteht ferner das Bedürfnis, den Gesichtskreis zu erweitern. Das kann zum einen durch Sammeln von Kenntnissen und Erkenntnissen erreicht werden, zum anderen findet es seine Befriedigung durch Reisen.
Es sind unternehmungslustige und großzügig denkende und handelnde Menschen. Sie kämpfen für das Recht und verteidigen es, wenn Gefahr droht, daß es gebrochen wird.
Sie haben großes Vertrauen in die eigenen Fähigkeiten, die sie zur vollen Entfaltung bringen. Ihre Grundhaltung ist optimistisch.
Sie folgen stets ihrer Überzeugung und sie stehen fest zu dem, was sie tun.

Bei kritischen Aspekten verkehrt sich Optimismus in Hohlheit. Durch anmaßende Haltung und Großsprecherei werden Sympathien verscherzt.

☉♈ — *Asz.* ♑

Die Verbindung Widder und Steinbock stachelt den Ehrgeiz an. Man kann mit bemerkenswerten Leistungen rechnen. Diese Menschen imponieren durch Selbstbehauptung. Sie rücken in gehobene soziale Stellungen vor.

Sie zeichnen sich durch Gründlichkeit und Zähigkeit aus. Ihre Aufgaben verrichten sie mit enormem Fleiß. Dazu kommen hervorragende organisatorische Fähigkeiten, die den Arbeitswillen unterstützen und die ebenfalls dazu beitragen, daß die angestrebten Ziele erreicht werden.

Es sind ausgesprochene Arbeitsmenschen mit einem bewundernswerten Durchsetzungsvermögen. Die Pflicht hat in jedem Falle Vorrang, erst dann kommt das Privatleben.

Kritische Aspekte unterstreichen das egoistische Streben. Es kann zur Rücksichtslosigkeit verleiten. Im extremen Falle kann es zur gewalttätigen Selbstdurchsetzung kommen.

☉♈ — *Asz.* ♒

Das luftelementare Zeichen Wassermann verträgt sich gut mit dem Widder. Hier wird der Sinn für Reformen und Neuerungen aller Art geweckt. Es besteht ferner Aufgeschlossenheit für technischen Fortschritt.

Diese Menschen öffnen sich allen neuen Ideen und lassen sich von ihnen begeistern. Sie möchten sie am liebsten sofort in die Tat umsetzen. Theorien finden nur insofern Interesse, als sie Anstoß zur praktischen Verwirklichung dieser Ideen sind.

Mit diesen Menschen läßt es sich sehr gut zusammenarbeiten, da sie ihren Mitmenschen gegenüber eine kameradschaftliche Haltung einnehmen.

Das Tatleben wird dirigiert von Willenskräften, die schwungvoll eingesetzt werden, um etwas im Leben zu erreichen. Am Erreichten wird festgehalten.

Es sind Persönlichkeiten individueller Prägung. Sie strahlen viel

Kraft aus und sind sehr darauf bedacht, ihre Eigenart zu wahren. Sehr kritische Aspekte verführen zu utopischen Ideen. Diese Menschen verlieren sich in unrealisierbare Projekte.

☉ ♈ — *Asz.* ♓

Es vereinen sich die vom Widder geförderten Willensimpulse, die zur Tat drängen, mit den wasserelementaren Fische-Kräften, die eine passive, weiche Gefühlswelt vertreten. Das schwächt die Willensimpulse, die nicht mehr voll zur Auswirkung kommen können.

Wille und Gefühl stehen sich unvereinbar gegenüber. Man muß von einem komplizierten Charakter sprechen, der sich zu heftigen Gefühlsäußerungen hinreißen lassen kann, die zugleich innere Widersprüche aufzeigen.

Das Selbstgefühl kommt selten zur vollen Entfaltung. Diese Menschen verstehen es nicht, die vorhandenen Willensimpulse zur Geltung zu bringen. Das engt ihr Tatleben erheblich ein.

In der Welt der Gefühle kennen sie sich aus. Sie verstehen es, die Gefühle anderer zu wecken, um auf diese Weise sich durchzusetzen.

Kritische Aspekte fördern eine innere Zerrissenheit, die den Charakter nachteilig beeinträchtigt.

## 3. Sonne im Widder und in den 12 Feldern

☉ *im 1. Feld*

Sonne und Aszendent im Zeichen Widder bringt die Eigenschaften der Widder-Geborenen betont zum Ausdruck.

### ⊙ *im 2. Feld*

Liebe zum Besitz und zum Geld ist nicht das eigentliche Motiv; dennoch besteht eine Beziehung zum Geld, zum Besitz und zu den materiellen Werten.

Der Widder-Geborene braucht Besitz, um seine Persönlichkeit zur vollen Entfaltung zu bringen. Es ist sein Ehrgeiz, der ihn dazu drängt, den anderen den Rang abzulaufen, um seine eigenen Machtansprüche an die Umwelt anzumelden.

Im Umgang mit Geld und Besitz zeigt sich der Widder-Geborene nicht sehr geschickt. Das Geld rollt ihm schnell durch die Finger. Es kann auch Verschwendung auftreten, wenn die Aspekte darauf hindeuten.

Widder-Geborene bringen es zu etwas im Leben durch ihren Arbeitseifer.

Manchmal spielt der Besitz des Vaters oder anderer Familienangehöriger eine Rolle. Geld durch Erbschaft oder Übertragung.

Bei dieser Sonnen-Position finden die eigenen Anlagen, Talente und Fähigkeiten eine wirkungsvolle Entfaltung. Sie werden auch dazu eingesetzt, andere zu Leistungen anzuspornen, damit die eigenen egoistischen Ansprüche befriedigt werden können.

### ⊙ *im 3. Feld*

Diese Sonnenposition bringt in das tägliche Allerlei viel Bewegung. Geschwistern gegenüber wollen Widder-Geborene gern die Führung übernehmen. Es kommt leicht mit Geschwistern und anderen Verwandten zu Reibereien und Auseinandersetzungen.

Innere Unruhe ist der Antrieb zum Handeln. Sie regt zu Reisen an. Mit der engeren Umwelt besteht ein lebhafter Austausch. Bewußter Einsatz der intellektuellen Fähigkeiten. Manchmal zeigt sich eine technische Begabung. Es geht weniger um Theorien, mehr um die Praxis.

Widder-Geborene sind sich ihrer Fähigkeiten bewußt. Ihre Erfolge geben ihnen Sicherheit.

Kritische Aspekte können den Erfolg verlangsamen durch Widerstände und Hindernisse, die sich in den Weg stellen. Daraus entsteht eine kämpferische Haltung, die zu Streit und Auseinandersetzungen führt.

☉ *im 4. Feld*

Starke innere und äußere Beziehung zum Elternhaus, zum Vater. Selbst bei harmonischen Aspekten sind die Beziehungen nicht frei von Meinungsverschiedenheiten, die bei kritischen Aspekten sogar zu einem Zerwürfnis mit dem Elternhaus führen können.
Ein schon in frühen Jahren erwachender Unabhängigkeitsdrang führt zu einem baldigen Verlassen des Elternhauses.
In der eigenen Häuslichkeit kommt es später zu Krisen und Umbrüchen, darum kommt es häufig zu Wohnungs- und Ortswechsel im Leben.
Eine harmonische Sonnen-Position läßt Widder-Geborene bis ins hohe Alter tätig sein.
Eine sehr kritische Sonnen-Position weist auf Erbfaktoren hin, die den Charakter negativ beeinflussen. So kann Herrschsucht Unfrieden in das häusliche Leben tragen.

☉ *im 5. Feld*

Es besteht viel Unternehmungslust und Abenteuerdrang, dazu kommt die Anlage, sich schnell begeistern zu können. Mitunter können sich Widder-Geborene spontan auf gewagte Dinge einlassen.
Bei ihrer jugendlichen Frische neigen sie zur sportlichen Betätigung.
In der Liebe möchte der Widder-Mann sein Draufgängertum beweisen. Er will das andere Geschlecht erobern und ist sich seiner Wirkung bewußt. Es kommt dabei zu leidenschaftlich verlaufenden Beziehungen, doch bei seiner großen Liebe zur Abwechslung sind seine Bindungen selten von längerer Dauer.
Kritische Aspekte zur Sonne zeigen viele Spannungen und Auseinandersetzungen unter den Liebespartnern an.
Viele Kinder sind in einer Ehe nicht zu erwarten, höchstens ein Kind oder zwei Kinder.
Da Widder-Geborene zu wenig Geduld und Einfühlung haben, sind sie keine guten Pädagogen. Das wirkt sich auf die Beziehung zu den Kindern aus. Besonders bei kritischen Sonnen-Aspekten kann es zu ernsthaften Zerwürfnissen mit den Kindern kommen.

☉ *im 6. Feld*

Hier geht es um das eigene Arbeitsfeld und um die Gesundheit. Die Sonnen-Position zeigt sehr viel Arbeit an, manchmal sogar einen ausgesprochenen Arbeitszwang. Die Leistungen finden nicht die Anerkennung, die sie eigentlich verdienen.

Abhängige berufliche Positionen erweisen sich als die besseren. Innerhalb solcher Tätigkeiten können leitende Posten durchaus erklommen werden. Selbständigkeit trifft man seltener an.

Selbst bei einer sehr harmonisch aspektierten Sonne ist die Gesundheit nur als leidlich gut anzusehen. Kritische Sonnen-Aspekte zeigen gesundheitliche Störungen und Krisen an. Die weiteren Aspekte auf dieses Feld lassen erkennen, ob ein starker Verschleiß der Lebenskraft zu erwarten ist.

Besonders in der Jugend kommt es zu fiebrigen Erkrankungen, die einen schnellen Verlauf nehmen. Kopf und Herz können in Mitleidenschaft gezogen werden. Es besteht ferner Neigung zu Unfall und Verletzung.

☉ *im 7. Feld*

Hier spielen Partnerschaften oder Teilhaberschaften eine Rolle. Es sind in erster Linie die persönlichen Beziehungen, die gepflegt werden, allen voran die Ehepartnerschaft.

Nimmt die Sonne in diesem Feld eine dominierende Stellung ein und wird harmonisch aspektiert, kann man auf einen Ehepartner oder eine Ehepartnerin in guter sozialer Position schließen. Die Sonne in diesem Feld verspricht selbst bei harmonischer Stellung selten eine ideale Ehe.

Es kann ein ehrgeiziger Ehemann in gehobener Position sein oder eine ehrgeizige, stolze und selbstbewußte Gattin, doch der Eigenwille des Partners oder der Partnerin wird das eheliche Zusammenleben nachteilig beeinflussen. Kritische Aspekte auf die Sonne lassen es zu einer Ehekrise kommen.

Widder-Geborene mit der Sonne im 7. Feld haben eine mehr oder weniger starke Beziehung zur Öffentlichkeit, zum öffentlichen Leben. Eine harmonische Sonne fördert den Umgang mit sozial Hochgestellten; eine disharmonische Sonne bringt Feindschaft von Seiten Maßgebender. Es kommt zu Prozessen und rechtlichen Auseinandersetzungen.

### ☉ *im 8. Feld*

Keine sehr günstige Stellung für die Sonne, da sie in ihren Auswirkungen eingeschränkt ist. Selbstbehauptung und Selbstentfaltung, wie sie der Widder-Geborene anstrebt, treten stark gemindert auf. Es mangelt an Möglichkeiten.

Starker physischer Kräfteverbrauch kann den Körper schwächen. Das bewirkt einen schnellen Verschleiß, und die Empfänglichkeit für Krankheiten nimmt zu.

Eine kritisch aspektierte Sonne gefährdet Herz und Kopf. Sie kann unerwarteten, auch gewaltsamen Tod bewirken.

Das 8. Feld gibt ferner Auskunft über Besitz und finanzielle Verhältnisse des Partners oder der Partnerin. Eine harmonisch gestellte Sonne wird das eigene Vermögen durch die Partnerschaft vermehren. Eine disharmonisch aspektierte Sonne bringt Sorgen und Verluste, die durch den Besitz des Partners entstehen können.

### ☉ *im 9. Feld*

Weltanschauliche Interessen können einen breiten Raum einnehmen. Es besteht Aufgeschlossenheit für Politik oder geistige Bestrebungen, wobei stets die praktische Seite einbezogen wird. Man erschöpft sich nicht in Theorien.

Der Kampf für Ideale ist nicht selbstloser Natur. Stets wird zugleich ein Zweck verfolgt. Die Wirklichkeit mit ihren Forderungen hat immer Vorrang.

Widder-Geborene mit der Sonne im 9. Feld sind von großer geistiger und körperlicher Beweglichkeit. Beteiligung an weit ausgedehnten Unternehmungen, die über die Grenzen des Heimatlandes führen, sind möglich. Es kommt zu vielen und weiten Reisen. Das Ausland wird ebenfalls im Leben eine Rolle spielen.

Bei kritischen Aspekten auf die Sonne können weltanschauliche Konflikte entstehen. Es gibt Ärger durch eine anmaßende Haltung. Die eigene, sehr subjektive Einstellung, auch in rechtlichen Fragen, bringt ihn in Widerspruch mit der Umwelt.

### ☉ *im 10. Feld*

Eine harmonisch gestellte Sonne bringt die eigenen Fähigkeiten und Talente zur vollen und besten Entfaltung. Sie werden in den

Dienst für das Allgemeinwohl gestellt. Ein gesunder Ehrgeiz spornt zu Leistungen an, die Anerkennung finden. Man kann von einer persönlichen Karriere sprechen, die sich durch entsprechende Erfolge auszeichnet.
Der soziale Aufstieg führt in einflußreiche Positionen. Sie bieten Gelegenheit zur eigenen Machtentfaltung, die von Verantwortungsbewußtsein getragen ist.
Die Umwelt respektiert diesen beruflichen Weg. Es kommt zu Auszeichnungen und Ehrungen.
Auch bei einer kritischen Sonnen-Position wird eine Beziehung zur Öffentlichkeit und zum öffentlichen Leben bestehen, doch können Machtkämpfe auftreten. Der soziale Aufstieg erlebt Rückschläge.
Vorgesetzte und einflußreiche Persönlichkeiten stellen sich in den Weg und bedrohen die Existenz.

⊙ *im 11. Feld*

Es kommt zu einer guten gesellschaftlichen Entfaltung. Im Freundes- und Bekanntenkreis kann eine einflußreiche Stellung eingenommen werden. Der Widder-Geborene umgibt sich mit einflußreichen Freunden. Er weiß die Vorteile zu schätzen, die diese Freundschaften vermitteln.
Seine ehrgeizigen Wünsche und Pläne versucht er mit Hilfe seiner Freunde und Gönner zu verwirklichen.
Eine kritisch aspektierte Sonne in diesem Feld verführt Widder-Geborene dazu, ihre Freunde für die eigenen egoistischen Ziele einzuspannen, sogar zu mißbrauchen.
Dadurch können heftige Kämpfe und Auseinandersetzungen mit den Freunden entstehen. Widder-Geborene wollen nicht in ihrer persönlichen Geltung zurückstecken. Sie werden stets darum bemüht bleiben, die eigene Stellung den anderen gegenüber um jeden Preis zu halten.

⊙ *im 12. Feld*

Einsatzwille und Einsatzstärke sind wohl vorhanden, doch kommen sie nicht zu der erwünschten Entfaltung. Manchmal sind es äußere Widerstände und Hindernisse, die dazu zwingen, im Hin-

tergrund zu bleiben. Das entspricht nicht der Wesensart der Widder-Geborenen, die gern hervortreten und sich ins rechte Licht rücken wollen.
Sie leiden an Einschränkungen und Mangel an Entfaltung. Es sind vom Schicksal vorgezeichnete Umstände, die eine Abhilfe verhindern.
Eine sehr harmonisch gestellte Sonne in diesem Feld kann den Widder-Geborenen auch Erfolge bringen, doch sind sie nicht von Dauer. Es muß stets alles neu erkämpft und erobert werden, was allmählich auch den Körper schwächt und anfällig macht.
Eine disharmonische Sonne kann den sozialen Aufstieg durch gegnerische Vorgesetzte verzögern oder gar verhindern. Enttäuschungen und Zurücksetzungen stören das persönliche Verhältnis zu Vorgesetzten und einflußreichen Persönlichkeiten.
Es besteht dann auch Neigung zu chronischen Erkrankungen und zu Unfällen.

## 4. Im Zeichen Stier Geborene

Diese Menschen sind praktisch eingestellt und in ihrer Haltung konservativ. Im Denken und Handeln langsam, brauchen sie eine gewiße Zeit, bis sie neue Ideen verarbeitet haben. Sie hängen am Althergebrachten. Der Stier-Geborene lebt ganz in der Gegenwart. Er liebt seine Heimat und seine Häuslichkeit. Er ist darauf bedacht, erworbenen Besitz zu erhalten und zu mehren. Seine Ziele verfolgt er hartnäckig. Er läßt sich von einmal Vorgenommenem nicht so leicht wieder abbringen. Bisweilen kann er recht trotzig und eigensinnig sein.
Stier-Geborene erreichen langsam, aber sicher ihr Ziel. Sie verfügen über eine große Arbeitskraft, sind zäh und ausdauernd, und

sie berechnen sachlich ihre Chancen. Ihre Standhaftigkeit ist es, die ihnen den Erfolg sichert.
Allerdings kennen sie auch Zeiten des Ausruhens. Sie können sich dann dem süßen Nichtstun hingeben, um nach einer Weile wieder umso intensiver ihrer Arbeit nachzugehen.
Sie sind aufgeschlossen für Schönheit und Ästhetik, haben einen guten Geschmack und einen reichen Formensinn. Für Genüsse aller Art sind sie sehr empfänglich.
Sie sind künstlerisch begabt, für Musik empfänglich und viele haben eine schöne Stimme.
Stier-Geborene sind liebevoll und mitfühlend. Sie gewinnen im Umgang mit der Umwelt schnell Sympathien.
Ihre Gefühle sind nicht leicht zu wecken, doch wenn sie mal angesprochen sind, können Stier-Geborene leidenschaftlich reagieren.
Sie sind beständig, treu und anhänglich. Sie brauchen für ihr Wohlbefinden gesicherte Besitzverhältnisse. Sie hängen am Geld. Kommt es einmal zu einer finanziellen Krise, können sie in einen schweren Konflikt geraten, aus dem sie nur langsam wieder herausfinden.
Ihre Arbeit und ihre Aufgaben verrichten sie gewissenhaft. Es geht ihnen dabei nicht in erster Linie um die Anerkennung ihrer Leistungen, es befriedigt sie vielmehr das Bewußtsein, durch die erreichte Position ihr Leben wirtschaftlich gesichert zu haben.
Im allgemeinen ist das Verhältnis zum Elternhaus ein gutes. Mit dem eigenen Heim ist der Stier-Geborene sehr eng verbunden, manchmal mehr als mit dem Ehepartner oder der Ehepartnerin. Das bedeutet jedoch nicht, daß er den Partner oder die Partnerin vernachlässigt. Das Familienleben ist harmonisch. Die Aufgaben, die eine Ehe mit sich bringt, werden erfüllt.
Das erotische Leben kann durch Eifersucht erschüttert werden, da das Triebleben sehr intensiv ist. Treten Konflikte auf, kann die Ehe gefährdet sein, doch das Bedürfnis, am einmal gewonnenen Partner zäh festzuhalten, kann der Auflösung der Ehe lange Zeit entgegenstehen.
Stier-Geborene sind gesellig. Allerdings mangelt es an Anpassung und Wendigkeit. Innerlich bleiben sie unnachgiebig und starr. Besonders Gegnern gegenüber können sie sehr unbeugsam bleiben.

Die Stier-Frau ist weich und besitzt viel Gemüt. Sie ist mitfühlend und geduldig. Ihr Sinnenleben ist auf Genußfreude eingestellt. Dem Liebespartner kann sie starke Empfindungen entgegenbringen. Erst das erfüllte Liebesleben wird ihre Persönlichkeit zur vollen Entfaltung bringen.
Unter ruhiger Oberfläche verbirgt sich starke und tiefe Leidenschaft. Die Stier-Frau fixiert sich auf einen Partner. Sie ergreift gleichsam von ihm Besitz.
Häufig entscheiden bei der Wahl eines Ehepartners auch die Vermögensverhältnisse mit. In einer Ehe sind Stier-Frauen häuslich und um die Familie sehr besorgt. Sie verstehen es vorzüglich, an der Seite des Partners zu repräsentieren.

*

⊙ ♉ — *Asz.* ♈

Die mangelnde Beweglichkeit des Stieres, seine konservative Haltung, die sich bis zur Starrheit im Extremfall steigern kann, wird durch den feuerelementaren Widder aufgelockert.
Daraus ergeben sich größere Handlungsbereitschaft und mehr Beweglichkeit im Denken und Handeln. Die ins Auge gefaßten Ziele werden mit Beharrlichkeit angegangen. Es werden alle verfügbaren Kräfte eingesetzt, auch kommt es bisweilen zu einem erstaunlichen Energieaufwand.
Es sind leistungsstarke Menschen, die durch ihre Arbeitskraft viel im Leben erreichen können. Sie erwerben Besitz und halten zäh an ihm fest. Vitalität und Sinnenfreudigkeit zeichnen sie aus.
Der Aszendent Widder weist auf einen egoistischen Wesenszug hin.

⊙ ♉ — *Asz.* ♉

Sonne und Aszendent im erdelementaren Zeichen Stier lassen die typischen Stier-Eigenschaften vordergründig werden.

⊙ ♉ — *Asz.* ♊

Die Stier-Sonne schenkt Nüchternheit im Denken, Sinn für die Wirklichkeit und richtige Einschätzung der realen Werte. Der

Zwillinge-Aszendent gibt die Beweglichkeit im Denken, sodaß eine neue Lage schnell erkannt wird.
Diese Menschen denken und fühlen intensiv. Das Leben in seiner Vielfalt wird bewußt genossen. Die vom Schicksal verliehenen Talente und Begabungen werden gefördert und nutzbar gemacht.
Es ist Vielseitigkeit vorhanden, dazu kommt eine echte Naturverbundenheit. Künstlerische Begabung ist oft anzutreffen. Manchmal besteht ein gutes Darstellungsvermögen.
Das Selbstbewußtsein wird nicht demonstrativ zur Schau gestellt.
Man liebt Vergnügungen, Geselligkeit und Unterhaltung aller Art.

☉ ♉ — *Asz.* ♋
Die Stier-Sonne weist bereits auf die Bindung an das Heim hin. Der Krebs-Aszendent verstärkt die Hinwendung an Elternhaus, Heim und Familie.
Diese Menschen sind überhaupt sehr intensiv mit ihrer engeren Umwelt verbunden. Sie pflegen das häusliche und das gesellige Leben. Sie schätzen ihren eigenen, vertrauten Kreis, in dem sie mehr als sonst aus sich herausgehen.
Sie können sehr romantisch sein, und sie lieben die Genüsse aller Art, die das Leben zu bieten hat. Das Gefühlsleben dominiert, der Wille muß sich dem Gefühlsleben anpassen.
Daraus ergibt sich, daß diese Menschen wohl Verständnis für die Aufgaben haben, die das Leben ihnen abfordert, aber sie packen diese Aufgaben nicht kraftvoll an. Sie verhalten sich eher passiv und etwas scheu.
Sie haben ein starkes Ruhebedürfnis. Es bedarf stets eines Ansporns, um sie zur Bewältigung einer Aufgabe zu bewegen.
Gattinnen sind anhängliche und gute Ehefrauen.

☉ ♉ — *Asz.* ♌
Diese Menschen neigen zu einer großzügigen Lebensgestaltung. Sie sind genußfreudig, und ihr Selbstbewußtsein ist ausgeprägt. Sie verfügen über einen starken Willen, der nicht demonstrativ zur Schau getragen wird. Der eigene Standpunkt wird mit Nachdruck vertreten.
Das Auftreten ist würdevoll. Unter einer ruhigen Haltung verbirgt sich Überlegenheit.

Nur nach längerer Reizung wird die ruhige Haltung aufgegeben. Dann aber kommt es zu lauten Zornesausbrüchen. Ein wahres Donnerwetter prasselt auf die Opfer ein. Diese Menschen sind jedoch schnell wieder beruhigt und begraben den Fehdehandschuh.
Erfolge können auf eine große Arbeitskraft und viel Ausdauer zurückgeführt werden.
Das erotische Leben wird bewußt genossen. Betont ist die Neigung, sich nur einem Partner zuzuwenden und ihm die Treue zu halten.

☉♉ — *Asz.* ♍

Es kommt hier viel auf die weiteren Aspekte an, ob sich eine große wissenschaftliche, kaufmännische oder künstlerische Begabung entwickelt.
Diese Menschen besitzen eine sehr gute Beobachtungsgabe, sind anderen Menschen und Dingen gegenüber sachlich eingestellt.
In weltanschaulicher Hinsicht gelten nur die realen und begreifbaren Dinge. Man hält sich an das Beweisbare.
Es besteht eine praktische Einstellung zu allen materiellen Werten, die man nicht nur schätzt, sie werden auch angestrebt. Es sind ausgesprochen ordnungsliebende Menschen, die es mit ihrer Arbeit sehr genau nehmen. Sie neigen zur Kritik und zur Analyse und gehen dabei gern bis ins kleinste Detail.
Das Pflichtbewußtsein ist bemerkenswert. Es sind sehr verläßliche Menschen, die eine einmal übernommene Arbeit gewissenhaft zu Ende führen.
Bestehen kritische Aspekte kann Genauigkeit in Kleinlichkeit ausarten. Eigennütziges Handeln tritt dann stärker hervor.

☉♉ — *Asz.* ♎

Diese Menschen reagieren rege auf ihre Umwelt mit sehr feinen Empfindungen und Gefühlen. Sie nehmen lebhaft teil an allen Geschehnissen der Umwelt. So kommt es zu vielen Kontakten.
Das gesellschaftliche und gesellige Leben nimmt einen breiten Raum ein und wird intensiv gepflegt. Diese Menschen sind nicht gern allein und ertragen keine Einsamkeit, daher sind sie umgeben von vielen Freunden und Bekannten.

Durch das ausgeprägte Empfindungsleben besteht ein gutes Einfühlen in andere Menschen, denen viel Verständnis entgegengebracht wird.
Gesellschaftliche Bindungen unterliegen der Abwechslung. Bei richtiger Wahl des Liebespartners fühlt man sich an ihn gebunden.
Viel Kunstverständnis darf man in jedem Falle erwarten. Oft zeichnen sich auch künstlerische Begabungen ab, Talente, die zu entsprechenden Berufen führen.
Dem Leben werden die besten Seiten abgewonnen.
Kritische Aspekte machen oberflächlich und zu sorglos. Übertriebene Vergnügungssucht führt leicht in schlechte Gesellschaft.

☉ ♉ — *Asz.* ♏
Die Charaktere dieser Menschen sind nicht ganz einfach zu durchschauen. Starke Triebkräfte sind vorhanden, die auf ein betontes Sexualleben schließen lassen.
Leidenschaft und Gefühlsintensität bestimmen die Wahl der Partner. Eifersucht wird in der Partnerbeziehung sehr heftig ausgetragen. Sexuelles Versagen eines Partners oder sonstige Störungen im erotischen Leben werden als schwerwiegend empfunden und können Konflikte heraufbeschwören.
Einerseits sind es leistungsstarke Menschen, die über eine große Arbeitskraft verfügen, andererseits macht sich von Zeit zu Zeit ein starkes Ruhebedürfnis bemerkbar, dem Rechnung getragen wird.
Diese Menschen leben und erleben sich in Extremen. Mal aufgepeitscht vom Sinnenrausch, mal bestechend klar und sachlich. Sie können sehr fanatisch und unbelehrbar auftreten. Es ist dann zwecklos, sie überzeugen zu wollen.
Ihre Beziehungen zu anderen Menschen sind intensiv, ebenso zum Liebespartner. Kommt es in der Liebesbindung zu einer Krise, entstehen lange andauernde Differenzen, weil eingegangene Bindungen sich unter diesen Partnern nur schwer lösen lassen.

☉ ♉ — *Asz.* ♐
Die Aufgeschlossenheit für eine großzügige Lebensgestaltung bestimmt das Handeln. Sie wird angestrebt und meistens auch ge-

wonnen. Dem materiellen Leben werden die besten Seiten abgewonnen.
Diese Menschen lieben das Leben und genießen es in allen seinen Spielarten.
Es besteht viel Sinn für religiöse oder weltanschauliche Probleme. Sie werden sachlich und genau behandelt.
Es sind ideenreiche Menschen, die gern Pläne machen und sie zugleich auf ihre praktische Verwertbarkeit prüfen. Haben diese Pläne die Prüfung bestanden, werden sie in die Tat umgesetzt.

☉♉ — *Asz.* ♑
Es sind verantwortungsbewußte und fleißige Menschen, die mit einer ausgeprägten Tatkraft ans Werk gehen. Ein starker Wille lenkt sie und läßt sie einmal ins Auge gefaßte Pläne in die Tat umsetzen.
Bei harmonischen Aspekten kann man von einem gesunden, bei kritischen von einem übertriebenen Ehrgeiz sprechen, der sie in ihrem Machtstreben bestärkt.
In ihrer Einstellung zu ihrer Umwelt und zu den Dingen sind sie nüchtern und abwägend. Das Gefühlsleben ist durchaus intensiv, doch zeigen es diese Menschen nicht. Sie bringen sehr gute Anlagen mit, um sich die materiellen Werte nutzbar zu machen. Die eigene Initiative ist nicht sehr stark entwickelt, daher verhalten sie sich eher abwartend.
Man findet unter ihnen auch solche Typen, die ungehobelt und widerborstig auftreten. Der Schein trügt. Unter der etwas rauhen Schale verbirgt sich ein weicher, empfindlicher Kern. Diese Menschen sind ansprechbar, wenn man den richtigen Ton findet.

☉♉ — *Asz.* ♒
Es sind verbindliche, liebenswürdige und gesellige Menschen, die schnell die Sympathien ihrer Umwelt wecken. Es ist in jedem Falle ratsam, sich nicht von Äußerlichkeiten täuschen zu lassen. Im Kern ihres Wesens sind diese Menschen egozentrisch.
Einerseits können sie eine sehr konservative Haltung einnehmen, um andererseits mit reformerischen Ideen und Taten ihre Umwelt zu verblüffen.

Sie stehen zum Alten wie zum Neuen, womit sie sich bisweilen selber irritieren können. Manchmal sind sie sich damit selber im Wege.
Es sind starke Persönlichkeiten, die intensiv auf sich selber fixiert sind. Sie bewahren ihre Eigenart, die auch durch äußere Einflüsse nicht verändert wird. Einen einmal eingenommenen Standpunkt vertreten sie unbeirrbar.
Ihnen in Liebe zugetanen Menschen halten sie die Treue. Konflikte ergeben sich nur bei gegensätzlichen Standpunkten, da sie zum Nachgeben nicht bereit sind.

☉ ♉ — *Asz.* ♓
Diese Menschen sind nicht nur gefühlvoll und anschmiegsam, sie nehmen auch am Erleben ihrer Freunde und Bekannten lebhaften Anteil.
Es sind ausgesprochen gastfreundliche Menschen, die das gesellige Leben pflegen. Ihr Heim strahlt Gemütlichkeit aus.
Sie lieben Tiere und verstehen es, gut mit ihnen umzugehen.
Das Gefühl und das Gemüt ist seelisch leicht anzusprechen. Sie reagieren schnell und intensiv. Bei der ihnen eigenen Sentimentalität sind sie auch schnell zu rühren.
Mitleid ist für sie nicht nur ein Wort. Sie leiden wirklich mit. Sie erwarten dieses Mitleid von anderen auch für sich, wenn sie meinen, dafür einen Grund zu haben.
Es sind romantische, träumerische Menschen, die zugleich einen sehr gesunden Sinn für alles Materielle haben. Sie verstehen es, sich in dieser Hinsicht auf unaufdringliche Weise Vorteile zu verschaffen.
Manchmal fehlt es an der erforderlichen Initiative, um sich durchzusetzen. Das starke Anlehnungsbedürfnis macht sie leicht verführbar, insbesondere, wenn kritische Aspekte vorliegen. Da sind sinnliche Ausschweifungen nicht auszuschließen. Diese Menschen geraten leicht in Abhängigkeit von anderen.

## 5. Sonne im Stier und ihre Position in den 12 Feldern

☉ *im 1. Feld*

Die Eigenschaften des Stier-Typs kommen stärker zur Geltung. Wird das Feld noch von anderen Planeten besetzt, müssen die Auswirkungen dieser Gestirne mit berücksichtigt werden.

☉ *im 2. Feld*

Besitz und Geld spielen eine Rolle. Steht die Sonne harmonisch aspektiert, darf man auf Mehrung des Besitzes schließen. Eine gute Basis sichert die Existenz.
Kritische Aspekte können zu Vermögensverlust führen. Mitunter sind die Ansprüche an das Leben zu hoch gestellt. Vorhandenes Kapital schwindet. Selbst bei disharmonischen Aspekten bleibt die Bereitschaft bestehen, anderen finanzielle Hilfe zu geben, wenn es die Umstände erforderlich machen.

☉ *im 3. Feld*

Nur mäßige Reiselust. Das Heim bedeutet viel. Hier pflegt man Geselligkeit. Intensive Beziehungen zu Verwandten und Geschwistern. Ob harmonisch oder disharmonisch ist aus den weiteren Aspekten zu ersehen, die in dieses Feld fallen. Es besteht eine praktische Lebenseinstellung, die den Alltag bestimmt. Diese Menschen sind aufgeschlossen für die Kunst, sie lieben gute Literatur und pflegen einen regen Gedankenaustausch.
Sie treten mit Nachdruck für ihre Überzeugungen ein und verteidigen sie gegen die Meinungen anderer.

☉ *im 4. Feld*

Ein ausgeprägter Familiensinn gibt eine gefühlsbetonte Bindung an die Heimat, an das Elternhaus und an das eigene Heim. Eigener Grund und Boden wird angestrebt, denn der Wunsch nach den eigenen vier Wänden ist sehr stark. Dafür wird viel Kraft aufgewendet.
Die Auswirkungen der Sonne in diesem Feld kommen erst im letzten Lebensdrittel stärker zur Geltung. Eine harmonische Sonne verspricht einen heiteren, ruhigen und doch abwechslungsreichen Lebensabend.

Eine kritisch aspektierte Sonne führt zu Disharmonien im Elternhaus, später im eigenen Heim. Sorgen um die Familie und mit der Familie.

☉ *im 5. Feld*

Es geht um das Liebesleben, das bei dieser Sonnenposition einen breiteren Raum einnimmt. Die Beziehungen zum Partner oder zur Partnerin sind leidenschaftlich. Kommen weitere Aspekte hinzu, können die erotischen Bindungen sehr triebhaft sein.
Wenn man sich einmal auf den Liebespartner eingestellt hat, hält man an ihm fest. Starke sexuelle Genußfähigkeit.
Bei kritischen Aspekten besteht Neigung zur Eifersucht. Genußfreude kann sich bis zur Ausschweifung steigern.
Oft sind es kinderlose Verbindungen, sonst höchstens ein Kind oder zwei. Den Kindern wird viel Aufmerksamkeit geschenkt.
In diesem Feld regt die Sonne auch zu künstlerischen Leistungen an. Vorhandene Talente können voll entfaltet werden.

☉ *im 6. Feld*

Im Berufsleben wird sich Selbständigkeit als nicht sehr vorteilhaft erweisen. Tätigkeiten in einem Dienstverhältnis bieten bessere Möglichkeiten zur Entfaltung. Man dient einer Aufgabe oder einem Menschen, besonders den Menschen, die unsere Hilfe benötigen.
Nur bei sehr harmonischen Aspekten werden die Leistungen gewürdigt und auch anerkannt.
Bei kritischen Aspekten treten Spannungen auf mit den Vorgesetzten. Die Gesundheit ist labil. Geminderte Vitalität, daher höhere Anfälligkeit für Krankheiten. Neigung zu Halserkrankungen und Krankheiten der Sexualorgane.

☉ *im 7. Feld*

Eine gute Sonnenposition verspricht Liebesheirat und gute gegenseitige erotische Anziehung. Das Gefühl bestimmt die Stärke der Beziehung. Selbst bei einer unglücklich verlaufenden Ehe halten die Partner zäh an der Verbindung fest.
Es kann dann noch Jahre dauern, bis es zu einer Trennung

kommt. Eifersucht kann die Harmonie empfindlich stören.
Die Sonne in diesem Feld weist auf eine starke Persönlichkeit hin. Der Partner oder die Partnerin ist sozial gut gestellt.
Partnerschaften spielen eine Rolle. Es besteht meistens ein guter Kontakt zum öffentlichen Leben, zur Öffentlichkeit. Man macht sich beliebt und erlangt Popularität.
Eine disharmonische Sonne deutet auf Auseinandersetzungen mit Partnern hin. Man lebt sich auseinander. Gegnerschaften.

⊙ *im 8. Feld*

Einerseits aktiviert die Sonne das Innenleben, andererseits läßt sie hier keine Entfaltung der Persönlichkeit nach außen zu.
Eine harmonische Sonne verspricht Erbschaft oder eine gute Mitgift. Oft ist der Partner oder die Partnerin materiell oder finanziell sehr gut gestellt.
Disharmonische Aspekte weisen auf Erbschaftsverlust hin. Es besteht eine depressive Haltung infolge unerfüllter Wünsche. Manchmal macht sich eine konstitutionelle Schwäche bemerkbar.

⊙ *im 9. Feld*

Eine harmonische Sonne schenkt ein gutes Rechtsempfinden. Es bestehen realpolitische oder wirtschaftspolitische Interessen. In der persönlichen Einstellung zeigt sich ein konservativer Zug.
Weltanschauliche Neigungen. Diese Menschen zeichnen sich durch Vielseitigkeit aus, sind bei der Beurteilung der Menschen und Dinge sachlich und nüchtern und manchmal etwas dogmatisch.
Das Beweisbare gilt, alles andere wird kritisch beurteilt.
Bei ergänzenden Aspekten in diesem Feld besteht Neigung zur Kunst und zur Literatur. In der Kunst werden die naturalistischen und die realistischen Stilformen bevorzugt.
Weitreichende Beziehungen und Verbindungen. Oft auch größere Reisen mit Fernzielen.

⊙ *im 10. Feld*

Guter sozialer und beruflicher Aufstieg. Die eigene Leistung bestimmt den Erfolg. Es werden große Ziele ins Auge gefaßt und zäh

verfolgt. Die weitaus stärkste Entfaltung im beruflichen Wirken liegt in der Lebensmitte. Hier stellt man etwas dar, nimmt eine bedeutende Position ein und wird geachtet. Die harmonisch aspektierte Sonne bringt Wohlstand, Auszeichnung und Anerkennung. Die erkämpfte Position wird erhalten und noch ausgebaut. Erbanlagen wirken mit, ebenso prägt das elterliche Milieu den eigenen Weg.
Hilfsbereitschaft und Wohlwollen den Mitmenschen gegenüber weckt schnell Sympathien.
Schlechte Aspekte auf die Sonne erschweren das Berufsleben. Erfolge werden nur mit Mühe erkämpft. Rückschläge können eintreten, doch wird die einmal eingenommene Position energisch verteidigt.

☉ *im 11. Feld*

Eine gut aspektierte Sonne fördert die gesellschaftlichen und freundschaftlichen Bindungen, die sehr gepflegt werden. Das eigene anziehende Wesen fördert das Zustandekommen wertvoller Verbindungen, die einflußreich und weitreichend sind.
Man macht sich Künstler zu Freunden, die ein gutes Essen lieben und einen guten Tropfen nicht verschmähen. Man steht zu seinen Freunden und pflegt die Geselligkeit.
Bei kritischen Sonnenaspekten stößt man auf Menschen, auf die wenig Verlaß ist.

☉ *im 12. Feld*

Hier verhindert die Sonne eine freie Entfaltung oder schränkt sie fühlbar ein. In erster Linie müssen äußere Widerstände bekämpft werden, die leicht zur Resignation oder Entmutigung führen.
Nur bei einer sehr harmonischen Sonne finden sich die Menschen damit ab. Bei kritischen Aspekten kann es zu einer inneren Vereinsamung kommen. Die vorhandenen Fähigkeiten können nicht die gewünschte Entfaltung finden. Die materielle Entwicklung ist dadurch nachteilig betroffen. Manchmal sind es auch chronische Krankheiten, die zu Einschränkungen führen.

## 6. Im Zeichen Zwillinge Geborene

Die Zwillinge sind das dritte der Frühlingszeichen. In dieser Jahreszeit sorgt die Tierwelt für eine Befruchtung der Pflanzen. Es findet eine lebhafte Kommunikation zwischen der Pflanzenwelt und den Insekten statt.

Dieses Verbindungen suchende Wirken in der Natur zeigt sich auch im Wesen der Zwillinge-Typen. Mit ihrer Gewandtheit, stets höflich und taktvoll, erobern sie sich schnell die Gesellschaft und stellen Beziehungen und Verbindungen her. Im Rahmen der Gesellschaft wünschen sie eine hervorragende Rolle einzunehmen.

Zwillinge haben eine rasche Auffassungsgabe. Sie passen sich schnell an. Sie suchen und finden schnell Kontakte, die sie sich nutzbar machen und praktisch für sich auswerten. Zwillinge wollen immer und überall dabei sein.

Sie sind gute Beobachter. Ihre Wissbegierde läßt sie unentwegt Eindrücke sammeln, die sie in Wort und Schrift auszuwerten verstehen. Sie sind daher gute Reporter, Korrespondenten, Schriftsteller oder Lehrer. Sie sind begabt, anderen einen Wissensstoff zu übermitteln.

Ihre Ruhelosigkeit und das Veränderungsbedürfnis macht sie reiselustig. Zwillinge verfügen über ein großes diplomatisches Geschick. In der mündlichen Auseinandersetzung sind sie hervorragende Anwälte in der von ihnen vertretenen Sache. Sie hören alles und lesen viel. Sie wollen informiert sein und über alles Bescheid wissen. Ihre Vielseitigkeit ist zu bewundern. Je nach den hinzu tretenden Aspekten sind künstlerische, technische oder wissenschaftliche Begabungen vorhanden.

Zwillinge verfügen auch über eine manuelle Geschicklichkeit und eignen sich für Präzisionsarbeiten. Ihre körperliche Beweglichkeit macht sie zu guten Tänzern.

Ihre Vielseitigkeit macht sie einerseits für vieles verwendbar, andererseits besteht Neigung zur Zersplitterung. Kommen kritische Aspekte hinzu, sind sie unzuverlässig. Zwillinge sind aufgeschlossen für alle Arten von Partnerschaften, dazu gehört auch die Ehe. Sie neigen zu unverbindlichen Flirts und zu oberflächlichen erotischen Abenteuern, die Krisen in eine Ehe tragen.

Sie können eine beachtliche Energie und Initiative entwickeln, doch sind sie nicht nur Berufsmenschen. In den meisten Fällen pflegen sie nebenbei noch ein Hobby. Den wirtschaftlichen und finanziellen Belangen widmen sie viel Beachtung, um ihre Bedürfnisse zu befriedigen. Sie gehören nicht zu jenen Menschen, die um des Besitzes Willen große Werte horten.
Auch die Zwillinge-Frau zeichnet sich durch hohe Intelligenz aus. Mitunter scheint die Gefühlswelt bei ihr sogar etwas verdrängt. Das wirkt sich auch auf das Liebesleben aus, das bei ihr keinen allzu großen Raum einnimmt.
Zwillinge-Frauen wollen sich nicht mit gefühlsbetonten Beziehungen belasten. Sie bevorzugen menschliche Verbindungen, die man ohne Komplikationen wechseln kann. Gelegentlich kann sie — was die erotische Seite ihres Lebens betrifft — auch mal mehrere Beziehungen gleichzeitig haben.
Dieser Zug zur Unbeständigkeit macht die eheliche Treue bisweilen zu einem Problem. Der Wunsch nach Wechsel der Verbindungen entspringt letztendlich einem Unbefriedigtsein.
Die sehr subjektive Einstellung der Zwillinge-Frau, bei der durch kritische Aspekte noch Reizbarkeit hinzukommt, kann eine Ehe gefährden, zumal es auch oft an Gefühl und innerer Anteilnahme am Partner mangelt.
Bei vorwiegend harmonischen Aspekten erweist sich die Zwillinge-Partnerin als eine Frau, die ihrem Mann mit Rat und Tat zur Seite steht. Die wohl dauerhafteste Verbindung von Mann und Frau wird man in einer Kameradschaftsehe finden

*

☉♊ — *Asz.* ♈
Der feuerelementare Widder paßt recht gut zur luftelementaren Zwillinge-Sonne. Der betonte Intellekt verbindet sich mit einem starken Willensimpuls. Es werden dadurch beachtliche Energien frei. Die eigene Initiative regt zum Handeln an. Rasches Denken fördert schnelle Entschlüsse.
Die Begeisterung für eine Sache oder einen Menschen kann schnell entfacht werden, allerdings darf man nicht mit Dauer rechnen.

Gesteigerter Wissensdrang, wobei der Wissensstoff leicht erfaßt wird. Diese Menschen verarbeiten alles sehr schnell und stets mit der Absicht, alles praktisch zu verwerten.
Bei disharmonischen Aspekten besteht Neigung, übereilt zu denken und zu handeln, wodurch es zu entsprechenden Fehlleistungen kommt. Harmonische Aspekte verleihen Redetalent und starke Überzeugungskraft. Kritische Aspekte machen ruhelos und unzuverlässig. Es besteht die Neigung zur Zersplitterung. Streitlust kann die Beziehungen trüben.

☉ ♊ — *Asz.* ♉
Der erdelementare Stier verträgt sich gut mit dem luftelementaren Zwillinge-Zeichen. Der auf das Nützliche ausgerichtete Intellekt richtet sich an den materiellen Gegebenheiten aus. Man weiß die Dinge richtig einzuschätzen und versteht es, ihren Wert treffsicher zu bestimmen. Daraus ergibt sich eine gute kaufmännische Begabung.
Eine innere Beziehung zum Besitz und zum Geld ist die Triebfeder, zu Wohlstand zu gelangen. Die etwas unbewegliche Haltung des Stieres wird durch die Beweglichkeit der Zwillinge stark aufgelockert.
Durch die gesellschaftliche Gewandtheit werden Verbindungen geknüpft, mitunter sehr weitreichende. Sie tragen mit dazu bei, zu Wohlstand zu gelangen und ihn zu sichern.
Kommen Aspekte hinzu, die künstlerische Neigungen anzeigen, dann bringt diese Kombination Sänger, Maler, Bildhauer, Schauspieler oder Schriftsteller hervor.

☉ ♊ — *Asz.* ♊
Wenn die Sonne und der Aszendent sich im Zeichen Zwillinge befinden, werden die Eigenschaften stärker in den Vordergrund rücken.

☉ ♊ — *Asz.* ♋
Der wasserelementare Krebs gibt eine starke Gefühlsanlage, während die Zwillinge mehr auf den nüchternen Intellekt ausgerichtet sind. Es muß untersucht werden, ob Krebs oder Zwillinge eine

stärkere Besetzung haben. Dieses entscheidet, welche Richtung dominiert.
Gemütsbewegungen können intellektuelle Einsichten beeinflussen. Oft ist auch eine starke Bindung an Herkunft, Heim und Familie zu beobachten.
Es besteht eine Neigung zum Geheimnisvollen, zu den Nachtseiten des Lebens. Diese Menschen sind aufgeschlossen für Grenzgebiete wie Parapsychologie und dergleichen mehr. Zum Instinkt gesellt sich Intuition.
Eine Situation wird in ihrer Bedeutung schnell erfaßt. Die Instinktsicherheit bietet gute Hilfe bei Entscheidungen.
Kritische Aspekte verursachen Selbsttäuschungen. Die Neigung zu Phantastereien trübt den Blick. Der verunsicherte Instinkt führt zu falschen Schlüssen.

☉ ♊ — *Asz.* ♌
Der feuerelementare Löwe verbindet sich harmonisch mit der luftelementaren Zwillinge-Sonne.
Gut entwickeltes Selbstbewußtsein. Ein zielsicherer Wille paart sich mit einem klaren Intellekt. Man weiß, was man will, und man versteht es, sich bei der Umwelt Geltung zu verschaffen.
Aus dieser Kombination ergeben sich Persönlichkeiten, die auf ihre Umwelt Einfluß ausüben. Sie besitzen Autorität, die nicht unbedingt zur Schau getragen wird. Es sind dieses Menschen, die stark in sich ruhen und doch anpassungsfähig genug bleiben, um bedeutende und weitreichende Beziehungen zu knüpfen.
Sie nehmen im allgemeinen einflußreiche Positionen ein, die diese Menschen ihren eigenen Leistungen verdanken. Es gehört zu den guten Eigenschaften dieser Menschen, daß sie vom Schicksal weniger Begünstigte fördern und protegieren.
Nur bei sehr disharmonischen Aspekten finden wir hier den hohlen Großsprecher, der seine Gewandtheit und Anpassungsfähigkeit dazu benutzt, Können vorzutäuschen. Er setzt seine Talente zu eigennützigen Zielen ein, wobei es ihm gleichgültig ist, ob er anderen damit Schaden zufügt.

☉ ♊ — *Asz.* ♍

Im erdelementaren Zeichen Jungfrau und im luftelementaren Zeichen Zwillinge herrscht Merkur. Der Intellekt befähigt zu außergewöhnlichen Einzelleistungen, die allerdings sehr subjektive Züge tragen.

Unter Ausschluß der Gefühle wird gewertet. Es entsteht daraus eine nüchterne, kalte, manchmal auch lebensfremde Betrachtung der Dinge. Einseitigkeit kann sich störend bemerkbar machen.

Der Wunsch nach Mehrung des Wissens ist sehr ausgeprägt. Es wird viel gelernt und gelesen. Jede Gelegenheit wird ergriffen, um den Kenntnisschatz zu erweitern.

Es sind dieses die guten intellektuellen Arbeiter, die sich auf ein bestimmtes Gebiet beschränken, um es dann in allen Einzelheiten auszuschöpfen. Allerdings besteht dabei stets die Gefahr, daß die große Linie aus dem Auge verloren wird.

Disharmonische Aspekte verstärken die Neigung zu einer destruktiven Kritik, gemischt mit Ironie, durch die Mitmenschen leicht verletzt werden.

☉ ♊ — *Asz.* ♎

Zwillinge und Waage, beides luftelementare Zeichen, harmonieren miteinander. Der merkurische Intellekt verliert seine Nüchternheit. Durch die venusische Waage wird er beschwingter und aufgeschlossener für ästhetische Empfindungen.

Man darf auf viel Interesse für die Wissenschaften oder die Künste schließen. Das ergibt sich aus den weiteren Konstellationen.

Die künstlerische oder wissenschaftliche Begabung wird durch pädagogische Fähigkeiten ergänzt. Die weltanschauliche Ausrichtung ist harmonisch.

Die gesellschaftliche Gewandtheit und die vorwiegend liebenswürdige Wesensart weckt schnell Sympathien. Diese Menschen gewinnen durch ihre Herzlichkeit im Umgang mit anderen. Sie haben daher viele Freunde und vielen gesellschaftlichen Umgang. Sie sind sehr geistreich und vorzügliche Unterhalter, denen man gern zuhört.

Bei disharmonischen Aspekten wird die Gewandtheit zur äußeren Fassade. Man blufft mit hohlem Geschwätz, weil es an echter Substanz fehlt.

☉ ♊ — *Asz.* ♏

Es verbindet sich der marsische Skorpion mit dem merkurischen Zeichen Zwillinge. Das gibt dem Verstand Schärfe. Eine Situation wird schnell erfaßt. Die Probleme werden intensiv angegangen und tief ausgelotet.

Diese Menschen sind aufgeschlossen für das Geheimnisvolle. Sie bemühen sich, die Dinge hinter den Dingen zu ergründen. Für die Grenzgebiete des Lebens wird viel Verständnis entgegengebracht. Sie wollen den Rätseln des Lebens und des Todes auf die Spur kommen. Es sind die geborenen Analytiker, die eine Sache kritisch anpacken und dann mit Tiefgründigkeit behandeln.

In Wort und Schrift äußerst gewandt, verstehen sie es, allen ihren Anliegen prägnanten Ausdruck zu verleihen.

Die disharmonisch aspektierten Menschen sind oftmals nicht so leicht zu durchschauen. Sie verstehen es, ihre Geheimnisse für sich zu behalten und zugleich die Geheimnisse anderer schnell zu durchschauen. Sie wissen um die Schwächen anderer. Weil sie die Mängel anderer gern zur Zielscheibe ihres Spottes und ihrer Ironie machen, können sie sehr verletzend sein.

☉ ♊ — *Asz.* ♐

Der feuerelementare Schütze verbindet sich harmonisch mit dem luftelementaren Zeichen Zwillinge. Die Einstellung dieser Menschen ist positiv. Sie verstehen Recht und Unrecht wohl zu unterscheiden. Ihr aktiver Einsatz und die Fähigkeit, großzügig zu planen, dazu die Sicherheit im Auftreten, geben ihnen die Chance, in einflußreiche Positionen vorzustoßen.

Es sind sehr gewandte Menschen mit guten Umgangsformen. Sie gewinnen schnell die Sympathien ihrer Umwelt. Ihre Vielseitigkeit macht sie auch zu guten Beratern.

Diese Menschen erwerben viele Kenntnisse. Ihre Sachlichkeit gibt ihnen ein vortreffliches Unterscheidungsvermögen. In der Gesellschaft werden sie gern gesehen.

Die innere Ruhelosigkeit drängt sie zu Veränderungen. Die angeborene Reiselust gibt den Anstoß zu vielen kleinen und großen Reisen.

Bei disharmonischen Aspekten bleibt die Beweglichkeit und Gewandtheit, aber diese Menschen können sehr parasitäre Eigenschaften entwickeln. Sie benutzen diese, um andere auf geschickte Weise auszubeuten und um sich so Vorteile für sich zu erschleichen.

☉ ♊ — *Asz.* ♑

Der erdelementare Steinbock, gepaart mit dem luftelementaren Zeichen Zwillinge, bringt praktisch denkende und praktisch handelnde Menschen hervor, die es verstehen, sich geschickt mit den Gegebenheiten auseinanderzusetzen.
In der Regel zeichnen sie sich durch eine große Arbeitskraft aus. Ihr Streben wird von einem gesunden Ehrgeiz getragen. Es fehlt nicht an Zähigkeit und Anpassungsfähigkeit, wenn es darauf ankommt, ein gestecktes Ziel zu erreichen.
Oft findet man hier ausgeprägte Arbeitsmenschen, deren Leistungen auf Erfahrungswerten aufbauen. Sie sind keine Spekulanten. Ihr Urteil ist sachlich. Sie vermeiden jede Oberflächlichkeit. Ihr Wissen ist tiefgründig. Manchmal hat ihr Denken einen philosophischen Zug, doch praktische Erwägungen haben den Vorrang. Nach außen zeigen sie Kontaktbereitschaft, nach innen sind sie eher verschlossen.
Bei disharmonischen Aspekten mangelt es an Anpassung, auch ist das Denken und Handeln von einer materialistischen Einstellung geprägt.

☉ ♊ — *Asz.* ♒

Wassermann und Zwillinge, zwei luftelementare Zeichen verbinden sich harmonisch. Der merkurische Verstand erhält durch Uranus eine originelle Note.
Diese Menschen sind begabt, das Alte und das Ultramoderne auf sehr eigenwillige Weise zu kombinieren. Das Denken ist nicht nur auf die Gegenwart ausgerichtet. Stets von reformerischen Ideen erfüllt ist das Denken zugleich auf die Zukunft gerichtet. Man geht auch zurück in die Vergangenheit, um an Altes anzuknüpfen und es damit der Vergessenheit zu entreißen.
Diese Menschen reizt alles Neue, ohne dabei die Vergangenheit aus dem Auge zu verlieren. Für sie hat die Zukunft bereits begon-

nen. Sie sind keine Theoretiker. Sie können sich von Ideen mitreißen lassen, die sie auch gleich in die Tat umsetzen wollen. Hier trifft man Menschen mit vielen, teils außerordentlich originellen Einfällen, die sie oft ganz spontan äußern. Ihr Denken ist erfinderisch. Sie sind die geborenen Psychologen. Sie haben viel Interesse an psychologischen Problemen, verfügen über eine gute Menschenkenntnis und lassen sich daher nicht so leicht von anderen täuschen.

Es ist ein etwas unruhiges Leben, durch den uranischen Einfluß auch sprunghaft, nicht kontinuierlich, doch immer interessant und abwechslungsreich.

Bei disharmonischen Aspekten trifft man auf Utopisten, die man mit ihren Plänen und Vorhaben nicht so ernst nehmen sollte.

☉ ♊ — *Asz.* ♓

Das luftelementare Zeichen Zwillinge verbindet sich mit dem wasserelementaren Zeichen Fische nicht harmonisch. Die Klarheit des merkurischen Verstandes kann durch den Neptuneinfluß eine Trübung erfahren.

Verstandliche Überlegungen und Schlußfolgerungen finden nicht immer Übereinstimmung mit den gefühlsbetonten Einsichten. Verstand und Gefühl finden nicht zueinander. So kommt es zu äußeren oder inneren Konflikten. Selbst bei harmonischen Aspekten fällt es diesen Menschen schwer, endgültige Entscheidungen zu treffen. Sie fühlen sich vom Verstand oder vom Gefühl getäuscht, daher bleibt im Denken immer etwas offen.

Die innere Unsicherheit findet ihren Niederschlag in entsprechenden äußeren Geschehnissen. Diese Menschen brauchen einen Halt und man muß ihnen wünschen, daß sie an die richtigen Partner geraten.

## 7. Sonne in den Zwillingen und ihre Position in den 12 Feldern

⊙ *im 1. Feld*

Sonne und Aszendent im Zeichen Zwillinge bringen die Eigenschaften dieses Tierkreiszeichens stärker zum Ausdruck.

⊙ *im 2. Feld*

Man trifft hier vorwiegend intellektuelle Berufe an. Diese Menschen setzen ihre Verstandeskräfte ein, um sich materiellen Besitz zu schaffen. Sie sind geschäftstüchtig und gewandt in der Anwendung aller verfügbaren Mittel. Sie haben die Gabe, ihre Ansprüche durchzusetzen, wobei alle Möglichkeiten ausgeschöpft werden.

Sie verstehen es, sich jeder Lage geschickt anzupassen, um daraus den größten Nutzen zu ziehen. Ihre Vielseitigkeit regt sie an, zugleich mehrere Unternehmen zu betreiben. Sie streben geistige Freiheit an, die bei harmonischen Aspekten erreicht wird.

Disharmonische Aspekte lassen moralische Grundsätze vergessen. Diese Menschen gehen ohne Skrupel auf ihre Ziele los. Sie zeigen wenig Gewissen und scheuen auch keinen Betrug.

⊙ *im 3. Feld*

Stärkerer Einsatz der intellektuellen Kräfte. Im praktischen Leben werden oft überdurchschnittliche Leistungen erzielt. Lebhafte Teilnahme am Tagesgeschehen. Zeitungen, Radio, Fernsehen oder sonstige Kommunikationsmittel werden in Anspruch genommen, um auf dem Laufenden zu sein. Diese Menschen sind stets über alles orientiert. Man kann mit ihnen über alle aktuellen Ereignisse reden.

Die verwandtschaftlichen Beziehungen können ebenfalls sehr rege sein, auch mit dem nachbarlichen Kreis wird lebhafter Umgang gepflegt.

Lebhafter Gedankenaustausch mündlich und schriftlich. Viele Reisen.

Disharmonische Aspekte bringen Mißgeschick auf Reisen, Ärger mit der Verwandtschaft und nervöse Zersplitterung.

### ☉ *im 4. Feld*

Die Einstellung zur Heimat, zum Elternhaus und zum eigenen Heim ist weniger gefühlsmäßig, dafür mehr sachlicher Natur. Diese Menschen fühlen sich nicht allzu sehr an ihren Ursprung gebunden, daher können sie sich relativ leicht von der Heimat oder dem eigenen Heim lösen. Es findet dadurch öfter Wohnungswechsel statt.

Es besteht eine geistige Frische bis ins hohe Alter. Die eigentlichen Erfolge darf man erst im letzten Lebensdrittel erwarten.

Kommen Konstellationen hinzu, die auf Interesse an Grenzgebieten schließen lassen, so werden esoterische Schriften gern und gründlich studiert.

Disharmonische Aspekte machen ruhelos und unstet. Es findet ein häufiger Ortswechsel statt.

### ☉ *im 5. Feld*

Die eigene Frische und Lebhaftigkeit zieht diese Menschen besonders zur Jugend hin, zu der im allgemeinen ein guter Kontakt besteht.

Musische Aspekte fördern das Kunstverständnis. Es besteht dann Aufgeschlossenheit für Literatur, Musik, Schauspiel und Tanz.

Oft trifft man auch eine ausgesprochen pädagogische Begabung an. Es besteht ferner Freude an Vergnügungen, Geselligkeit und Unterhaltung.

Diese Menschen neigen mehr zum unverbindlichen Flirt, weil tiefgehende Gefühle selten beteiligt sind. Es besteht Neigung zu mehreren Verbindungen.

Bei disharmonischen Aspekten treten erhebliche Störungen in den Liebesbeziehungen auf. Kunst wird mißverstanden. Ein dilletantischer Mißbrauch macht sich bemerkbar. Statt klarer Gedanken viel hohles Geschwätz.

### ☉ *im 6. Feld*

Diese Menschen kennen ihr Metier. Sie sind geschickt und gewandt bei der Verrichtung ihrer Arbeiten. Allerdings sollten sie weniger an Selbständigkeit denken. Abhängige Arbeitsverhältnisse gewähren oftmals eine bessere Entfaltung. Es kommt zu man-

cherlei Wechsel des Arbeitsplatzes. Durch die Fähigkeit der Anpassung findet eine schnelle Einarbeitung in alle Arbeitstechniken statt.
Disharmonische Aspekte wirken sich nachteilig auf die Arbeitsleistung aus. Neigung zu Zersplitterung. Spannungen mit den Arbeitskollegen oder Kolleginnen beeinträchtigen das Arbeitsklima. Häufigere Erkrankung stört den Arbeitsrhythmus.

### ☉ *im 7. Feld*

Beziehungen und Verbindungen werden gepflegt. Einsamkeit wird nur schwer ertragen. Diese Menschen brauchen den Kontakt zu anderen zur Selbstbestätigung. Bisweilen ist ein stärkeres Hervortreten an die Öffentlichkeit zu beobachten.
Der Ehrgeiz spornt zu Leistungen an, die recht beachtlich sein können. Zusammenarbeit mit anderen wird gern eingegangen. Sie verstärkt die Erfolgsaussichten.
Im Privatleben spielt die Ehe eine Rolle, wenngleich es selten bei einer Ehe bleibt.
Bei disharmonischen Aspekten verläuft das Leben unruhig. Es kommt mit Partnern zu Streit und zu Prozessen. Untreue kann zur Ehescheidung führen.

### ☉ *im 8. Feld*

Oft ist eine besondere Beziehung zum Besitz des Ehepartners oder des Geschäftspartners festzustellen.
Dem Tod und allen Dingen, die mit ihm im Zusammenhang stehen, wird viel Aufmerksamkeit geschenkt. Anlaß hierzu können Erfahrungen besonderer Art sein. Sie fördern die Neigung, sich dem Verborgenen, dem Ungewöhnlichen zuzuwenden.
Bisweilen trifft man hier auf gute Seelenkenner mit psychologischer Einfühlung.
Bei disharmonischen Aspekten neigen die Menschen dazu, ihre Partner materiell auszunutzen. Gesundheitliche Schwächen bringen nervliche Belastungen. Neigung zur Erkrankung der Atemwege.

⊙ *im 9. Feld*

Hier können die geistigen Anlagen zur vollen Auswirkung kommen. Viele geistige Interessen und meistens wissenschaftliche Neigungen. Tendenz zu intensiven Studien. Die Begabungen liegen bei Sprachen, bei der Literatur und bei weltanschaulichen oder religiösen Auseinandersetzungen.

Die geistige Einstellung ist tolerant, wodurch auch ein Wechsel in der geistigen Haltung möglich wird. Kein Dogmatismus.

Es ist viel Reiselust vorhanden. Es kommt auch zu großen Reisen, die in fernste Länder führen. Der geistige Horizont findet im Laufe der Jahre eine spürbare Ausweitung.

Disharmonische Aspekte erzeugen geistige Unruhe, die eine friedliche Entwicklung gefährdet. Zerfahrenheit und Zersplitterung sind Störungsfaktoren.

⊙ *im 10. Feld*

Die guten intellektuellen Anlagen und das gesammelte Wissen versprechen nicht nur Erfolge, sie führen auch in den meisten Fällen in gehobene Positionen, in denen diese Menschen ihr Können und ihr Wissen voll zum Einsatz bringen können.

Es bringt die Stellung mit sich, daß diese Menschen mehr als andere im Licht der Öffentlichkeit stehen. Ihre Leistungen verhelfen ihnen zu weitreichender Geltung.

Es sind vorwiegend Geistesarbeiter, die über ein gutes pädagogisches oder kaufmännisches Talent verfügen. Oftmals neigen diese Menschen dazu, gleichzeitig zwei Tätigkeiten auszuüben.

Es bestehen viele Verbindungen und persönliche Beziehungen.

Bei disharmonischen Aspekten entstehen Fehlschläge durch Zersplitterung. Unklarheiten gefährden die Position. Mangel an Aufrichtigkeit.

⊙ *im 11. Feld*

Es sind in erster Linie freundschaftliche und gesellschaftliche Beziehungen, die durch gemeinsame Interessen entstehen. Man erhält Anregungen und Förderungen durch Menschen, die ebenfalls intellektuell betont sind und sich in guten Positionen befinden.

Es kommt oftmals zu lebhaftem Wechsel der Verbindungen. Es ist

nicht das Gefühl, sondern der Verstand, der maßgebend bei der Wahl neuer Verbindungen mitspricht.
Bei disharmonischen Aspekten muß mit viel Streit und Auseinandersetzungen mit Freunden gerechnet werden. Es kommt zu vielen Diskussionen, jedoch ohne einen gemeinsamen Nenner zu finden.

☉ *im 12. Feld*
Die intellektuellen Fähigkeiten und Anlagen, die wohl vorhanden sind, können aber nicht voll zur Entfaltung gebracht werden. Es machen sich Hemmungen bemerkbar, die in der Kindheit und Jugend noch stärker hervortreten. Gut für intellektuelle Arbeiter, die ihre Tätigkeit mehr in der Zurückgezogenheit verrichten. Eignung zum Schriftsteller, der dem Geheimnisvollen zugewandt ist und über Grenzgebiete schreibt. Aber auch bei Menschen, die sich für Medizin oder Kriminalistik interessieren, findet man diese Sonnenposition.
Disharmonische Aspekte lassen schnell entmutigen. Diese Menschen können raffinierten Gegnern ausgesetzt sein, denen sie unterliegen. Prozeßneigung mit nachteiligem Ausgang.
Es besteht Neigung zu Krankheiten, die leicht chronisch werden können. Empfindliche Nerven, Erkrankung der Atmungsorgane.

## 8. Im Zeichen Krebs Geborene

Im wasserelementaren Zeichen Krebs Geborene sind gefühlsbetonte Menschen. Sie reagieren stark auf Sympathien und Antipathien. Es ist nicht in erster Linie der Verstand, sondern das Empfindungsleben, durch das Natur, Menschen und Dinge wahrgenommen werden. Mitunter reagieren Krebs-Geborene sehr mimosenhaft.
Sie brauchen den kleinen, ihnen vertrauten Kreis, um ganz aus sich herauszugehen. Sie sind nicht für das laute Treiben der gro-

ßen Welt geschaffen. Es mangelt nicht an Durchsetzung und Selbstbehauptung, doch muß stets eine gewisse Scheu überwunden werden.
Einer, der die Krebs-Geborenen gut beobachtet hat, meinte, daß sie durchaus verstehen, ein Ziel, das sie sich in den Kopf gesetzt haben, auch zu erreichen. Sie hätten nur ihre eigene, sehr individuelle Methode, nämlich die sanfte Gewalt, mit der sie erreichen, was sie wollen.
Die Triebfeder ihres Handelns ist also mehr ein passiver Ehrgeiz. Sie lieben die Welt, die ständig auf sie einen neuen Reiz ausübt. Wenn sie reisen, denken sie alsbald wieder an ihr Heim und sind dann froh, wenn sie wieder in ihr Zuhause zurückkehren.
Krebs-Geborene sind beeindruckbar. Sie sind sehr gute Beobachter und können Wahrgenommenes in reproduktiver Form wiedergeben. Ihr gutes Nachahmungsvermögen macht sie zu guten Schauspielern. Musik bedeutet ihnen viel. Man findet in diesem Zeichen viele Musiker.
Eine Hinwendung zur Öffentlichkeit ist oft zu bemerken. Bei aller Freude an der Geselligkeit wird doch der vertraute engere Kreis bevorzugt. Krebs-Geborene sind sehr gastlich, und sie werden als Gesellschafter gern gesehen.
Sie denken gerecht und können im Urteil sachlich sein. Die Liebe zur Veränderung drückt sich in ihren Launen aus, denen diese Menschen im hohen Maße ausgesetzt sind. Stimmungen wirken ganz entscheidend mit. Sie beflügeln zu höchsten Leistungen oder drücken so auf das Gemüt, daß sie sich in einer Ecke verkriechen und schmollen.
Krebs-Geborene sind keine Himmelstürmer. Sie werfen vielmehr Angeln aus und warten dann ergeben, ob ein Fisch an der Angel anbeißt. Geschieht dieses nicht, reagieren sie mit Depressionen. Sie sind dann von dem Gefühl überwältigt, daß sie keiner mehr braucht. Nichts Schlimmeres kann einem Krebs-Geborenen passieren.
Dort aber, wo er und seine Fähigkeiten anerkannt werden, blüht er auf und entfaltet seine besten Eigenschaften. Er ist fürsorglich und stets bereit, anderen zu helfen.
Die Bindungen ans Elternhaus sind stark und prägen später das ei-

gene Heim. Für die eigene Lebensgestaltung können Kindheitserlebnisse von entscheidender Bedeutung sein.
Empfindungen unterliegen stark dem Wechsel. So entstehen Gegensätze. Krebs-Geborene können sehr seßhaft sein, plötzlich entfalten sie große Reiselust. Sie zeigen sich nachgiebig um dann auch wieder sehr eigensinnig auf ihrem Standpunkt zu beharrren. Sparsamkeit einerseits kann mit Verschwendung andererseits abwechseln.
Im Kern seines Wesens ist der Krebs-Geborene unveränderlich, daher hält er auch unbeirrbar an seinen Idealen fest.
Seelische Verwirrung und Erregung wird am besten und am schnellsten mit Musik überwunden.
Im allgemeinen hält er guten Kontakt zu Mitarbeitern und Unterstellten. Er versteht gut zu wirtschaften. Sein guter Instinkt leitet ihn und bewahrt ihn zugleich vor gefährlichen spekulativen Unternehmungen. Sein Sinn für die realen Belange im Leben schenkt ihm gute Voraussicht und viel Vorsorglichkeit.
Neben dem betonten Gefühlsleben nimmt die Phantasie einen großen Raum ein. Es wird nicht intellektuell analysiert und danach gehandelt, es wird alles gefühlsmäßig erlebt.
Der weibliche Krebs-Typ ist geschaffen für das Heim, die eigene Häuslichkeit. Die Krebs-Geborene ist in erster Linie Mutter. Die damit verbundenen Pflichten werden von ihr gewissenhaft übernommen.
Krebs-Frauen sind gefühlvoll und oft auch sehr sentimental. Sie neigen dazu, eigene Erlebnisse noch romantisch zu verzieren. Sie sind immer bereit, ihrer Familie viel Liebe zu schenken, erwarten umgekehrt aber auch, daß ihnen viel Liebe entgegengebracht wird.
Die Ehemänner werden von Krebs-Frauen gern bemuttert. Sie sind treu, im Wesen weich und empfindsam, und sie können, wenn es die Umstände ihnen abverlangen, sehr viel Zähigkeit aufbringen. Für Schmeicheleien sind sie sehr empfänglich. Von Zeit zu Zeit brauchen sie für ihr eigenes Wohlbefinden eine Anerkennung durch die Familienangehörigen.
Auf Kritik, und ganz besonders auf negative Kritik, reagieren Krebs-Frauen sehr empfindlich.

Bei kritischen Aspekten kann die Launenhaftigkeit ein arges Störmoment in den menschlichen Beziehungen sein. Mit Selbstmitleid, begleitet von vielen Tränen, können diese Krebs-Geborenen ihrer Umwelt auf die Nerven gehen. Das kann zu erheblichen Belastungen des Zusammenlebens führen.

*

☉♋ — *Asz.* ♈

Der wasserelementare Krebs kommt mit dem feuerelementaren Zeichen Widder in einen Konflikt. Wille und Gefühl kämpfen um den Vorrang. Zielstrebigkeit, wie der Widder fordert, steht im Widerspruch zu den stimmungsbetonten Bestrebungen des Krebs. Aktiver Einsatz und passives Abwarten wechseln einander ab. So kommen diese Menschen mit sich selber und mit anderen in Disharmonie.
Widder drängt nach außen. Er will die Welt erobern. Krebs sucht die engere Bindung an das Heim, an die Familie. Diese Anlagen machen den Charakter wechselvoll.
Innerlich gebunden an die Herkunft, die Häuslichkeit und die Tradition, besteht zugleich das Bedürfnis, den Willensregungen zu folgen, um durch kraftvollen Einsatz die Bestrebungen in der Außenwelt durchzusetzen.
Diese Menschen sind dem steten inneren Wandel ausgesetzt. Das trägt Unruhe in ihr Wesen.
Bei kritischen Aspekten ist mit Unzuverlässigkeit zu rechnen. Das Wunschleben klafft mit der phantasievollen Vorstellungswelt auseinander.

☉♋ — *Asz.* ♉

Der erdelementare Stier-Aszendent harmoniert mit der Krebs-Sonne. Das Gefühlsleben nimmt bei diesen Menschen einen breiten Raum ein. Die Bindungen an andere Menschen, insbesondere an die Eltern, überhaupt an die Familie, sind vom Gefühl bestimmt.
Sie hängen an ihrer Heimat, an ihrer Häuslichkeit, die ihnen viel

bedeutet. Die Erfüllung familiärer Pflichten ist ihnen eine Selbstverständlichkeit.
Sie nehmen auch großen Anteil an den Menschen ihrer engeren Umwelt. Deren Schicksale können sie sehr bewegen. In gleicher Weise erwarten sie aber auch Anteilnahme an ihrem eigenen Schicksal.
Sie denken und handeln praktisch. Sie haben Sinn für Besitz und Wirtschaftlichkeit. Meistens haben sie eine gute kaufmännische Begabung. Sic schätzen die Vorsorge.
Sind künstlerische Anlagen vorhanden, dann wird die reproduktive Kunst bevorzugt. Künste, die von Empfindungen gestaltet werden, haben den Vorrang. Musik und Gesang erfreuen sich großer Beliebtheit.
Frauen sind sehr gute Mütter. Sie gestalten ihren Hausstand vorbildlich.

☉♋ — *Asz.* ♊

Der luftelementare Zwillinge-Aszendent macht den wasserelementaren Krebs noch beweglicher. Der gut entwickelte Intellekt verbindet sich harmonisch mit den Gefühlsanlagen. Wache Anteilnahme an allen aktuellen Ereignissen, die sowohl verstandlich als auch gefühlsmäßig verarbeitet werden.
Mit den Mitmenschen besteht lebhafter Austausch über das Umweltgeschehen.
Sprachliche Gewandtheit, verbunden mit einem guten Instinkt für bestehende Möglichkeiten und Chancen versprechen Erfolge im Berufsleben. Diese Menschen sind keine Theoretiker. Sie verstehen es vielmehr, ihre praktischen Lebenserfahrungen bestens zu verwerten.
Sie lieben Veränderungen und häufiges Reisen. Bei disharmonischen Aspekten kommt ein labiler Zug in ihr Wesen. Ihr Wesen ist unstet. Launen bringen Grundsätze ins Schwanken. Die Verläßlichkeit ist in Frage gestellt.

☉♋ — *Asz.* ♋

Bei Sonne und Aszendent im Zeichen Krebs kommt es sehr auf das Gesamtbild an. Bei vorwiegend harmonischen Aspekten kommen die positiven Seiten stärker zum Ausdruck. Stark negative Aspekte heben die disharmonischen Auswirkungen hervor.

☉♋ – *Asz.* ♌

Die krebsbedingten Gefühlsanlagen verbinden sich mit einem starken Willen, den der feuerelementare Löwe schenkt. Es sind Gegensätze, die aber nicht so stark hervortreten wie beim Widder.

Diese Menschen haben den Wunsch, sich im öffentlichen Leben zu behaupten, etwas darzustellen, zugleich wollen sie sich immer einmal wieder aus dem lauten Getriebe des Alltags zurückziehen können.

Sie haben ein ausgeprägtes Selbstgefühl, das aber nicht demonstrativ zur Schau getragen wird. Sie können ihre Ansichten und ihre Überzeugung mit Nachdruck vertreten. Sie setzen alle Willenskräfte ein, um ihre Vorstellungen zu verwirklichen.

Es sind ehrgeizige Menschen, doch zugleich zu verletzen, wenn ihr ehrgeiziges Streben in irgendeiner Weise kritisiert oder gar angegriffen wird.

Nicht immer ist es leicht und einfach, den Zug zum öffentlichen Wirken harmonisch mit dem Hang zur Einsamkeit und Zurückgezogenheit zu verbinden.

☉♋ – *Asz.* ♍

Hier kommt es sehr darauf an, ob der Merkur stark und harmonisch oder schwach und disharmonisch aspektiert ist.

Diese Menschen sind von großer Anpassungsfähigkeit, weich, einfühlsam und klug. Bei harmonischen Aspekten kommt der Hang zur Kritik nicht zur Auswirkung. Es ist eher wache Anteilnahme an den Mitmenschen, denen man viel Verständnis entgegenbringt.

Diese Menschen zeichnen sich durch Leistungen aus, dic sic im Leben vorwärts bringen. Sie setzen sich keinesfalls hemdsärmelig durch, eher unmerklich, dafür aber konsequent.

Sie dienen gern einer Aufgabe oder einem Menschen. Dafür setzen sie sich voll ein.

Disharmonische Aspekte können bewirken, mehr eine passive Haltung einzunehmen, wodurch die Leistungskraft stark gemindert ist. Es treten Minderwertigkeitskomplexe auf, die schüchtern machen und Hemmungen verursachen.

☉♋ — *Asz.* ♎

Die luftelementare Waage verbindet sich harmonisch mit dem wasserelementaren Krebs. Sie fördert ein stärkeres Hervortreten an die Öffentlichkeit.

Diese Menschen wollen etwas darstellen und ihre Talente zum Ausdruck bringen. Das spornt zu Leistungen an. Anerkennung beflügelt zu ganz besonderen Leistungen.

Die Gefühlsanlagen sind passiver, aber ungebrochen stark. Die aktiven Gestaltungskräfte treten betonter hervor. Liegen künstlerische Anlagen vor, so kann mit diesen im Leben viel erreicht werden.

Der Beruf spielt meistens eine hervorgehobene Rolle. Er dient zur Selbstdarstellung. Durch ihn kommt die Persönlichkeit zur vollen Entfaltung. Die ästhetischen Gefühle sind ausgeprägt und verlangen nach Befriedigung.

Bei disharmonischen Aspekten macht sich eine ungesunde Sentimentalität bemerkbar. Bei kleinsten Anlässen fließen Tränen. Rührung kann reichlich strapaziert werden. Aus Mitleid wird schnell Selbstmitleid.

☉♋ — *Asz.* ♏

Hier verbinden sich zwei wasserelementare Zeichen, wodurch ein romantischer Zug ins Wesen kommt. Diese Menschen sind manchmal ein wenig passiv, was aber nicht ausschließt, daß sie die eigene Position mit Nachdruck verteidigen. Sie sind sich ihrer Rechte und ihres Wertes durchaus bewußt und handeln entsprechend.

Offen für alle religiösen und weltanschaulichen Fragen, wobei an der eigenen Einstellung festgehalten wird.

Reiselust. Es kommt daher zu größeren Reisen, auch Seereisen. Bei harmonischen Aspekten werden die Fernziele auch erreicht.

Bei disharmonischen Aspekten sind diese Menschen launisch. Religion wandelt sich zu Aberglauben. In jedem Falle ist mit einem starken sexuellen Ausleben zu rechnen. Die seelische Anteilnahme ist hierbei sehr stark. Frauen sind sehr fruchtbar.

☉♋ — *Asz.* ♐

Trotz der elementaren Gegensätze von Feuer und Wasser erwecken diese Menschen bei ihrer Umwelt schnell Sympathien. Sie sind außerordentlich selbstbewußt, tragen dieses aber nicht zur Schau. Das Wesen ist sehr empfindlich. Auf Angriffe reagieren sie schnell. Sie sind leicht zu verletzen, und sie sind nachtragend.

Die innere Beziehung zur Religion, zum Glauben oder sonstigen weltanschaulichen Fragen ist ausgeprägt. Bisweilen kann man auch eine Hinwendung zu den Grenzgebieten beobachten, um Erkenntnisse aus den Nachtseiten des Lebens zu gewinnen. Ein starkes Unterscheidungsvermögen besteht zwischen Recht und Unrecht.

Einerseits hegen sie den Wunsch nach aktivem Ausleben, andererseits streben diese Menschen auch immer wieder nach Zurückgezogenheit. Das ist ein unvereinbarer Gegensatz in ihnen.

☉♋ — *Asz.* ♑

Der erdelementare Steinbock steht dem wasserelementaren Zeichen Krebs im Tierkreis diametral gegenüber, dennoch ergänzen sich diese Zeichen in gewisser Weise.

Hier passiver Ehrgeiz, dort der Wunsch in der Öffentlichkeit Geltung zu erlangen. Um Anerkennung wird nicht gebuhlt, auch ist kein verzehrender Ehrgeiz zu beobachten. Diese Menschen müssen oft erst Hemmungen überwinden. Es gelingt ihnen dann aber doch, sich still und ruhig durchzusetzen. Sie sind sich ihres Wertes durchaus bewußt und leicht verletzbar, wenn man ihre Verdienste schmälern will.

Es sind anhängliche Menschen, die Beziehungen mit anderen im Beruf und im Privatleben suchen. Die Ehe ist für sie sehr wichtig. Sie wissen den Wert und den Sinn dieser Verbindung richtig einzuschätzen, was allerdings nicht ausschließt, daß die Ehe zu Gunsten beruflicher Aufgaben zu kurz kommt, ja, sogar vernachlässigt wird.

☉♋ — *Asz.* ♒

Der wasserelementare Krebs ist konservativ, gebunden an Herkunft und Scholle. Am Erworbenen wird festgehalten.

Der luftelementare Wassermann hingegen ist auf alles Neue ausgerichtet. Er neigt zu Reformen, will Altes stürzen, um Neuem Platz zu machen.
Diese widersprechenden Anlagen zeigen sich naturgegeben auch im Charakter dieser Menschen, die Extreme nicht immer harmonisch zu verbinden wissen.
Sie müssen vorsichtig behandelt werden, wenn man auf ihre Freundschaft Wert legt. Man muß das Widersprüchliche und Unstete in ihnen als eine Gegebenheit akzeptieren, auch ihre Unausgeglichenheit in ihrer Arbeitsleistung.
Die unausgeglichenen seelischen Anlagen verbinden sich mit einem spontan reagierenden Willen. Die Gestaltung der äußeren Lebensumstände ist daher sprunghaft und führt zu oftmaligen Umgestaltungen und Veränderungen.

☉♋ — *Asz.* ♓

Zwei wasserelementare Zeichen, in denen der Mond und der Jupiter zusammen mit Neptun herrschen. Das Gefühl, das Gemüt und die Phantasie sind angesprochen. Der Wille kommt in jedem Falle zu kurz.
Diese Menschen neigen zu Träumen, die sie schwelgend genießen und dabei die Realität verdrängen.
Sie sehnen sich nach Ruhe und Bequemlichkeit. Sie brauchen die Behaglichkeit, um sich wohl zu fühlen. Einerseits können sie recht gut allein sein, andererseits brauchen sie aber die Familie und die Freunde, um sich durch sie entfalten zu können.
Es sind keine Leistungsfanatiker. Sie wollen die Bedürfnisse des täglichen Lebens sichergestellt wissen; aber sie haben keinen Ehrgeiz, darüber hinaus für Dinge zu kämpfen, die sich nicht als unbedingt notwendig erweisen.
Diese Menschen sind anhänglich und zeichnen sich durch Wohlwollen und Güte aus. Sie verzeihen schnell, weil es ihnen darum geht, die gestörte Harmonie wieder herzustellen.
Ihre Feinfühligkeit und Intuition ist beachtlich, bei manchen auch ihre Musikalität. Sie sind oft sehr gute Psychologen.
Disharmonische Aspekte können die Passivität zu stark fördern. Es entsteht dann ein Mangel an Bedürfnis nach Tätigkeit. Die an-

deren werden für die eigenen Zwecke benutzt, um selber keine Mühen zu haben.

### 9. Sonne im Krebs und ihre Positionen in den 12 Feldern

☉ *im 1. Feld*

Sonne und Aszendent im Zeichen Krebs bringt die Eigenschaften dieses Zeichens stärker zum Ausdruck.

☉ *im 2. Feld*

Es geht um Geld und Gut. Zu beiden besteht eine innere und äußere Beziehung. Wohlstand wird angestrebt. Erworbenes soll erhalten bleiben. Man sorgt vor. Angeborener Instinkt für Gelegenheiten, den Besitz zu mehren. Im Kleinen sparsam, im Großen spendabel.

☉ *im 3. Feld*

Vielseitige geistige Interessen, bei denen stets auch das Gefühl mitspricht. Sehr einfühlsam in die alltäglichen Erfordernisse. Aufgeschlossenheit für Literatur, wobei die Romantik einen bevorzugten Platz einnimmt.
Gefühlsbetonte Einstellung zu den Geschwistern und übrigen Verwandten. Mitunter reger Kontakt mit ihnen und dem nachbarlichen Kreis.
Die Unruhe im Wesen regt zu räumlichen Veränderungen an, daher Reisen.
Disharmonische Aspekte machen die geistige Ausrichtung unklar. Diese Menschen unterliegen leicht Stimmungen und sind in ihren eigenen Anschauungen unsicher.

☉ *im 4. Feld*

Heim, Heimat und Familie sind die Schwerpunkte. Das Elternhaus und die eigene Familie nehmen daher eine hervorgehobene Stellung ein.

Diese Menschen lieben eine behagliche Häuslichkeit, die sie für ihr eigenes Wohlbefinden brauchen. Sie schätzen die Ruhe und Zurückgezogenheit. Der Trubel der lauten Welt strapaziert ihre Nerven. Sie suchen den kleinen, vertrauten Kreis, in dem sie aus sich herausgehen. Hier können sie ihre Persönlichkeit zur Entfaltung bringen.

Frauen sind stark mütterlich eingestellt.

Oftmals geht es auch um Besitz oder Erbschaftsangelegenheiten.

Disharmonische Aspekte beeinträchtigen nicht die Bindung an Familie und eigene Häuslichkeit, doch kann die eigene Unrast Unruhe in die Beziehungen zu den anderen bringen.

☉ *im 5. Feld*

Innerlich und äußerlich ein guter Kontakt zu Kindern. Gute Entfaltung der mütterlichen, väterlichen oder pädagogischen Fähigkeiten. Gutes Einfühlungsvermögen in Kinder. In den meisten Fällen sind eigene Kinder vorhanden.

Bei ergänzenden Aspekten, die die musische Seite ansprechen, entsteht eine gefühlsbetonte Einstellung zur Kunst, insbesondere zur Musik, wobei die romantische Musik bevorzugt wird.

Gefühle beeinflussen maßgebend das Liebesleben. Lebhafte Anteilnahme am Liebespartner, dem sie gefühlvoll zugetan sind. Die mütterlichen oder väterlichen Anlagen kommen voll zur Geltung.

Disharmonische Aspekte beeinträchtigen das Gefühlsleben negativ. Erlebnisse auf dieser Ebene sind sehr wechselvoll und lassen unbefriedigt.

☉ *im 6. Feld*

Das Selbstgefühl ist nur schwach ausgeprägt. Diese Menschen sind im allgemeinen zurückhaltend. Bei kritischen Aspekten macht sich ein Minderwertigkeitsgefühl störend bemerkbar.

Sie neigen weniger zur Selbständigkeit im Berufsleben, denn sie ordnen sich lieber unter, dienen einer Aufgabe oder einem Menschen.

Die Gesundheit ist ein wenig labil, daher besteht eine Neigung zu Anfälligkeiten. Erkrankungen sollten deshalb gut auskuriert werden, um sie nicht chronisch werden zu lassen. Es besteht Neigung zu ansteckenden Krankheiten, auch der Magen kann empfindlich sein.

☉ *im 7. Feld*

Ehe und Partnerschaft werden wichtig genommen. Zur Gattin oder zum Gatten besteht eine starke, vom Gefühl getragene Bindung. Sinn für die Familie und alle mit ihr im Zusammenhang stehenden Probleme.
Auch bei Geschäftspartnerschaften bestimmt das Gefühl die Stärke der Verbindung. Gute Erfolge in einer Tätigkeit, die auch in Kontakt mit dem öffentlichen Leben bringt. Sehr harmonische Aspekte versprechen Popularität.
Disharmonische Aspekte bereiten Schwierigkeiten in der Ehe und in der Familie. Es kann zu einer Krise kommen. Das gilt auch für Partnerschaften. Trennung ist dann nicht auszuschließen.
Mißerfolge in öffentlichen Angelegenheiten. Wechselvolle Geschehnisse, die zugleich ein Ausdruck der eigenen wechselvollen Haltung sind.

☉ *im 8. Feld*

Die Vitalität ist eingeschränkt, manchmal macht dieses auch eine entsprechende Lebensweise erforderlich.
Weniger die äußeren Geschehnisse, dafür mehr das eigene Innenleben nimmt einen breiten Raum ein. Diese Menschen leben in einer phantastischen Vorstellungswelt. Sie geben sich gern ihren Träumen hin.
Manchmal trifft man auf eine mediale Begabung, wenn entsprechende Aspekte darauf hindeuten. Ein gutes Ahnungsvermögen ist vorhanden, auch die innere Aufgeschlossenheit für die Nachtseiten des Lebens. Interesse für Psychologie und Grenzgebiete.
Erbschaft oder Mitgift kann eine Rolle spielen. Materielle Bindungen an die Familie.
Disharmonische Aspekte beeinträchtigen die Gesundheit. Sie können zur Erkrankung des Magens und des Flüssigkeitssystems des Körpers führen.

### ☉ *im 9. Feld*

Es ist das Gefühl, das das Verlangen nach Wissensbereicherung steuert. Es besteht eine betont geistige Einstellung. Viel Sinn für weltanschauliche Probleme, wobei nicht allein der Verstand, sondern der Glaube auch ein Mitspracherecht hat.
Das Gerechtigkeitsempfinden bestimmt die moralische Wertung.
Weltaufgeschlossenheit führt zu weiten Reisen, die auch über die Meere führen und Beziehungen mit dem Ausland schaffen.
Disharmonische Aspekte können zu einem unsteten Wanderleben verführen. Der Wechsel in den Anschauungen und den Ansichten verhindert eine klare geistige Ausrichtung.

### ☉ *im 10. Feld*

Die Aussichten auf eine gehobene Position mit den Möglichkeiten einer sozialen Ausweitung sind gut. Die ehrgeizigen Zielsetzungen sichern ein gutes persönliches Vorwärtskommen. Eignung zur Selbständigkeit. Diese Menschen genießen die Achtung und die Anerkennung der Maßgebenden. Sie werden durch sie protegiert.
Der gute Ruf ist das Resultat eigener Leistungen. Es wird Popularität erreicht. Gute Stellung in der Öffentlichkeit.
Disharmonische Aspekte schränken das Ansehen ein, verursachen wechselvolle Verhältnisse im Berufsleben und können sogar den Ruf gefährden.

### ☉ *im 11. Feld*

Die freundschaftlichen und gesellschaftlichen Beziehungen werden gepflegt und nehmen einen breiten Raum ein. Es sind oft sozial hochgestellte Personen, durch die diese Menschen viel Förderung erfahren.
Es sind gefühlsbetonte Verbindungen, die Oberflächlichkeit in der Einstellung zu Freunden und Bekannten ausschließen. Allerdings unterliegen diese Beziehungen mancherlei Wandel, was aber nicht ausschließt, daß später wieder auf alte Bindungen zurückgekommen wird.
Das Wunschleben ist intensiv. Manche Wünsche und Hoffnungen können mit Hilfe von Freunden ihre Erfüllung finden.
Bei disharmonischen Aspekten kann die eigene unstete Wesensart

die persönlichen Bindungen gefährden, sodaß es zu Entfremdungen und auch Trennungen kommt.

⊙ *im 12. Feld*

Das Wesen dieser Menschen ist zwiespältig. Sie schwanken zwischen Selbstbehauptung und Minderwertigkeitsgefühl. Sie ziehen sich gern auf sich selber zurück. Das hemmt die Durchsetzung nach außen beträchtlich.

Manchmal sind es auch äußere Widerstände, die der eigenen Entfaltung entgegenstehen. Es wird anderen gegenüber viel Mitgefühl entgegengebracht.

Talente und Anlagen, die wohl vorhanden sein können, können nicht zu der gewünschten Entfaltung gebracht werden. Begabungen werden verdrängt. Oft ist hohe Musikalität vorhanden.

Kritische Aspekte bringen Schwierigkeiten mit der Familie oder um die Familie. Neigung zu chronischen Krankheiten, besonders der Verdauungsorgane wie Magen und Darm.

## 10. Im Zeichen Löwe Geborene

Löwe-Geborene sind sich ihres eigenen Wertes bewußt. Ihr Auftreten ist sicher, imponierend und achtunggebietend. Sie besitzen ein großes Selbstvertrauen, das ihnen die Kraft gibt, nach Einfluß und Macht zu streben. Im allgemeinen findet man unter Löwe-Geborenen Führernaturen, die aus Ehrgeiz in hohe soziale Positionen drängen.

Sie sind auch mit viel Selbstachtung ausgestattet. Das Ehrgefühl reagiert empfindlich. Es sind freundliche, hilfsbereite Menschen, die gern andere schwächere Personen protegieren.

Ihre natürliche Begabung, die Leitung zu übernehmen, wird von

der Umwelt respektiert. Ihr Berufsleben ist intensiv. Gerade durch seine Leistung befriedigt der Löwe-Geborene sein Geltungsbedürfnis. Er verfügt über eine große Arbeitskraft, und er ist stets bemüht, übernommene Pflichten voll und ganz zu erfüllen.
Er plant im Großen und handelt großzügig. Er läßt sich viel Verantwortung aufbürden. Seine angeborene Organisationsgabe befähigt ihn, anderen ein Vorbild zu sein. Löwe-Geborene wollen der Mittelpunkt sein, um den sich die Gefolgschaft schart.
Sie haben stets das Ganze im Auge. Die Kleinarbeit überlassen sie lieber den anderen. Ein einmal ins Auge gefaßtes Ziel wird unbeirrt angestrebt.
Löwe-Geborene strahlen viel Ruhe und Geduld aus. Wenn man sie reizt, verhalten sie sich eine ganze Weile still, um genau den richtigen Augenblick zum Zuschlagen zu wählen. »Gut gebrüllt«, heißt es dann, denn es ist wie ein Donnerwetter, wenn ein gereizter Löwe seine Antwort gibt. Es ist aber zugleich ein reinigendes Gewitter. Wenn ein Löwe-Typ seine Meinung gesagt hat, dann beruhigt er sich auch wieder schnell. Einer seiner Vorzüge ist es, daß er nicht nachtragend ist. Wenn das Kriegsbeil begraben ist, bleibt es auch dort.
Löwe-Geborene sind gute Freunde. Sie stehen treu zu ihnen. Man kann sich auf sie verlassen. Sie lieben und pflegen gesellschaftliche Beziehungen.
In der Ehe erweisen sich Löwe-Geborene als treu und anhänglich. Sie sind der Gattin gegenüber ritterlich. Als Väter sind sie liebevolle Erzieher. Sie verfügen über ein gutes pädagogisches Talent, und sie setzen alle ihre Mittel ein, um der Jugend ein gutes Vorbild zu sein.
In der Ehe erheben sie den Führungsanspruch. Enttäuschungen in Liebe und Ehe werden als sehr schwer empfunden und können eine Krise auslösen, die nicht leicht zu überwinden ist.
Löwe-Geborene leben bewußt in der Gegenwart. Die Vergangenheit hat für sie nur insofern Interesse, als sie zum Verständnis der Gegenwart beitragen kann. Sie reisen gern, um den eigenen Gesichtskreis zu erweitern.
Sie sind in allen finanziellen und materiellen Angelegenheiten großzügig. Sie lieben Luxus und ein aufwendiges Leben. Dishar-

monisch aspektierte Löwe-Typen können protzig auftreten. Sie lassen ihre Macht gern die anderen fühlen. Ihre Leidenschaftsfähigkeit verführt bei ihnen zu Ausschweifungen.
Die Löwe-Frau hat ebenfalls ein ausgeprägtes Selbstbewußtsein. Sie liebt die Selbständigkeit. Sie versteht es, ihre Persönlichkeit wirkungsvoll herauszustellen. Schwierigkeiten werden konsequent angegangen und überwunden.
Die Löwe-Frau ist im allgemeinen eine gute Ehepartnerin. Sie kann sehr leidenschaftlich sein und ihren Gefühlen lebhaften Ausdruck verleihen. Es sind treue Ehefrauen. Zur Bestätigung ihres Selbstgefühls brauchen sie vom Partner hin und wieder ein paar anerkennende Worte. Die Löwe-Frau läßt sich gern bewundern, darum sind diese Frauen Schmeicheleien sehr zugänglich.
Eine Löwe-Frau protegiert ebenfalls gern andere, auch den eigenen Ehemann. Sie liebt eine großzügige Lebensgestaltung. Sie braucht die finanziellen Mittel, um ihrem Bedürfnis nach eleganten Kleidern und nach Schmuck Rechnung zu tragen.
Nur bei disharmonisch aspektierten Löwe-Frauen zeigt sich Dünkelhaftigkeit. Es fehlt das richtige Augenmaß. Sie sind extravagant in der Lebensführung und verschwenderisch. Sie wollen durch dieses Verhalten zeigen, etwas Besonderes zu sein, was allerdings nur in ihrer Vorstellung existiert.

☉ ♌ — *Asz.* ♈

Wille und Wollen vereinigen sich in idealer Weise. Die vorwärtsweisende Willenskraft des feuerelementaren Widders wird durch den feuerelementaren Löwen sinnvoll gebändigt. Durch ein starkes Durchsetzungsvermögen verschaffen sich diese Menschen bei ihrer Umwelt Geltung. Die Organisationsgabe gibt Ansporn zu beachtlichen Leistungen. Fleiß und Ehrgeiz verbinden sich mit einer soliden Arbeitskraft, mit der leitende Positionen erklommen werden.
Klarheit im Denken und Handeln, praktische Zielsetzungen und eine gute Übersicht über die gestellten Forderungen befähigen, die Führung zu übernehmen. Die Umwelt erkennt die Leistungen an und respektiert die Anordnungen.

Eine starke Vitalität verbindet sich mit einem ausgeprägten Gefühlsleben, das leidenschaftliche Züge hat.
Bei disharmonischen Konstellationen kann maßvoller Führungsanspruch in Herrschsucht ausarten, aus sinnvollem Lebensgenuß wird schädliches Übermaß. Das erschwert dann auch die Zusammenarbeit mit anderen.

☉ ♌ — *Asz.* ♉

Das intensive Gefühls- und Empfindungsleben facht die Leidenschaften an, zugleich auch die Beharrlichkeit, mit der ans Werk gegangen wird. Das eigene Wohlbefinden ist weitgehend von einer angenehmen Umwelt abhängig, in der die Annehmlichkeiten des Lebens nicht fehlen dürfen.
Die sinnlichen Freuden des Lebens werden sehr bewußt genossen. Mit dem Partner oder der Partnerin ist die Beziehung intensiv.
Wirtschaftliche Fragen finden Interesse und wollen gelöst sein. Ausgehend von der Beharrlichkeit und Zähigkeit kann man auf entsprechende Erfolge schließen. Manchmal besteht die Neigung zu mehr oder weniger groß angelegten Spekulationen.
Die Reaktionen auf Umwelteinflüsse sind vorwiegend ruhig. Nur andauernde und herausfordernde Störungen können Jähzorn wecken, der dann spontan zum Ausbruch kommt.
Disharmonische Aspekte wirken störend auf das Selbstbewußtsein ein. Sie bewirken eine Versteifung auf den eigenen Standpunkt, sodaß andere Meinung kein Gehör findet.

☉ ♌ — *Asz.* ♊

Das Selbstbewußtsein tritt hier nicht so demonstrativ in Erscheinung. Der ebenfalls kräftige Wille verbindet sich mit den intellektuellen Anlagen. Das ergibt Schärfe im Denken. Es wird nicht engstirnig gedacht, sondern nach umfassenden Gesichtspunkten.
Es ist stets der eigene Standpunkt von dem diese Menschen ausgehen. Ihre ganze weltanschauliche Haltung stützt sich darauf.
Wille und Gefühl vereinen sich harmonisch. Das kommt sehr klar in den mündlichen oder schriftlichen Äußerungen zum Ausdruck, die mit Überzeugungskraft vorgetragen werden.
Es besteht eine harmonische Bindung an Herkunft, Tradition und Familie.

Disharmonische Aspekte verführen allzu leicht zu einer zu subjektiven Einstellung in allen Dingen.

☉ ♌ — *Asz.* ♋

Der feuerelementare Löwe und der wasserelementare Krebs wollen nicht recht zueinander passen. Einerseits der Wunsch nach aktivem Durchsetzen, andererseits das Bedürfnis, eine passive, gefühlsbetonte Haltung einzunehmen.

Wille und Gefühl geraten zwangsläufig in einen Konflikt. Diese andauernden Wechselwirkungen verursachen eine innere Unausgeglichenheit, die auch in der äußeren Haltung ihren Ausdruck findet. Die Unentschiedenheit wird störend empfunden.

Allerdings ist ein sehr gutes Einfühlungsvermögen vorhanden. Es werden hierdurch wichtige Lebenszusammenhänge erfaßt.

Oft zeigt sich eine kaufmännische Begabung. Mit Geld und Gut kann geschickt umgegangen werden. Manchmal wird auch elterlicher Besitz übernommen und ausgebaut.

Finanzielle und materielle Aufgaben werden großzügig erledigt. Nur bei disharmonischen Aspekten kann aus Großzügigkeit Verschwendung werden. Es mangelt dann am Blick für das Wesentliche.

☉ ♌ — *Asz.* ♌

Wenn Sonne und Aszendent im Zeichen Löwe stehen, werden die Eigenschaften dieses Zeichens in ausgeprägter Form hervortreten.

☉ ♌ — *Asz.* ♍

Das erdelementare Zeichen Jungfrau zeigt gegensätzliche Strömungen zum feuerelementaren Zeichen Löwe auf. Es verbindet sich eine bemerkenswerte Intelligenz mit einem ausgeprägten Willen. Manchmal zeichnet sich auch eine hervorragende Organisationsgabe ab, mehr theoretisch als praktisch.

Der mutige Löwe verträgt sich nicht mit der eher zaghaften Jungfrau. So kommt es zu einem Widerspruch im Wesen dieser Menschen. Es paaren sich Großzügigkeit und Kleinlichkeit, Entschlossenheit und Ängstlichkeit. Daraus resultiert ein unausgeglichenes Wesen. Das Denken pendelt zwischen Ausweitung und Eingrenzung. Das Selbstbewußtsein ist eingeengt.

Disharmonische Aspekte machen es diesen Menschen schwer, mit sich selber und anderen fertig zu werden.

☉ ♌ — *Asz.* ♎

Der feuerelementare Löwe und die luftelementare Waage verleihen diesen Menschen ausgezeichnete Umgangsformen. Ein gesundes Selbstbewußtsein und ein kräftiger Wille tragen dazu bei, daß die gesteckten Ziele erreicht werden.
Die freundschaftlichen Beziehungen werden gepflegt und ein großer Kreis persönlicher Verbindungen gibt Gelegenheit, darin eine dominierende Rolle zu spielen.
Die Beziehungen zur Umwelt werden auch unter dem Gesichtspunkt der Nützlichkeit gewertet, um sich Vorteile zu verschaffen.
Viel gesellschaftlicher Umgang. Vollendete Umgangsformen bringen die Persönlichkeit voll zur Geltung.
Männer verhalten sich Frauen gegenüber ritterlich. Die Vielfältigkeit des Lebens wird bewußt genossen. Für Kunst und Künstler wird viel Verständnis aufgebracht.
Bei disharmonischen Aspekten kann das Genußleben zu Ausschweifungen führen. Diese Menschen denken dann sehr an den eigenen Vorteil.

☉ ♌ — *Asz.* ♏

Ein stark ausgeprägtes Selbstgefühl, verbunden mit einem großen Arbeitseifer lassen diese Menschen unermüdlich beschäftigt sein. Sie sind erfolgreich und erreichen ein ins Auge gefaßtes Ziel. Zäh und beharrlich bleiben sie am Ball. Das führt zu beachtlichen Leistungen. Ein starker Wille trägt zur Lösung gestellter Aufgaben bei.
Diese Menschen sind auch sehr leidenschaftlich und können sehr eifersüchtig sein. Ihr starkes Gefühlsleben läßt sie alles bis zur Neige auskosten.
Auf Widerstände im Arbeits- und Privatleben reagieren diese Menschen sehr sensibel. Sie verteidigen ihre Rechte und ihren Standpunkt um jeden Preis.
Disharmonisch aspektiert können diese Menschen von einer erstaunlichen Härte gegen andere sein. Sie kennen kein Mitleid, wenn es um die Verteidigung der eigenen Stellung geht.

☉ ♌ — *Asz.* ♐

Ein von der Vernunft geleiteter Wille bestimmt das Handeln dieser Menschen, deren Denken auf höhere Werte ausgerichtet ist. Weltanschauliche, wissenschaftliche oder religiöse Neigungen prägen den Charakter.

Eine großzügige Grundhaltung bestimmt das Handeln. Man will die Rechte für sich selber und für andere gewahrt wissen.

Das Streben ist auf Ausweitung des geistigen Horizonts ausgerichtet. Diese Menschen sind sich ihres Eigenwertes wohl bewußt, bringen ihn aber anderen gegenüber nicht demonstrativ zum Ausdruck.

Für den Charakter und die Interessen ihrer Mitmenschen bringen sie viel Verständnis auf. Ihre Haltung ist tolerant. Sie pflegen viele und unterschiedliche Beziehungen. Sie gehen gern auf große Reisen, um fremde Menschen und Länder zu studieren. Sie bringen so auch viele Kenntnisse und Erkenntnisse heim.

Sie sind die Wahrer des Gesetzes und des Rechtes. Dafür stehen sie voll und ganz mit ihrer Person ein. Sie erwarten, daß sich ihre Umwelt gleichfalls so verhält.

Bei disharmonischen Aspekten werden die guten Eigenschaften nur vorgetäuscht. Es mangelt an Aufrichtigkeit und Ehrlichkeit.

☉ ♌ — *Asz.* ♑

Das Berufsleben nimmt einen vordergründigen Platz ein. Bisweilen wird sogar das Privatleben zu sehr vernachlässigt, was sich nachteilig auf das Familienleben auswirken kann. Es sind Erfolgsmenschen, die mit einer beachtenswerten Arbeitsleistung aufwarten.

Ein zielsicher gelenkter Wille läßt sie einflußreiche Positionen erringen. In der Gesellschaft nehmen sie einen respektablen Platz ein.

Sie machen es sich und anderen nicht leicht. Aufkommende Hindernisse werden kraftvoll überwunden. Man kann die Ausdauer oder die Zähigkeit, besser noch beides, bewundern, denn sie sichern den Erfolg. Rückschläge und Enttäuschungen können außerordentlich depressive Reaktionen hervorrufen.

Disharmonische Aspekte fördern eine egoistische Einstellung. Die

Ansprüche können bisweilen sehr rücksichtslos durchgesetzt werden.

*☉ ♌ — Asz. ♒*

Diese Menschen sind von betonter Eigenart, die sie auch streng zu wahren wissen. Sie lieben und pflegen Beziehungen vor allem, um ihre eigene Persönlichkeit ins rechte Licht setzen zu können. Sie können durch einen ausgefallenen oder originellen Lebensstil aus dem Rahmen bürgerlicher Gepflogenheiten fallen. Auch in ihren Anschauungen und Meinungen weichen sie von der Norm ab, womit sie ihre Mitwelt irritieren können.
Sie wollen sich Beachtung verschaffen und in der Öffentlichkeit ein Wort mitsprechen. Sie sind dabei auf ihre eigenen, manchmal ebenso bizarren oder eigenwilligen Ideen fixiert, die sie mit Beharrlichkeit vertreten.
Es sind sehr abgeschlossene, in sich ruhende Persönlichkeiten, die von der Anerkennung ihrer Umwelt mehr abhängen, als sie bereit sind, offen zuzugeben.
Bei disharmonischen Aspekten kann sich Unbelehrbarkeit sehr störend bemerkbar machen. Diese Menschen lassen nur ihre Lebensart gelten.

*☉ ♌ — Asz. ♓*

Das aktive, willensbetonte Feuerzeichen Löwe will nicht so recht mit dem passiven, gefühlsbetonten Wasserzeichen Fische harmonieren.
Gegensätze stoßen aufeinander und verursachen einen inneren Zwiespalt. Einerseits aktive Willensimpulse, andererseits passives Verharren. Hier Selbstbewußtsein, dort Hingabe an Träumereien. Das paßt nicht gut zueinander.
Die Sicherheit im Denken und Handeln wird immer wieder irritiert durch die Unsicherheit in den Gefühlen. Das macht das Wesen unausgeglichen.
Doch im tiefsten Inneren haben diese Menschen einen ruhenden Pol, auf den sie sich zurückziehen können. Dieser ruhende Pol gibt diesen Menschen einen nicht zu unterschätzenden Eigenwert.
Bei disharmonischen Aspekten sind es recht problematische Natu-

ren, mit denen den Alltag teilen zu müssen, einige Probleme aufwirft.

## 11. Sonne im Löwen und ihre Position in den 12 Feldern

☉ *im 1. Feld*

Die dem Löwe-Typ eigenen Merkmale kommen stärker zum Ausdruck.

☉ *im 2. Feld*

Großzügiges Planen und Disponieren in allen wirtschaftlichen Fragen. Starke Beziehungen zum Geld, zum Besitz und allen sonstigen Werten. Sinn für Spiel und Spekulation.
Disharmonische Aspekte können zu gewagten Spekulationen und Geschäften verleiten. Empfindliche Verluste sind eine Folge davon. Manchmal schwere Krisen durch Verschwendung oder Prunksucht. Große materielle Einbußen können das Selbstbewußtsein erschüttern.

☉ *im 3. Feld*

Gute intellektuelle Anlagen. Ein ausgeprägtes Selbstbewußtsein bestimmt das Denken und Handeln. Das Denken ist subjektiv gefärbt. Engere Beziehungen zu den Geschwistern und zum übrigen Verwandtenkreis, mit dem Umgang gepflegt wird, um das eigene Image zur Geltung zu bringen. Es wird gern ein Führungsanspruch gestellt.
Bei disharmonischen Aspekten kommt es zur Rivalität mit anderen Verwandten, weil man sich im eigenen Geltungsdrang verletzt fühlt.

### ☉ *im 4. Feld*

Starke Bindung an das Elternhaus und an die Heimat. Ausgeprägter Familiensinn und Stolz auf die Ahnen. Starke innere Einstellung zum Vater, der bewußt oder unbewußt als Vorbild gilt. Betont repräsentative Ausgestaltung des eigenen Heims.
Die eigentlichen Erfolge liegen im letzten Lebensdrittel.
Bei disharmonischen Aspekten entstehen Spannungen mit dem Vater und Streit mit der Familie. Im höheren Alter ist mit Enttäuschungen durch unerfüllbare Bestrebungen zu rechnen.

### ☉ *im 5. Feld*

Freude an Spiel und Sport, an Vergnügungen und Festlichkeiten aller Art. Sinn für die Kunst, das Theater, den Film und ausgefallene Unternehmen.
Es ist ein sehr intensives Gefühlsleben vorhanden. Leidenschaftliche Hinwendung an den Liebespartner. Eine sehr positive Einstellung zur Jugend und zu den eigenen Kindern. Pädagogische Begabung.
Die disharmonischen Aspekte fördern ein ausschweifendes Leben, eine übertriebene Vergnügungssucht. Es kann zu gewagten Spekulationen kommen, die verlustreich sind.
Im Liebesleben besteht dann Tendenz zu Exzessen. Differenzen unter den Liebespartnern.

### ☉ *im 6. Feld*

Die Vitalität ist schwach. Trotzdem kann bei harmonischen Aspekten diese Sonnenposition für die eigene Tätigkeit vorteilhaft sein. Es kommt zu guten bis hervorragenden Arbeitsleistungen. Besonders trifft dieses auf abhängige Berufe zu, die geeigneter sind als eine selbständige Tätigkeit.
Disharmonische Aspekte verhindern eine Anerkennung der Leistungen. Gesundheitliche Störungen sollten gut ausgeheilt werden. Krankheitsdispositionen: Herz, Nieren, Blut.

### ☉ *im 7. Feld*

Gute Position für die Ehe und für Partnerschaften aller Art. Gute Beziehung zur Öffentlichkeit. Selbstbewußte Ehepartner, die eine

hervorgehobene soziale Position einnehmen können. Die eheliche Bindung ist stark und von ehrlichen Gefühlen getragen.
Disharmonische Aspekte führen zu heftigen ehelichen Auseinandersetzungen, die lange Zeit anhalten, bevor es zu einer Trennung kommt. Öffentliche Gegnerschaften.

☉ *im 8. Feld*
Keine schwache Vitalität, aber sie wird nicht voll eingesetzt. Vorhandene Talente und Begabungen werden nicht zur Geltung gebracht. Verhaltener Ehrgeiz verhindert kraftvolles Durchsetzen. Partnerschaften, privat oder geschäftlich, werden gern eingegangen, um sich am anderen anlehnen zu können oder gemeinsam mit ihm zu wirken.
Oft wird erst durch das Eingehen einer Partnerschaft eine entscheidende Wende im Leben herbeigeführt, sei es durch Heirat oder sonstige Bindung. Erbschaften, Besitz und Geld können in solchen Partnerschaften bedeutsam sein.
Gute Aspekte wirken lebensverlängernd und stärken die Gesundheit.
Disharmonische Aspekte verursachen gesundheitliche Störungen. Ehepartner können durch verschwenderisches Verhalten die Beziehung stören.

☉ *im 9. Feld*
Die persönliche Haltung wird bestimmt von einem selbstsicheren Auftreten. Unbeirrbarkeit in den eigenen Anschauungen und Meinungen, die subjektive Züge zeigen.
Ausgeprägter Sinn für Recht und Ordnung. Weltanschauliche und philosophische Interessen. Vielseitige geistige Interessen.
Obwohl durchaus patriotisch eingestellt, ist das Denken zugleich kosmopolitisch. Daraus resultiert das Bemühen, alles Fremde verstehen zu wollen. Ausland und Auslandsreisen, die auch in fernere Länder führen.
Disharmonische Aspekte machen das Denken subjektiv und unbeweglich. Es gelten dann nur die eigenen Ansichten, die dogmatisch vertreten werden. In sehr krassen Fällen Eigenliebe, Fanatismus und Unduldsamkeit.

☉ *im 10. Feld*

Beste Aussichten für einen guten sozialen Aufstieg. Man kann von einer beruflichen Karriere sprechen, die auf eine Stellung hindeutet, in der Macht und Einfluß ausgeübt werden kann.
Der bemerkenswerte Ehrgeiz läßt auf dem gewählten Fachgebiet erfolgreich sein. Diese Menschen können sich durch ihre Leistungen einen Namen machen. Gute organisatorische Fähigkeiten. Befähigung zur selbständigen Leitung. Der Vater kann bewußt oder unbewußt Vorbild für die eigene Karriere sein.
Disharmonische Aspekte verleiten zu falschem Ehrgeiz. Überspannte Forderungen an sich selber und an die Umwelt verursachen Krisen. Schaden durch falsch verstandene Großzügigkeit.

☉ *im 11. Feld*

Persönliche Beziehungen dienen weitgehend den eigenen ehrgeizigen Plänen. Es werden freundschaftliche und gesellschaftliche Verbindungen mit Menschen geknüpft, die den eigenen Zielsetzungen dienlich sind. Man erwartet von ihnen Unterstützung.
Man sucht den Kontakt mit einflußreichen Persönlichkeiten in hohen sozialen Positionen. Zu den Vorgesetzten besteht im allgemeinen ein gutes Verhältnis.
Bei disharmonischen Aspekten kann in den freundschaftlichen und gesellschaftlichen Kreisen ein Kampf um die persönliche Geltung entstehen, der zu finanziellen Ausgaben verleiten kann. Umgang mit Personen, die man auch Blender nennt, weil sie mehr scheinen wollen, als sie wirklich sind.

☉ *im 12. Feld*

Der Entfaltung der Persönlichkeit und der Fähigkeiten stehen Hindernisse im Wege, die in den meisten Fällen in den äußeren Umständen zu suchen sind. Hemmungen, die nur schwer oder gar nicht zu überwinden sind, können zur Resignation führen. Das Selbstbewußtsein ist stark verdrängt.
Es wird die Schuld für Fehler oder Mißerfolge bei den anderen gesucht.
Sehr disharmonische Aspekte bringen geheime und mitunter sehr einflußreiche Gegner auf den Plan.

Enttäuschungen in der Liebe mangels Erfüllung. Geschwächte Vitalität macht die Gesundheit labil.

## 12. Im Zeichen Jungfrau Geborene

Den Jungfrau-Geborenen sagt man nach, daß sie weniger aus dem Gefühl, dafür mehr aus dem Verstand heraus urteilen und handeln. Das ist richtig. Allerdings macht diese Art, die Welt zu betrachten, ein wenig einseitig. Jungfrau-Geborene bezweifeln gern, was nicht durch den Verstand zu erfassen ist. Darin irren sie. Dabei sind Jungfrau-Menschen meistens hochbegabte Persönlichkeiten, die über eine ausgezeichnete Beobachtungsgabe verfügen. Sie ordnen und sichten alles und gehen dabei äußerst methodisch vor. Sie haben ein hervorragendes Unterscheidungsvermögen. Sie sammeln ein umfassendes Wissen und konzentrieren sich gern auf ein Spezialgebiet. Das beherrschen sie dann auch, weil sie noch die kleinsten Einzelheiten erfassen, für die andere gar keinen Blick mehr haben.

Die Kehrseite dieser Anlagen ist, daß sie über das Detail oftmals die großen Zusammenhänge übersehen.

Jungfrau-Geborene sind kritische Menschen. Sie verfügen über ein hohes Maß an Einzelkenntnissen, und sie können Wertvolles sehr gut vom Wertlosen unterscheiden.

Im Umgang mit ihren Mitmenschen erkennen sie schnell die Schwächen der anderen. Sie können mit viel Ironie und beißendem Witz die Charakterschwächen ihrer Gegner bloßstellen.

Es sind vielseitige Menschen, praktisch begabt für kaufmännische, technische und wissenschaftliche Berufe. Oft liegt auch eine Begabung für Sprachen vor.

Selbstbewußtsein und Tatkraft sind nicht stark entwickelt, dafür ist verhaltener Ehrgeiz eine große Triebkraft des Handelns. Jungfrau-Geborene können Erstaunliches leisten. Sie sind aber keine Führernaturen. Sie ordnen sich lieber einer Aufgabe oder einer Sache unter.

Im Auftreten sind sie eher bescheiden und zurückhaltend. Sie wirken auf andere sachlich und nüchtern. Das liegt daran, daß sie ihre Gefühle nicht jedermann sogleich offenbaren. Es sind Verstandesmenschen, die es verstehen, Menschen und Dinge vortrefflich zu analysieren.

Oft ist auch ein egoistischer Zug in ihrem Wesen zu beobachten, der, wenn es um ihre Familie geht, weniger stark zum Ausdruck kommt. Um das Wohlergehen ihrer Angehörigen sind sie sehr bemüht.

Der weibliche Jungfrau-Typ ist ebenfalls sehr intelligent, belesen und verfügt daher meistens über ein großes Wissen. Die Frauen dieses Zeichens sind ordnungsliebend. Sie zeigen nicht ihre Gefühle, wirken daher kühl und manchmal sogar ein wenig spröde.

Wenn die Frauen dieses Zeichens mit ihrer Einstellung für Ordnung und ein geregeltes Leben zu weit gehen, fehlt es in ihrer Häuslichkeit an Gemütlichkeit.

Die Liebe wird sehr vom Verstand reglementiert, daraus ergibt sich sexuelle Genügsamkeit. Ehelosigkeit wird von diesen Frauen ebenfalls gut ertragen.

In einer Ehe sind diese Frauen treu. Sie nehmen am Leben des Mannes mehr mit dem Verstand, weniger mit dem Gefühl teil. Es sind pflichtbewußte Frauen, die ihre Aufgaben mit großer Sorgfalt erfüllen.

Seelische Erschütterungen fürchten die Frauen dieses Zeichens und bemühen sich deshalb, ihnen aus dem Weg zu gehen. Die Jungfrau-Gattin ist nicht die Frau, die sich auf Flirts einläßt. Sie sucht keine Abenteuer, dazu hat sie sich zu gut unter Selbstkontrolle. Sie wünscht die wohlüberlegte Heirat mit einem soliden Partner.

Liegen disharmonische Aspekte vor, so sind diese Frauen zu pedantisch, kritisieren zu viel und sind mitunter auch zänkisch.

*

☉ ♍ — *Asz.* ♈

Die vom Verstand geprägte Haltung des erdelementaren Zeichens Jungfrau verbindet sich mit dem auf Tatimpulse eingestellten feuerelementaren Zeichen Widder. Das verläuft nicht immer reibungslos.

Widder fordert Tat und Leistung, Jungfrau steuert die kühle, sachliche Überlegung bei. Bei harmonischen Aspekten ergibt sich daraus der tatkräftige und handlungsbereite Mensch, der methodisch vorgeht und der stets nach einem sorgfältig vorbereiteten Plan arbeitet. Allerdings muß immer erst ein innerer Widerstand überwunden werden.

Widder drängt zur Tat, doch die Jungfrau verlangt zuvor gründliche theoretische Überlegungen. So kann ein Zwiespalt aufreißen, denn Theorie und Praxis liegen miteinander im Streit.

Trotzdem haben wir es mit Menschen zu tun, die geschickte Arbeiter sind. Sie zeichnen sich durch Gründlichkeit aus. An der Genauigkeit, mit der sie vorgehen, sind sie zu erkennen.

☉ ♍ — *Asz.* ♉

Zwei erdelementare Zeichen verbinden sich. Das hat günstige Auswirkungen.

Hier treffen wir charakterfeste Menschen an, die ihr Augenmerk auf die Sicherung der realen Lebensbedingungen richten. Der Wert von Menschen und Dingen wird richtig eingeschätzt. Das kommt ihnen in den von ihnen eingenommenen Positionen zugute.

Es können kaufmännische, wirtschaftliche oder finanzielle Begabungen vorliegen, die zu einer wirkungsvollen Entfaltung gebracht werden. Pflichten werden mit Ausdauer und Gründlichkeit übernommen. Das macht diese Menschen verläßlich. Sie behaupten sich im Leben. Sie gehen stets mit großer Sachlichkeit ans Werk, doch durch den Stiereinfluß wird das Gefühlsleben keinesfalls vernachlässigt.

Disharmonische Aspekte fördern Ängstlichkeit und Kleinlichkeit. Sachliche Kritik schlägt in Nörgelei um. Trotz guter vorhandener Arbeitskraft fehlt es dann an Einsatzbereitschaft. Der Hang zur Bequemlichkeit kann störend sein.

⊙ ♍ — *Asz.* ♊

In den Zeichen Zwillinge und Jungfrau herrscht Merkur. Allein schon hieraus ergibt sich eine betonte intellektuelle Einstellung dieser Menschen. Alle Eindrücke werden durch den Verstand gefiltert und verarbeitet. Es liegt ein schöpferischer Zug vor, der sich mit geistiger Gewandtheit verbindet. Es besteht geistige Regsamkeit. Neue Ideen werden schnell aufgenommen und richtig und auch nützlich verarbeitet. Der Esprit regt zur Schriftstellerei an.
Mit dem umfangreichen Wissen wird nicht gegeizt, es wird an die Umwelt weitergegeben.
Bei disharmonischen Aspekten besteht die Neigung zur Zersplitterung. Vieles wird angefangen und nichts wird beendet. Bei den vorhandenen geistigen Anlagen, die nicht ausgeschöpft werden, ist dann die Verzettelung umso bedauerlicher. Es besteht ein starker Hang zur Kritik, die sachlich nicht fundiert ist.

⊙ ♍ — *Asz.* ♋

Die erdelementare Jungfrau, deren Vorzüge Sachlichkeit und Nüchternheit sind, verbindet sich mit dem gefühlsbetonten und emotionellen wasserelementaren Krebs. Bei harmonischen Aspekten kann das eine gute Ergänzung sein, denn zum scharfen Intellekt gesellt sich ein bemerkenswerter Instinkt.
Diese Menschen können eine Situation gefühlsmäßig richtig einschätzen und zugleich mit sachlicher Klarheit überdenken, wie das Beste daraus zu machen ist. Das macht sie sicher in ihren Entscheidungen.
Hier verbinden sich merkurische Verstandesschärfe mit den lunaren Gedächtniskräften. Gutes Einfühlen in alle Einzelheiten bei sachlicher verstandlicher Verwertung.
Disharmonische Aspekte fördern Passivität, durch die Menschen und Dinge entweder unter- oder überschätzt werden.
Ob harmonisch oder disharmonisch aspektiert ist gleich, die Bindungen an Eltern, Heim und Familie sind beachtenswert.

⊙ ♍ — *Asz.* ♌

Der feuerelementare Löwe kann sich nicht harmonisch mit dem erdelementaren Jungfrau-Zeichen verbinden. Es reißen Gegensät-

ze auf, die sich nur schwer überbrücken lassen.
Gehen wir von harmonischen Aspektierungen aus, so haben wir Menschen mit einer vorzüglichen Organisationsgabe vor uns, die leistungsstark sind. Wille und Verstand prägen schöpferische, selbstbewußte Menschen.
Es wird korrekt und exakt geplant. Pläne werden methodisch durchgeführt. Wirtschaftliche und finanzielle Interessen können hierbei mitspielen.
Kommen disharmonische Aspekte hinzu, treten die Gegensätze mehr hervor. Zwiespältigkeit im Denken macht dann unschlüssig im Handeln. Daraus entstehen leicht Fehldispositionen. Einerseits wird Macht und Expansion angestrebt, andererseits will die angeborene Zurückhaltung sie verhindern. Das kann zu unbefriedigenden Kompromissen führen.

☉ ♍ — *Asz.* ♍
Je nach den mehr harmonischen oder mehr disharmonischen Aspekten kommen die guten oder schlechten Eigenschaften des Zeichens Jungfrau zur Geltung.

☉ ♍ — *Asz.* ♎
Die luftelementare Waage ist eine glückliche Ergänzung für das erdelementare Zeichen Jungfrau. Künstlerische Interessen und Neigungen finden eine gute Entfaltung. Eine gute Konstellation für künstlerische Berufe.
Diese Menschen bemühen sich, dem Leben die besten Seiten abzugewinnen. Sie sind genußfreudig in jeder Hinsicht. Sie sind gesellschaftlich gewandt und machen sich schnell beliebt, deshalb werden sie überall gern gesehen. Sie sind ausgezeichnete Unterhalter, denen man gern zuhört. Für andere kaum bemerkbar, müssen sie jedoch stets ihre Schüchternheit überwinden, bevor sie ganz aus sich herausgehen.
Außer literarischen Interessen haben diese Menschen mitunter sehr beachtliche psychologische und philosophische Neigungen.
Disharmonische Aspekte machen die gesellschaftliche Gewandtheit zu einer Pose, die die Oberflächlichkeit verdecken soll. Die Zuverlässigkeit läßt zu wünschen übrig.

⊙ ♍ — *Asz.* ♏

Hier müssen die harmonischen und disharmonischen Aspekte gut abgewogen werden. Liegen harmonische Aspekte vor, darf man große Arbeitsleistung erwarten. Diese Menschen sind korrekt und sachlich im Umgang mit ihrer Umwelt.

Es treten allerdings zeitweilig Störungen auf. Es sind dieses Perioden, in denen die Triebhaftigkeit des Zeichens Skorpion dominieren will. Dieser Pendelschlag zeigt eine extreme Grundveranlagung an. Zeiten steter Arbeitsleistung wechseln mit Ausruhphasen.

Es kann hier zu schöpferischen und überdurchschnittlichen Leistungen kommen. Ein unbewußter Ehrgeiz ist der Antrieb zum Handeln.

Diese Menschen äußern sich sehr kritisch, ob positiv oder negativ kann nur aus den vorliegenden Aspekten beurteilt werden.

Disharmonische Aspekte fördern problematische Naturen, die sich selber im Wege stehen können. Es bedarf einer guten Einfühlungsgabe, um sie zu verstehen und richtig behandeln zu können.

⊙ ♍ — *Asz.* ♐

Das feuerelementare Zeichen Schütze paßt gut zum erdelementaren Zeichen Jungfrau. Diese Menschen wenden sich gern philosophischen oder weltanschaulichen Problemen zu. Hier finden wir auch Vertreter des Rechtes, das mit Sachlichkeit und umfassender Sachkenntnis behandelt wird.

Die Dinge werden mit Abstand betrachtet. Alles wird aus höherer Warte gesehen und großzügig behandelt.

Diese Menschen reisen gern. Sie lernen gern ferne Länder kennen, um Land und Leute zu studieren. Durch ihre kosmopolitische Einstellung bringen sie viel Verständnis für die Sorgen und Nöte anderer auf.

Sehr disharmonische Aspekte wandeln die guten Wesenszüge um. Diese Menschen können sehr unstet sein. Es fehlt ihnen der ruhende Pol. Sie sind auch unzuverlässig. Sie täuschen ihren Mitmenschen vor, mehr zu sein, als sie es wirklich sind.

☉ ♍ — *Asz.* ♑
Zwei erdelementare Zeichen verbinden sich und spornen zu großer Arbeitsleistung an. Übernommene Arbeiten werden mit viel Ausdauer erledigt. Es wird alles sorgfältig geplant, sachlich disponiert und dann mit bemerkenswertem Eifer vorangetrieben. Für Spekulationen ist hier kein Platz.
Diese Menschen können mit einer bewundernswerten Zähigkeit schwierigste Situationen meistern, um das vorgezeichnete Ziel zu erreichen. Sie sind stets um Objektivität und Sachlichkeit bemüht. Disharmonische Aspekte verführen dazu, auch zu unlauteren Mitteln zu greifen, wenn erkannt wird, daß nur so das Ziel zu erreichen ist. Man will sich selber nichts vormachen, doch belügt man sich oftmals dabei selber.

☉ ♍ — *Asz.* ♒
Der luftelementare Wassermann schärft den Blick für das Wesentliche. Es sind betont intellektuelle Menschen, die sich durch Sachlichkeit und Nüchternheit in der Beurteilung von Menschen und Dingen auszeichnen. Sie können sich für alles Neue begeistern; deshalb trifft man hier oft Reformer an, die für Verbesserungen Sorge tragen auf dem Gebiet, auf dem sie tätig sind. Gerade auf dem Gebiet der Technik kann Hervorragendes geleistet werden. Ebenso findet man hier Menschen, die sich auf dem Gebiet der Ernährungswirtschaft hervortun.
Intellekt und Intuition gehen eine glückliche Synthese ein. So entstehen Erneuerer, die den Geist der Gegenwart begriffen haben und zugleich überblicken, was der Zukunft dienlich ist.
Nur sehr disharmonische Aspekte machen zu Eigenbrötlern. Es sind Utopisten, die unrealisierbaren Ideen das Wort sprechen und deshalb von ihren Mitmenschen nicht ernst genommen werden.

☉ ♍ — *Asz.* ♓
Der Zusammenklang vom erdelementaren Zeichen Jungfrau und den wasserelementaren Fischen ergibt einen inneren Widerspruch, der nicht leicht zu überwinden ist.
Einerseits Nüchternheit im Denken, andererseits Neigung zu Gefühlsschwelgereien. Harmonische Aspekte können durchaus eine

außerordentliche psychologische Begabung entstehen lassen, weil subtile seelische Vorgänge durch den Verstand begriffen werden. Im allgemeinen trifft man hier auf labile Charaktere, die zwischen gefühlvoller Anteilnahme und nüchterner Beurteilung schwanken. Es fällt diesen Menschen schwer, ihr Denken und Fühlen miteinander in Einklang zu bringen.
Kommen disharmonische Aspekte hinzu, reagieren diese Menschen sehr sensibel auf Störungen, die von außen auf sie zukommen. Ihre betont passive Haltung macht sie besonders beeinflußbar. Im Umgang mit ihnen haben robustere Naturen es nicht ganz leicht, weil die erforderliche Einfühlung fehlt.

## 13. Sonne in der Jungfrau und ihre Position in den 12 Feldern

☉ *im 1. Feld*
Stärkere Betonung der Charaktereigenschaften, die das Zeichen Jungfrau prägt.

☉ *im 2. Feld*
Der auf Sparsamkeit und sorgfältige Einteilung eingestellte Jungfrau-Typ zeigt hier Interesse für wirtschaftliche Fragen. Es wird vorsichtig disponiert und alles unter dem Gesichtspunkt einer zweckmäßigen Ökonomie behandelt.
Spekulationen sind ausgeschlossen. Die guten Verstandesanlagen werden dazu benutzt, finanzielle und wirtschaftliche Regelungen zu treffen. Begabung, um gute Einnahmequellen zu erschließen. Materielle Erfolge, die das Selbstbewußtsein stärken, sind oft durch literarische, pädagogische oder wissenschaftliche Berufe zu erzielen.
Disharmonische Aspekte machen Vorsicht zur Ängstlichkeit. Man

versagt sich manches aus innerer Hemmung. Da nichts gewagt wird, bleibt der große Erfolg aus.

⊙ *im 3. Feld*

Lerneifer und Wißbegier fördern die Erweiterung des Gesichtskreises. Eine gute Auffassung befähigt zu überdurchschnittlichen Leistungen, z.B. als Analytiker, als Schriftsteller, Facharbeiter, auch Lehrer. Sachlichkeit im Denken verbindet sich mit praktischen Überlegungen.

Die Beziehungen zu Geschwistern und dem nachbarlichen, engeren Umkreis sind gleichfalls sachlich, nicht vom Gefühl bestimmt.

Disharmonische Aspekte verleiten zu einer herabsetzenden Kritik, durch die die Umwelt verletzt wird. Es kommt zu häufigem Streit mit der engeren Umwelt.

⊙ *im 4. Feld*

Eine sachlich, intellektuelle Einstellung besteht zur Herkunft, zum Elternhaus und zur Heimat. Gefühle sprechen nicht mit.

Die eigene Häuslichkeit wird sorgfältig gepflegt. Sie strahlt aber keine Wärme aus. Das häusliche Leben verläuft daher ziemlich nüchtern.

Die geistigen Anlagen sind ausgezeichnet. Diese Menschen erhalten sich meistens bis ins hohe Alter eine erstaunliche Frische. Die eigentlichen Erfolge, die Früchte vorausgegangener Arbeit liegen erst in den späten Lebensjahren.

Disharmonische Aspekte fördern den Egoismus, der den Umgang mit der Familie erschwert. Es kommt daher leicht zur Vereinsamung.

⊙ *im 5. Feld*

Die betont verstandliche Einstellung dieser Menschen wirkt sich nachteilig auf das Liebesleben aus. Es fehlt das Gefühl und die Leidenschaft, dafür findet man allenfalls nur aufmerksame Anteilnahme für den Partner.

Es liegt ferner gute pädagogische Begabung vor, die geeignet zum Erzieher Jugendlicher macht. Auch hier entscheiden keine gefühlsmäßigen Bindungen. Es kann nur von einem guten Verständ-

nis für die Jugend gesprochen werden, wobei ein etwas pedantischer Zug störend wirkt.
Disharmonische Aspekte fördern eine egoistische Haltung, durch die das Verhältnis zum Partner oder zur Partnerin unterminiert wird. Im extremen Falle werden die Gefühle anderer zum eigenen Nutzen mißbraucht.

☉ *im 6. Feld*

Intensive Ausrichtung auf die eigene Arbeitsleistung. Diese Sonnenposition ist nicht günstig für selbständige Arbeiter. Es ist besser, einer Sache oder einer Aufgabe zu dienen. Diese Menschen können sich gut einordnen oder auch unterordnen, je nachdem es die Umstände verlangen.
Es sind die bewährten Angestellten, die alles sorgfältig und gewissenhaft verwalten und die zuverlässig sind. Das Selbstgefühl ist nur schwach entwickelt.
Oft besteht Interesse an Medizin und Chemie, auch Neigung zur Diät und zur Reformkost.
Disharmonische Aspekte schwächen die Vitalität, daher Anfälligkeit für Krankheiten. Die Verdauungsorgane, wie Magen und Darm, sind empfindlich. Die Nerven sollten ebenfalls beachtet werden. Manchmal übertriebene Furcht vor Krankheiten, wodurch es zu erhöhter und zuweilen auch überflüssiger Einnahme von Medikamenten kommt.

☉ *im 7. Feld*

Neigung zu einer Vernunftehe, da die Beziehung zum Ehepartner oder zur Ehepartnerin nach nüchternen, sachlichen Gesichtspunkten beurteilt wird. Die Wahl fällt oftmals auf einen betont intellektuellen Partner, dessen egoistische Anlagen im Laufe der Zeit immer stärker hervortreten.
Es besteht ein Mangel am Zusammenklang der Gefühle. Dadurch wird Unfrieden in die Ehe getragen. Selbst bei einer unglücklichen Ehe nehmen die Partner noch lange Zeit eine unentschiedene Haltung ein. Es kommt daher erst spät zu einer Trennung.
Disharmonische Aspekte fördern Gegnerschaften, die schwer zu schaffen machen. Neigung zu Prozessen. Bei stärkerem Hervor-

treten an die Öffentlichkeit kommt es zu heftigen Angriffen und zu einer entsprechenden Kritik.

⊙ *im 8. Feld*

Die Vitalität ist schwach. Es mangelt an persönlicher Initiative. Es fehlt die erforderliche Durchschlagskraft. Das Verhalten zur Umwelt ist reserviert.

Diese Sonnenposition fördert eine psychische Entwicklung. Es kann zur Beschäftigung mit parapsychologischen und transzendentalen Wissensgebieten kommen. Die Einstellung zu den Grenzgebieten bleibt kritisch, manchmal skeptisch.

Disharmonische Aspekte fördern die Furcht vor Krankheiten und dem Tod. Erkrankung der Verdauungsorgane, der Nerven.

⊙ *im 9. Feld*

Vielseitige Interessen und starke intellektuelle Anlagen befähigen zu einem wissenschaftlichen Denken, wobei auch auf die kleinsten Einzelheiten eingegangen wird. Ein analytischer Geist, der die Fähigkeit hat, Erkenntnisse in Synthese zusammenzufassen.

Auseinandersetzung mit philosophischen und weltanschaulichen Problemen. Sinn für Sprachen, Grammatik und Stilfragen. Interesse an Literatur, auch Befähigung zu eigenschöpferischen literarischen Arbeiten.

Disharmonische Aspekte machen überkritisch. Der kalte Verstand macht das Denken dann einseitig. Die materialistische Denkweise zeigt in extremen Fällen sogar atheistische Züge.

⊙ *im 10. Feld*

Eine bemerkenswerte Intelligenz und in den meisten Fällen auch eine überdurchschnittliche Begabung sichern den sozialen Aufstieg und eine gute berufliche Stellung. Es können leitende Positionen übernommen werden. Man findet Anerkennung, manchmal kommt es zu ehrenden Auszeichnungen oder zu einem Ehrenamt.

Der persönliche Ehrgeiz strebt nach Anerkennung durch eine breitere Öffentlichkeit. Eignung für wissenschaftliche Berufe, Schriftsteller oder Lehrer, manchmal auch eine Tätigkeit im Staatsdienst.

Disharmonische Aspekte können die eingenommene Stellung gefährden. Verleumderische Kritik führt zu Angriffen auf das Ansehen.

### ⊙ *im 11. Feld*

Die freundschaftlichen und gesellschaftlichen Beziehungen, die geknüpft werden, basieren auf gemeinsamen geistigen Interessen. Die Einstellung zu Freunden und Bekannten ist eher sachlich, weniger vom Gefühl getragen.

Diese Menschen wählen Freunde, die auf gleichem Niveau stehen. Sie messen ihre geistigen Fähigkeiten gern mit anderen. Die geistige Förderung beruht auf Gegenseitigkeit und wirkt auf die Freundschaft anregend.

Bei disharmonischen Aspekten fehlt das gegenseitige Verständnis. Es entstehen Spannungen und Streit in Freundschaften. Herabsetzende Kritik erzeugt Mißtöne. Egoismus kann Verbindungen veröden lassen.

### ⊙ *im 12. Feld*

Innere Hemmungen haben ihre Rückwirkungen auf äußere Ereignisse. Diese Menschen resignieren zu schnell und weichen zu leicht zurück. Dadurch bleiben Schwierigkeiten, die unter Umständen zu überwinden wären, bestehen.

Enttäuschungen werden nur schwer überwunden. Man versteht es auch nicht, sich ins richtige Licht zu rücken, daher erleben diese Menschen, daß sie übergangen werden. Die Anerkennung, die eigentlich verdient ist, bleibt aus.

Es treten auch einflußreiche Gegner auf, die aber nicht mit offenem Visier kämpfen, sondern heimlich das Leben erschweren können. Mitunter ist die Beziehung zu Vorgesetzten problematisch.

Disharmonische Aspekte fördern die Furcht vor Erkrankung. Die Vitalität ist schwach. Auf Verdauungsorgane und die Nerven sollte geachtet werden.

## 14. Im Zeichen Waage Geborene

Waage Geborene haben einen angeborenen Charme, mit dem sie schnell bei ihren Mitmenschen Sympathien wecken. Sie sind liebenswürdig, entgegenkommend, herzlich und passen sich ihrer Umwelt an. Das gesellschaftliche Leben ist für sie wichtig. Sie sind gesellig und verstehen es, schnell Kontakte zu schließen.

Waage-Geborene bestechen durch ihre kultivierten Umgangsformen. Sie sind eitel, weshalb sie auf ein gediegenes Aussehen wert legen. Der Waage-Typ ist ein Genußmensch. Er versteht es, alle Finessen auszukosten.

Waage-Geborene haben einen ausgeprägten Schönheits- und Formensinn, ebenso einen guten Geschmack. Viele von ihnen fühlen sich berufen, gestaltend zu wirken. Sie neigen daher zu künstlerischen Berufen oder Tätigkeiten, mit denen man das Leben verschönt. Sie beurteilen Menschen und Dinge vom ästhetischen Standpunkt. Sie sind daher außerordentlich empfindlich gegen alles Häßliche.

Waage-Menschen vermeiden Streit mit anderen um jeden Preis. Sie suchen stets den Ausgleich. Sie können Differenzen unter Gegnern mit bemerkenswertem Takt und viel Diplomatie beseitigen.

Sie geben ein begangenes Unrecht offen zu. Ihr gewinnendes Wesen wirkt auf andere versöhnend. Will man sie jedoch ins Unrecht setzen, so können sich die Waage-Geborenen energisch zur Wehr setzen.

Anstrengende Arbeit liebt der Waage-Geborene nicht. Er geht ihr, wenn er irgendwie kann, aus dem Wege. Er ist mehr ein Mensch der geistigen Arbeit, die auch seine pädagogischen Fähigkeiten zur Geltung bringt. Ein breiter Fächer künstlerischer Berufe steht den Waage-Geborenen offen und auch solche, die der Verschönerung dienen.

Waage-Menschen sind der Liebe sehr zugetan. Sie suchen und finden mit dem anderen Geschlecht eine intensive Beziehung. Sie flirten gern. Ihr Gefühlsleben beeinflußt im hohen Maß ihr Handeln. Es kommt sehr auf das Niveau dieser Menschen an. Die einen lassen sich vom Sinnenrausch gefangen nehmen, die anderen wenden sich mehr der platonischen, geistigen Liebe zu.

Der höhere Waage-Typ ist sehr kultiviert und reagiert auf subtilste Reize; der niedere Typ hingegen ist eitel und hohl. Er ist oberflächlich und unzuverlässig und kann dabei noch sehr raffiniert sein.
Waage-Frauen sind oft auffallende Schönheiten. Sie sind für Schmeicheleien sehr empfänglich und wollen verehrt und umworben sein. Ihrer Eitelkeit tragen sie durch ein ausgesprochenes Schmuckbedürfnis Rechnung.
Die oberflächlichen Waage-Frauen wissen sehr genau, wie und wo sie ihren Charme einzusetzen haben, um bei den Männern persönliche Vorteile durchzusetzen. Unaufdringlich aber zielsicher verfolgen sie ihre egoistischen Ziele.
Waage-Menschen lieben und pflegen die persönlichen Beziehungen. Der gesellschaftliche Rahmen, in dem sie sich bewegen, kann ihnen unter Umständen noch wichtiger sein als Liebe und Erotik.
Waage-Frauen sind hervorragende Diplomatinnen, wenn es darum geht, Kontakte zu knüpfen. Sie sind vollendete Gastgeberinnen, die sich in einer Gesellschaft gern zum Mittelpunkt machen.
Die primitiven Waage-Typen sind faul und nachlässig. Sie lassen sich gehen und können in moralische Haltlosigkeit abgleiten. Sie werden ein Spielball der Zufälle.

*

☉ ♎ — *Asz.* ♈

Die luftelementare Waage regt das Empfindungsleben an. Der feuerelementare Widder fördert den Tatendrang. In mancher Hinsicht liegen Gegensätze vor, die aber nicht unbedingt Konflikte schaffen müssen.
Die Waage hat Leitbilder, die sie zu verwirklichen trachtet. Der Widder kann die Ideale der Waage erfolgreich in die Tat umsetzen.
Das Empfindungsleben bekommt einen leidenschaftlichen Zug. Alles wird bewußt genossen. Bisweilen kann man eine bemerkenswerte Gestaltungskraft beobachten. Der Wunsch, sich in der Öffentlichkeit einen Namen zu machen, ist die Triebfeder für schöpferische Leistungen.

Für die Waage-Frau spielt hier die Ehe eine wichtige Rolle. Sie bietet ihr die beste Möglichkeit zur Selbstdarstellung.

☉♎ — *Asz.* ♉

Zwei Zeichen, in denen die Venus regiert. Das fördert den Drang nach künstlerischer Arbeit und Betätigung. Man findet hier sehr viele künstlerische Anlagen und Talente, die zu entsprechenden Berufen führen.
Die musischen Begabungen finden ihren Ausdruck in der Musik oder im Gesang, in der Malerei, der Architektur oder Bildhauerei. Berufe, die das Schöne pflegen, sind hier vorwiegend vertreten.
Das gesellige Leben nimmt einen breiten Raum ein. Durch die sympathische und verbindliche Wesensart finden diese Menschen leicht Freunde.
Frauen zeichnen sich durch viel Charme aus, der seine Anziehungskraft auf die Männer nicht verfehlt.
Es besteht ein ausgeprägtes Genußbedürfnis, nur dürfen diese Menschen dem Genußleben nicht ganz verfallen. Es besteht sonst Gefahr, für wesentliche Aufgaben nicht mehr genügend Kraft aufzubringen.

☉♎ — *Asz.* ♊

Diese Menschen sind sehr empfänglich für einen geselligen Umgang. Sie brauchen für ihr eigenes Wohlbefinden eine angenehme Umgebung und Menschen, mit denen sie einen lebhaften Gedankenaustausch pflegen können.
Gefühl und Intellekt verbinden sich harmonisch. Die Gefühle werden verstandlich analysiert. Das ergibt eine gute und treffsichere Urteilsfähigkeit.
Es werden viele Erfahrungen gesammelt und nutzbringend verarbeitet.
Es sind Menschen, die sich für Literatur interessieren. Mit der Kunst und mit künstlerischen Dingen sind viele vertraut. Diese Menschen haben ein bemerkenswertes Stilempfinden, oft zeigt sich auch ein gutes Sprachgefühl.
Es sind Menschen, die sich überall schnell beliebt machen. Frauen bestechen durch ihren Charme, aber auch die Männer erweisen sich als hervorragende Gesellschafter.

☉♎ — *Asz.* ♋

Das Gefühl und der Instinkt prägen diese Menschen, deren Charakter sich durch Weichheit auszeichnet. Sie bringen viel Verständnis für ihre Mitmenschen, insbesondere für ihren engeren, vertrauten Kreis, auf. Sie sind hilfsbereit und stets bestrebt, aufkommende Meinungsverschiedenheiten zu schlichten.

Rein intellektuelle Reaktionen anderer werden nicht gleich verstanden. Wer diese Menschen verstehen und lieben will, muß sich in ihre Welt der Gefühle hineindenken. Das ist mit Verstand und Logik allein nicht getan.

Hervorzuheben ist die vorhandene Gestaltungskraft, besonders, wenn sich diese Menschen künstlerischen Aufgaben zuwenden. An erster Stelle steht die Musik, die ihnen viel bedeuten kann.

Diese Menschen hängen an ihrer Heimat, an ihrer Familie und an dem eigenen Heim. Sie bemühen sich um Ausgeglichenheit und Harmonie.

☉♎ — *Asz.* ♌

Auch der feuerelementare Löwe in Verbindung mit der luftelementaren Waage kann künstlerische Talente hervorbringen. Durch den Löwen ist das Selbstbewußtsein ausgeprägter. Es sind auch pädagogische Talente vorhanden, die zu entsprechenden Berufen führen.

Diese Menschen lieben den Genuß auf allen Gebieten des Lebens.

Sie haben philosophische Interessen und neigen zu einer großzügigen Lebensführung. Sie wollen damit ihr eigenes Image ins richtige Licht rücken.

Ihr Persönlichkeitskult kann sich auch darin zeigen, daß sie als Gönner auftreten. Sie protegieren gern andere, um so die Aufmerksamkeit auf sich zu lenken.

In der Liebe, die intensiv genossen wird, kommt es zur lebhaften Äußerung der Gefühle.

Bei kritischer Prägung macht sich übertriebenes Selbstbewußtsein und Selbstgefälligkeit unangenehm bemerkbar.

☉♎ — *Asz.* ♍

Es sind besonders zugängliche Menschen, die viel Verständnis für

die Nöte und Sorgen anderer aufbringen, dabei sind sie selber recht problematisch.
Die erdelementare Jungfrau macht sie nüchtern und kritisch, aber die Waage-Sonne verlangt nach Lebensfreude, Unbekümmertheit und viel Liebe. Diese Gegensätze sind nicht so einfach zu überbrücken. Hier heiterer Lebensgenuß und Optimismus, dort Kritik und Pessimismus. Die Waage neigt zum Idealismus und beflügelt zu geistigen Höhenflügen, die Jungfrau ist realistischer in ihrer erdelementaren Beschaffenheit.
Diese Menschen stehen zwischen lebendigem, schöpferischem Empfinden und kritischem, analysierenden Verstand. Solche Gegensätze lassen sich nur überbrücken, wenn sich die Betreffenden philosophischen oder pädagogischen Aufgaben zuwenden. Diese Aufgaben vermitteln das Verständnis für das eigene Geartetsein.

☉♎ — *Asz.* ♎

Sonne und Aszendent im luftelementaren Zeichen Waage bringt die typischen Eigenschaften dieses Zeichens zur stärkeren Geltung.

☉♎ — *Asz.* ♏

Der wasserelementare Skorpion verträgt sich nicht mit der luftelementaren Waage. Die Gegensätze kommen im Wesen dieser Menschen zum Ausdruck.
Hier heitere, optimistische Lebenseinstellung; dort Hinwendung an die Schattenseiten des Seins durch Grübelei. Der Skorpion ist kritisch, er will analysieren und dem Geheimnisvollen den Sinn abringen. Die Waage braucht Ungebundenheit, Heiterkeit und Frohsinn.
Das bringt einen Zwiespalt in den Charakter dieser Menschen, der nur durch eine philosophische Lebenshaltung überwunden werden kann.
Es muß gelingen, die Neigung zur Analyse und zur Kritik mit dem Streben nach Harmonie und Ausgleich zu vereinen. Gelingt dieses nicht, dann können unbeherrschte Leidenschaften spürbar die Schicksalsgestaltung beeinflussen. Die innere Zerrissenheit verhindert die freie Entfaltung der Persönlichkeit, obwohl diese Menschen sich gern in der Öffentlichkeit hervortun wollen.

☉≏ — *Asz.* ♐

Diese Menschen denken und handeln großzügig. Sie streben ein Leben im großen Stil an. Ihre Grundeinstellung zum Leben ist eine positive. Das Denken wird von weltanschaulichen Gesichtspunkten geprägt.
Viel Geselligkeit und gesellschaftliche Verpflichtungen. Sie fördern die Verbindungen zu maßgebenden Persönlichkeiten, die zur Ausgestaltung der eigenen Lebensführung beitragen.
Reisen, auch in ferne Länder, weiten den eigenen Gesichtskreis. Es sind Menschen mit einer optimistischen Grundhaltung, denen Gerechtigkeit viel bedeutet. In Streitfällen können sie als Schlichter auftreten. Ihre durchaus tolerante Einstellung läßt sie viel Verständnis für alles Andersgeartete aufbringen.

☉≏ — *Asz.* ♑

Die Beschwingtheit der luftelementaren Waage wird durch den erdelementaren Steinbock gedämpft.
Diese Menschen sind auf die realen Anforderungen im Leben ausgerichtet. Eingegangene Verpflichtungen und Bindungen nehmen sie sehr ernst und sie erfüllen sie gewissenhaft.
Das Berufsleben spielt besonders bei Männern eine hervorgehobene Rolle. Das Privatleben kann dadurch in den Hintergrund rücken, manchmal etwas zu kurz kommen.
Der Ehrgeiz ist die Triebfeder des Handelns, doch wird er nicht demonstrativ zur Schau getragen. Diese Menschen wollen etwas im Leben darstellen. Sie setzen alle Talente und Begabungen ein, um sie und damit sich selber ins richtige Licht zu rücken. Gefühle, wenn sie geweckt sind, erweisen sich als außerordentlich beständig.

☉≏ — *Asz.* ♒

Die beiden luftelementaren Zeichen verbinden sich sehr harmonisch. Hier finden wir Persönlichkeiten, die sich durch besondere, meistens auch durch sehr originelle Talente und Begabungen auszeichnen.
Die Menschen haben künstlerische Anlagen und sind weltanschaulich und literarisch interessiert. Ihre schnelle Auffassung

und ihre mitunter sehr ungewöhnliche Ideenwelt hebt sie von anderen ab. Sie haben eine sehr verbindliche Art, wodurch die freundschaftlichen Kontakte gefördert werden, die sich oft auch durch eine besondere Note auszeichnen.
Reformerische Ideen und Geistesblitze regen zu Schöpfungen an, die aus dem Rahmen fallen und das Althergebrachte sprengen.

☉♎ — *Asz.* ♓
Es verbindet sich der luftelementare Geist der Waage mit der wasserelementaren Seele der Fische. Das macht diese Menschen sehr gefühlvoll und empfindsam. Sie sind hilfsbereit und gastfreundlich. Sie haben viel Mitgefühl für Mensch und Tier. Es sind die stillen Dulder, deren Tatkraft unterentwickelt ist.
Bisweilen liegen künstlerische Anlagen vor, besonders zur Musik fühlen sich diese Menschen hingezogen. Es ist immer gut, wenn sie in einem anderen Menschen einen Halt finden. Sie verfallen sonst leicht der Resignation und sind dann der nüchternen Wirklichkeit nicht gewachsen.
Da die Beeinflußbarkeit und die Verführbarkeit sehr groß ist besteht die Gefahr, daß sich diese Menschen in den Rausch flüchten. Sie verfallen dann leicht Genußgiften, von denen sie sich nur sehr schwer wieder befreien können.

## 15. Sonne in der Waage und ihre Position in den 12 Feldern

☉ *im 1. Feld*
Es kommen die typischen Eigenschaften des Waage-Zeichens prägnanter zum Ausdruck.

☉ *im 2. Feld*

Geld und Besitz werden nicht nur geschätzt, sondern auch angestrebt. Diese Menschen lieben das angenehme Leben. Sie streben an, ihre eigene Umwelt mit allen nur möglichen Annehmlichkeiten auszugestalten.
Um dieses Ziel zu erreichen, werden alle Fähigkeiten eingesetzt. Vor allen Dingen werden die persönlichen Beziehungen genutzt, um zu finanziellen Mitteln zu kommen, die es ermöglichen, sich die Wünsche erfüllen zu können.
So großzügig verdient werden kann, so großzügig wird Geld auch wieder ausgegeben. Oft hängen Gelderwerb und öffentliche Tätigkeit eng zusammen.
Kritische Aspekte wandeln Großzügigkeit in Sorglosigkeit um. Daraus erwachsen finanzielle und materielle Schwierigkeiten.

☉ *im 3. Feld*

Diese Menschen widmen sich gern dem geschwisterlichen, verwandtschaftlichen oder nachbarlichen Kreis. Sie pflegen die Geselligkeit und die gesellschaftlichen Beziehungen. Es sind geistig aufgeschlossene Menschen. Sie sind belesen und interessieren sich für die Kunst und Literatur.
Von der Dichtkunst bis zur Philosophie, von der Psychologie bis zur Pädagogik wird alles studiert.
Nur bei disharmonischen Aspekten siegt die Oberflächlichkeit. Man redet auch, aber einfach nur daher. Die Aussagen sind belanglos und haben keinen Inhalt.

☉ *im 4. Feld*

Starke innere Beziehung besteht zur Heimat, zum eigenen Heim und zur Familie. Mit der Eheschließung wird eine gediegene und sehr persönlich ausgestattete Häuslichkeit geschaffen.
Das Heim dient der Pflege der Geselligkeit. Das Familienleben gestaltet sich harmonisch. Es werden auch künstlerische oder wissenschaftliche Untersuchungen angestellt.
Disharmonische Aspekte bringen Unfrieden in die Häuslichkeit. Die Interessen sind banaler Natur.

☉ *im 5. Feld*

Diese Menschen sind gesellig und lieben das Vergnügen. Sie lieben den Flirt, wozu viele gesellige Zusammenkünfte gute Gelegenheit geben. Die Sonnenposition schenkt ein anziehendes Wesen. Bemerkenswerte Liebesbindungen sind nicht selten.

Künstlerische Talente führen zu entsprechenden Berufen. Auch pädagogische Tätigkeiten sind oft festzustellen.

Das Verhältnis zur Jugend, auch zu den eigenen Kindern, ist gut.

Bei kritischen Aspekten kann die Vergnügungssucht eine ungesunde Steigerung erfahren. Es sind sehr eitle Naturen, die die Abwechslung, auch in den Liebesbeziehungen suchen.

☉ *im 6. Feld*

Das Durchsetzungsvermögen und das Selbstbewußtsein ist nicht sehr ausgeprägt. Es kann durchaus der Wunsch nach Selbständigkeit bestehen, doch tun sich diese Menschen einen größeren Gefallen, wenn sie sich Dienstleistungsberufen zuwenden.

Als Angestellte gewinnen sie die anderen Mitarbeiter schnell für sich. Sie sind beliebt und fallen durch ihre sehr guten Umgangsformen auf.

Berufe, die der Verschönerung dienen, liegen ihnen. Sie können sich mit der Mode beschäftigen, Schmuck oder andere Luxusartikel herstellen oder verkaufen.

Disharmonische Aspekte wirken sich nachteilig auf die Gesundheit aus, die Anfälligkeiten ausgesetzt ist. Neigung zur Erkrankung der Sexualorgane, der Nieren. Tendenz zum Rheuma.

☉ *im 7. Feld*

Die Ehe ist für diese Menschen sehr wichtig. Manchmal ist es auch ein bedeutender Ehepartner, auf den die Wahl fällt. Das Eheleben verläuft nicht ideal.

Partnerschaften und persönliche Verbindungen gehören zum Alltag. In diesen Beziehungen werden die eigenen Fähigkeiten erst richtig zur Entfaltung gebracht.

Diese Menschen haben gute Umgangsformen. Sie lieben den Beifall und die Anerkennung. Schmeicheleien sind sie sehr zugänglich. Sie suchen die Öffentlichkeit, um sich zur Geltung bringen zu können.

Disharmonische Aspekte führen zu Differenzen mit den Partnern. Man ist starker Kritik ausgesetzt, besonders bei öffentlichem Wirken. Neigung zu Prozessen.

### ☉ *im 8. Feld*

Das Verlangen, öffentlich hervorzutreten, ist wohl vorhanden, doch wird es im allgemeinen beim Wunsch bleiben. Die Menschen ziehen sich lieber auf sich selber zurück. Ihre Lebensauffassung ist ernst. Ihre Hinwendung an die Gefühlswerte führt zu einer Verinnerlichung.

Die Beziehung zum Tod kann mannigfaltiger Natur sein. Zum einen bestehen Aussichten auf Erbschaften, zum anderen kann die Verwaltung von Hinterlassenschaften übernommen werden.

Disharmonische Aspekte führen zu Streit um Erbschaften. Die Gesundheit ist dann labil. Neigung zu Rheuma und Erkältungskrankheiten.

### ☉ *im 9. Feld*

Hier liegt der Akzent auf den geistigen Interessen. Sinn für Philosophie und die Kunst. Es bestehen auch literarische Neigungen. Diese Menschen werden von moralischen Grundsätzen geleitet. Ihr Gerechtigkeitsempfinden ist gut entwickelt.

Sie sind in jeder Hinsicht vielseitig. Sie interessieren sich für Sprachen, haben Freude an langen Reisen in ferne Länder, die der Bereicherung des Wissens dienen. So werden alle Aspekte, die diese Welt bieten kann, ausgeschöpft.

Disharmonische Aspekte lassen die Eitelkeit dieser Menschen unangenehm hervortreten. Die Studien werden dann ohne geistigen Tiefgang betrieben. Die innere Hohlheit wird durch Scheinwissen übertüncht.

### ☉ *im 10. Feld*

Die guten Umgangsformen, der gesunde Ehrgeiz und das Streben nach Anerkennung der Leistungen führen zu dem ersehnten Erfolg. Diese Menschen verdanken viel ihrer gesellschaftlichen Gewandtheit, die dazu beiträgt, sich in gehobene Positionen vorzuarbeiten.

Berufe, die der Verschönerung dienen, werden bevorzugt. Die Skala reicht vom Friseur bis zum Juwelier.
Je nach Herkunft und Talent können auch künstlerische, philosophische oder pädagogische Anlagen beruflich wirkungsvoll eingesetzt werden.
Disharmonische Aspekte geben dem Berufsleben einen kämpferischen Zug. Es kommt dann zu Krisen und zu Angriffen auf den guten Ruf, was zum Verlust des Ansehens führen kann.

⊙ *im 11. Feld*

Freundschaftliche und gesellschaftliche Beziehungen nehmen einen breiten Raum ein. Die eigene Gewandtheit im Umgang mit Menschen läßt es schnell zu Kontakten kommen.
Es wird der Zugang zu höheren Kreisen angestrebt und auch erreicht. Diese Menschen suchen und finden einflußreiche Persönlichkeiten, die sie protegieren können. Sie lieben den Umgang mit Künstlern und Menschen, die im Licht der Öffentlichkeit stehen.
Bei disharmonischen Aspekten bleiben die gesellschaftlichen und freundschaftlichen Beziehungen oberflächlich und sind der Spiegel der eigenen Eitelkeit. Querelen führen zu Trennungen. Eifersucht kann dabei mitwirken.

⊙ *im 12. Feld*

Diese Sonnenposition deutet auf Isolation hin. Es fehlt die erforderliche Aktivität, um den Daseinskampf schwungvoll und mutig aufzunehmen. Das Selbstgefühl ist schwach.
Manche gute Gelegenheit wird im Leben verpaßt, wozu auch eine übertriebene Empfindsamkeit beitragen kann.
Die guten Auswirkungen zeigen sich in einer Verinnerlichung. Oft wird auch aus ehrlicher Selbstlosigkeit Gutes getan.
Disharmonische Aspekte können geheime Gegnerschaften auf den Plan bringen, die sich nicht zu erkennen geben. Die Gesundheit ist labil. Erkältungskrankheiten wie Rheuma können auftreten. Tendenz zu Krankheiten der Nieren, der Sexualorgane und der Haut.

## 16. Im Zeichen Skorpion Geborene

Skorpion-Geborene gelten als schwierige Menschen, aber kann man das so verallgemeinernd sagen? Gewiß nicht. Was bisweilen als schwierig empfunden wird, sind die Gegensätze, die in diesen Menschen besonders stark hervortreten. Zum einen zeichnen sie sich durch einen starken Willen aus, zum anderen haben sie ein tief angelegtes Gefühl. Wille und Gefühl sind oft im Streit miteinander oder gegeneinander. Einmal ringt der Wille, ein anderes Mal das Gefühl um die Vorherrschaft.

Im Alltag sieht das dann so aus: heute spornt der Wille zum tatkräftigen Handeln an, morgen bestimmt das Gefühl und die Skorpion-Geborenen lassen sich mehr von ihrem Sinnenleben gefangen nehmen. Die Leidenschaften geben den Ton an. Es sind zwei extreme Richtungen. Bestimmt der Wille, dann gehen die Skorpione gewissenhaft ihren Pflichten nach, auch wenn diese Entsagung von ihnen verlangen. Beherrscht sie aber das Gefühl, dann sind die Leidenschaften entfacht, die sie ganz in ihren Bann ziehen.

Skorpion-Geborene wissen im allgemeinen um ihre extreme psychische Anlage. Sie sind sich auch der unvermeidlichen Konflikte bewußt, denn was sie meinen tun zu müssen, machen sie ganz und unbeirrt von der Meinung anderer.

Es sind eigenwillige und zielbewußte Menschen. Sie verstehen es, ihre Ziele zu erreichen, manchmal auf eine kaum erkennbare Weise. Sie behalten ihre Absichten für sich. Sie bleiben lieber im Hintergrund. Von dort können sie umso wirkungsvoller ihre Ansprüche durchsetzen.

Sie sind ehrgeizig, doch lassen sie es die anderen nicht merken. Es genügt ihnen schon das Bewußtsein ihres Einflusses, den sie unmerklich aber bestimmt auf ihre Umwelt ausüben. Skorpion-Geborene sind außerordentlich geschickt darin, ihren Mitmenschen die intimsten Geheimnisse zu entlocken, ohne selber ihre eigenen Geheimnisse preiszugeben.

Diese Menschen sind ausgezeichnete Psychologen. Sie wenden sich auch gern dem Geheimnisvollen zu. Parapsychologische Phänomene und andere Grenzgebiete ziehen sie an. Es besteht für sie

eine innere Beziehung zur anderen Seite des Lebens, zum Tod. Sie haben eine Neigung für chemische, medizinische oder sexuelle Studien. Da ihre Leidenschaften intensiv sind, nimmt das erotische Leben bei ihnen einen breiten Raum ein.
In ihren Sympathien und Antipathien sind sie sehr direkt und halten nicht damit zurück.
Die Skorpion-Frau ist ebenfalls sehr stark sexuell orientiert. Sie versteht es, die Männer durch ihre Reize zu fesseln, wobei Schönheit gar nicht immer im Spiel zu sein braucht. Diese Frauen haben das gewisse Etwas. Sie sind anhänglich und treu. Ihre Gefühle sind beständig. Enttäuscht sie ein Partner, trifft sie das schwer, dennoch halten sie in den meisten Fällen an der Verbindung fest, auch wenn sie diese als quälend empfinden.
Auch die Skorpion-Frauen leben in Extremen, die sie in höchste Höhen und in tiefste Tiefen führen können. Hier zügellose Leidenschaft und Ausschweifung, dort Zurückhaltung und Enthaltsamkeit. Liebe und Haß liegen dicht beeinander. Durch Eifersucht können sehr schwerwiegende Konflikte entstehen. Das sexuelle Leben hat auf die persönliche Entwicklung einen erheblichen Einfluß.

*

☉ ♏ — *Asz.* ♈

Skorpion und Widder sind beides vom Mars beherrschte Zeichen. Eine bemerkenswerte Willenskraft und Furchtlosigkeit lassen zielbewußt und aktiv an die gestellten Aufgaben gehen. Viel Durchsetzungskraft, so daß Hindernisse durch Zähigkeit beseitigt werden.
Am einmal ins Auge gefaßten Ziel wird konsequent festgehalten. Entschlossenheit, wenn es sein muß auch Härte, bestimmen das Handeln.
Bei disharmonischen Aspekten wird Entschlossenheit zur Rücksichtslosigkeit. Das Triebleben wird intensiviert. Unbeherrschtheit führt zu sexuellen Ausschweifungen. Ungehemmte Leidenschaften können selbstzerstörerische Neigungen wecken.

☉ ♏ — *Asz.* ♉

Diese Menschen zeigen in ihrem Wesen eine gewisse Starre und Unnachgiebigkeit. Sie lassen sich nicht beeinflussen. Sie vertreten konsequent ihre Einstellung und weichen nicht von ihren Grundsätzen ab.
Ihr Eigensinn und ihre Hartnäckigkeit erschweren den Umgang mit ihnen. Diese Menschen lieben es, im Licht der Öffentlichkeit zu stehen, was allerdings zu mancherlei Konflikten mit der Umwelt führt.
Das sexuelle Ausleben ist für sie wichtig. Sie sind eifersüchtig, und sie bringen dadurch Unruhe in ihre Verbindungen. Sie fixieren sich gern auf einen Partner. Trotz der Erschütterungen, die diese Verbindung erleben kann, geben sie diese nicht so leicht wieder auf.

☉ ♏ — *Asz.* ♊

Wille und Verstand stehen harmonisch zueinander. Diese Menschen sind gewandt im Denken und Handeln. Sie erfassen schnell eine Situation und begreifen ebenso schnell die Absichten anderer, auf die sie sich einzustellen verstehen.
Hier trifft man oft Neigung zu technischen Berufen an, aber auch für Chemie oder Medizin. Jede Art von forschender Tätigkeit kommt gelegen.
Es sind anpassungsfähige Menschen. Sie verfügen über ein beachtliches seelisches Volumen. Sie gehen auf die Probleme ihrer Mitmenschen mit Interesse ein und verstehen es, mitunter sich diese geschickt zunutze zu machen.

☉ ♏ — *Asz.* ♋

Der wasserelementare Krebs läßt das Gefühl über den marsischen Willen herrschen. Agressivität wird abgebaut. Die Leidenschaftsfähigkeit ist stärker vorhanden.
Es kommt hier sehr viel auf das erotische Leben an. Ein einmal durch Zuneigung erwählter Partner wird gern für die eigenen Ziele eingespannt.
Diese Menschen sind häuslich und pflegen ihr Familienleben. Sie lieben Kinder. Es sind die uns unbewußten Tiefen, in denen die

Beziehungen zur Herkunft, zu den Vorfahren und zur Vergangenheit gründen. Oft findet man hier ein starkes Traumleben vor oder mediale Anlagen, auch Ahnungen, die sich erfüllen.

☉ ♏ — *Asz.* ♌

Der feuerelementare Löwe verstärkt den Willen. Hinzu tritt viel Zähigkeit. Das befähigt zu entsprechenden Leistungen. Erfolge gehen auch auf das Konto der Hartnäckigkeit, mit der sie erkämpft werden.

Es sind Persönlichkeiten, die stark in sich selber ruhen. Sie haben eine starke Ausstrahlung auf andere und imponieren durch ihre Festigkeit. Tradition wird gepflegt und das Überkommene geachtet.

Manchmal macht sich Eigensinn und Trotz störend bemerkbar. Das Selbstgefühl ist eng an das sexuelle Leben geknüpft. Das Triebleben ist stark. Enttäuschungen in Liebe und Freundschaft können erhebliche seelische Erschütterungen auslösen, zumal verletzte Eitelkeit noch hinzu kommt.

Disharmonische Aspekte fördern die Herrsch- und Rachsucht.

☉ ♏ — *Asz.* ♍

Das ist eine harmonische Kombination, die die Verstandeskräfte verstärkt. Diese Menschen gehen den Dingen auf den Grund, was eine gute geistige Vertiefung fördert. Sehr gut entwickelt ist der Sinn für Analyse und Kritik, aber auch für Probleme, die sich nicht im Handumdrehen lösen lassen.

Gute Anlagen für eine wissenschaftliche Tätigkeit. Lesen erweitert den Gesichtskreis. Die sprachliche Ausdrucksweise ist treffend, manchmal etwas ironisch.

Das Triebleben wird durch den Verstand gesteuert, was die Beziehungen zum anderen Geschlecht nicht immer ganz leicht macht.

Disharmonische Aspekte lassen einen starken egoistischen Zug erkennen, auch ist die Kritik dann negativ.

☉ ♏ — *Asz.* ♎

Auf den wasserelementaren Skorpion stößt die luftelementare Waage als ein Gegensatz, denn der grüblerische Skorpion und die

auf Lebensgenuß abgestimmte Waage brauchen einen Ausgleich. Bei harmonischen Aspekten kann dieser in einer wissenschaftlichen oder künstlerischen Tätigkeit gefunden werden.
Das sehr ausgeprägte Empfindungsleben reagiert schnell auf äußere Anstöße. Erotik wird als wichtig empfunden. Zum einen führt ein triebhaftes Verlangen zu sehr intensiven Bindungen, zum anderen finden diese Menschen in einer idealisierten Liebe zusammen. Eifersucht ist immer im Spiel und gibt leicht Anlaß zu Konflikten. Die Intensität des sexuellen Lebens entscheidet die Stärke der Bindung an den Partner.

☉ ♏ — *Asz.* ♏
Wenn Sonne und Aszendent in das Zeichen Skorpion fallen, werden die typischen Eigenschaften dieses Zeichens markanter hervortreten.

☉ ♏ — *Asz.* ♐
Äußerlich zeigen sich diese Menschen aufgeschlossen für alles. Sie sind gewandt und verstehen es, dem Leben die besten Seiten abzugewinnen. Sie sind genußfähig und sehr vielseitig. Sie haben leicht Kontakt mit ihren Mitmenschen.
Es darf dabei aber nicht übersehen werden, daß sie innerlich verschlossen und manchmal auch sehr einsam sind. Es bewegen sie weltanschauliche Fragen und philosophische Gedanken, auch setzen sich diese Menschen mit den letzten Dingen auseinander.
Das Selbstbewußtsein und der Wille treten gezügelt in Erscheinung. Liegen entsprechende Anlagen vor, können beachtliche schöpferische Leistungen erwartet werden.
Sehr disharmonische Aspekte führen zu einer Abkehr von den anderen; manchmal spielen kriminelle Anlagen mit.

☉ ♏ — *Asz.* ♑
Der wasserelementare Skorpion und der erdelementare Steinbock bringen zähe und unbeirrbare Arbeiter hervor. Ein gestecktes Ziel wird mit aller Konsequenz verfolgt und erreicht. Die große Arbeitsleistung erreicht die Durchsetzung der Ansprüche. Ausdauer und Beharrlichkeit tragen zum Gelingen bei.

Wenn es erforderlich ist, zeigen diese Menschen auch Härte gegen sich selber. Man ist nicht zimperlich mit dem Einsatz der Mittel. Wenn es Aufgaben gibt, die vordringlich gelöst werden müssen, können die Familie und ihre Ansprüche zurückgestellt werden. Diese Menschen schonen weder sich selber noch ihre Mitarbeiter.

☉ ♏ — *Asz.* ♒

Die angeborene Menschenkenntnis kommt diesen Menschen im Umgang mit anderen sehr zugute. Mitmenschen werden schnell und richtig eingeschätzt. Man stellt sich auf sie ein, läßt sich selber aber nicht in die Karten sehen.
Die geistigen Anlagen befähigen zur Bewältigung schwieriger Aufgaben. Die eigenen Ideen werden mit Nachdruck vorgetragen und durchgesetzt. Es werden oft auch recht originelle und neue Wege beschritten. Das eigene Ziel wird stets im Auge behalten. Diese Menschen erreichen auf diese Weise viel.
Der Kontakt zur Öffentlichkeit wird gesucht, denn man braucht sie zur Selbstbestätigung. Ein ausgeprägtes Selbstbewußtsein wird von anderen bisweilen störend empfunden.

☉ ♏ — *Asz.* ♓

Es sind Menschen, die sehr von Stimmungen abhängig sind, denn ihr Gefühlsleben ist außerordentlich beeinflußbar. Sie sind in ihrer Haltung bisweilen schwankend, nicht zuletzt durch ihre unsteten Gefühle und Neigungen.
Unbewußt bleibende seelische und geistige Einflüsse prägen diese Menschen, die auf Grund ihrer Anlagen bisweilen starke mediale Anlagen haben. Sie sind für die Grenzgebiete offen. Oft bestätigen sich Ahnungen oder Wahrträume.
Es sind angeborene psychologische Fähigkeiten vorhanden.
Disharmonische Aspekte steigern die Sinnlichkeit. Die Neigung zum Alkohol kann zu einer Gefahr werden.

### 17. Sonne im Skorpion und ihre Position in den 12 Feldern

⊙ *im 1. Feld*
Die Eigenschaften des Skorpion-Zeichens kommen betonter zum Ausdruck.

⊙ *im 2. Feld*
Geld und Gut wird geschätzt und auch richtig eingeschätzt. Von diesen Menschen wird Besitz angestrebt, nicht zuletzt, um das eigene Machtbedürfnis zu befriedigen. Die angeborenen und die erworbenen Fähigkeiten werden voll eingesetzt, um eine finanzielle und materielle Unabhängigkeit zu erreichen.
Die Einstellung zum Geld unterliegt einem Pendelschlag. Heute geizig und zurückhaltend, morgen vielleicht wieder verschwenderisch und großzügig.
Disharmonische Aspekte machen diese Menschen zu rücksichtslosen Partnern, deren Geschäfte keinesfalls immer sauber sind. In Geldangelegenheiten unberechenbar. Mal geizig, mal verschwenderisch.

⊙ *im 3. Feld*
Diese Menschen sind aufgeweckt und haben angeborene analytische Fähigkeiten. Sie sind kritisch eingestellt zu Menschen und Dingen. Sie erfassen das Wesentliche, und sie sind sehr prägnant im Ausdruck.
Man trifft hier auf ehrgeizige Arbeiter, die zu tiefgründigen, wissenschaftlichen Arbeiten befähigt sind. Zu Geschwistern und sonstigen Verwandten besteht eine gefühlsmäßige Bindung.
Bei disharmonischen Aspekten kann das eigensinnige Verhalten und die zersetzende Kritik Spannungen mit der Umwelt ergeben, auch können die Beziehungen zu Verwandten problematisch sein. Manchmal auch Geheimnistuerei.

⊙ *im 4. Feld*
Es bestehen gute geistige Anlagen und körperliche Kräfte bis ins hohe Alter.
Diese Menschen haben eine starke Bindung an die Eltern und an

die Heimat, später auch an das eigene Heim und die Familie. Die stärkste Entfaltung findet im familiären, häuslichen Kreis statt. Sinn für Familientradition.
Oft liegen parapsychologische Neigungen vor. Beschäftigung mit den Grenzgebieten. Gute Psychologen und Analytiker, die sich auch mit den Dingen nach dem Tod auseinandersetzen.
Disharmonische Aspekte gestalten die Beziehungen zur Familie und Häuslichkeit problematisch. Es treten dann Spannungen mit der Familie auf, insbesondere mit dem Vater.

☉ *im 5. Feld*
Diese Menschen sind auf Liebe und Erotik eingestellt. Aufflammende Leidenschaft führt schnell zu intimen Beziehungen. Das intensive Gefühlsleben fördert Liebesbindungen, die recht dauerhaft sein können, obwohl es immer wieder zu Konflikten unter den Partnern kommen kann. Eifersucht ist im Spiele.
Starkes erotisches Ausleben schon in Jugendjahren. Manchmal liegen künstlerische oder pädagogische Anlagen vor. In einer Ehe ist mit Kindern zu rechnen.
Bei disharmonischen Aspekten kann ausschweifendes erotisches Leben und ein Mangel an Treue die Beziehungen der Partner problematisch machen.

☉ *im 6. Feld*
Diese Menschen haben viel Arbeitseifer und zeichnen sich durch entsprechende Leistungen aus. Sie wollen den anderen beweisen, was sie können. Manchmal kommt es dabei auch zu Übertreibungen.
Starke Beanspruchung, manchmal auch Überbeanspruchung der Körperkräfte. Befähigung, die Stellung eines Vorgesetzten auszufüllen. Berufe in der Physik, der Chemie oder der Medizin üben eine Anziehungskraft aus. Auch die metallverarbeitende Industrie findet Anklang.
Bei disharmonischen Aspekten liegt geschwächte Vitalität vor, daher größere Anfälligkeit für Infektionskrankheiten. Die Verhältnisse am Arbeitsplatz entsprechen dann nicht den Wünschen. Verzögerungen im beruflichen Aufstieg.

☉ *im 7. Feld*

Diese Menschen haben den Ehrgeiz, sich im öffentlichen Leben hervorzutun. Oft geht dieser Weg über die Ehe oder sonstige Partnerschaften. Eingegangene Bindungen bleiben meistens stabil, auch wenn sie konfliktreich sind.
Selbst eine unglückliche Ehe kann trotz jahrelangen Kämpfen zwischen den Partnern von Bestand sein. Liebe und Leidenschaften sind in den Partnerbeziehungen intensiv.
Disharmonische Aspekte weisen auf Eifersucht hin. Es ist mit Gegnern zu rechnen, die zu schaffen machen.

☉ *im 8. Feld*

Bei diesen Menschen besteht eine bewußte oder unbewußte Beziehung zum Tod. Sie wenden sich gern Grenzgebieten und metaphysischen Phänomenen zu. Sie sind psychologisch einfühlsam, lieben alles Geheime und Verborgene.
Die körperliche Konstitution ist nicht besonders stabil, doch ist eine starke Widerstandskraft gegen Anfälligkeiten vorhanden.
Manchmal kommt es zu einer wirtschaftlichen oder finanziellen Fusion mit dem Besitz des Ehepartners oder anderer Partner.
Disharmonische Aspekte können zur Erkrankung der Sexualorgane oder der Blase führen. Herzstörungen sind ebenfalls nicht auszuschließen.

☉ *im 9. Feld*

Auseinandersetzung mit weltanschaulichen Fragen. Ob Religion, Philosophie und Mystik, ob Zeitgeschehen und Politik Interesse finden, ist ganz gleich. Alles wird sehr genau unter die Lupe genommen und genau analysiert. Wenn von diesen Menschen eine Meinung geäußert wird, dann ist sie das Ergebnis der eigenen Überzeugung, die bisweilen recht dogmatisch sein kann.
Es werden weite Reisen durchgeführt. Es kommt zur Anknüpfung von Auslandsbeziehungen.
Das Geheimnisvolle und Verborgene übt einen starken Reiz aus. Diese Menschen haben einen kritischen Geist, der schnell auf den Wesensgrund vorstößt.
Disharmonische Aspekte machen die Menschen ironisch, manch-

mal sogar bissig. Ihre schonungslose Offenheit kann verletzend wirken.

### ☉ *im 10. Feld*

Das Berufsleben spielt eine dominante Rolle. Mitunter ist eine Vernachlässigung der Familie und der Häuslichkeit zu beobachten. Ein verborgenes Machtbedürfnis stachelt den Ehrgeiz an, bis endlich die erstrebte Stellung erreicht ist.
Im Rahmen der beruflichen Tätigkeit wird viel Arbeitseifer entwickelt. Berufe der Chemie, Physik oder Medizin oder der Metallindustrie kommen den Anlagen entgegen.
Disharmonische Aspekte erschweren das eigene Durchsetzen erheblich. Widerstände und Widersacher müssen überwunden werden. Es kann auch einmal zu einem beruflichen Zusammenbruch kommen. Mut und Zähigkeit erlauben einen Neubeginn.

### ☉ *im 11. Feld*

Freundschaftliche und gesellschaftliche Beziehungen werden unter dem Gesichtspunkt der Zweckdienlichkeit geschlossen. Diese Menschen wenden sich den Personen zu, die Rang und Namen haben. Es ist das eigene Geltungsbedürfnis, das sie diese Auswahl treffen läßt, weil sie selber gern etwas vom Glanz, in dem die anderen stehen, abbekommen möchten. Sie lassen sich gern von Freunden protegieren, und sie protegieren selber.
Disharmonische Aspekte lassen Streit, Neid und Mißgunst in den freundschaftlichen oder gesellschaftlichen Beziehungen aufkommen. Eifersucht und Sexualität sind oftmals mit im Spiel. Enttäuschungen können zu Trennungen führen, was umso mehr bedauert wird, weil man eigentlich gern an den Beziehungen festhalten will.

### ☉ *im 12. Feld*

Alles Geheimnisvolle und Verborgene kann eine geradezu magische Anziehungskraft ausüben. Viel Sinn für alles Unerforschte, für alle Grenzgebiete und alle sexuellen Spielarten.
Disharmonische Aspekte machen zu Perversionen geneigt. Geheime Feinde machen zu schaffen. Es kommt zu Rückschlägen und

Krisen, die die Existenz gefährden. Zug zur Kriminalität. Manchmal unfreiwilliger Rückzug.

## 18. Im Zeichen Schütze Geborene

Die Menschen dieses Zeichens stehen im allgemeinen dem Leben positiv gegenüber. Sie sind genußfreudig und verstehen es, dem Leben die besten Seiten abzugewinnen. Sie haben einen gesunden Ehrgeiz, der sich nicht störend bemerkbar macht, der aber die Triebfeder des Handelns ist, um eine gehobene, soziale Stellung zu erklimmen. Es wird auch Wert auf eine fundierte finanzielle Basis gelegt.

Die bemerkenswerte Arbeitskraft der Schütze-Geborenen ist zu verstehen aus dem Streben nach einer gehobenen Lebensführung. Sie gehen nach großzügigen und großangelegten Plänen ans Werk, wobei ihnen ihr Durchsetzungsvermögen zugute kommt.

Ein fortschrittlicher Geist beflügelt die Schütze-Geborenen. Sie bedenken vieles, und sie betrachten nach allen Seiten, um den besten Ansatzpunkt für das eigene Vorgehen zu wählen.

Der Schütze-Geborene macht sich schnell beliebt. Gerade durch seine Anteilnahme am Ergehen seiner Mitmenschen handelt er sich schnell Sympathien ein. Er versteht es vorzüglich, in Streitfällen eine schlichtende Rolle zu übernehmen. Seine Entscheidungen werden im allgemeinen geachtet.

Der Schütze-Mensch hat einen ausgeprägten Sinn für Recht und Unrecht. Wenn er einmal etwas als richtig erkannt hat, vertritt er diesen Standpunkt unter Einsatz seiner Persönlichkeit.

Selbst der disharmonisch aspektierte Schütze-Geborene versteht es, die guten Eigenschaften dieses Zeichens nach außen hin vorzutäuschen. Er wird eine Fehlhandlung, von ihm selber begangen

oder bei anderen erkannt, als richtig verteidigen, nur um vor sich und vor den anderen als der rechtende Richter dazustehen.
Lerneifer und Wißbegier führen zu einem umfangreichen Wissen. Weltanschauliche Fragen interessieren. Die im Laufe des Lebens gewonnenen Erfahrungen führen zu einer beachtlichen Erweiterung des Gesichtskreises. Gutes Einfühlungsvermögen und ein angeborenes soziales Empfinden lassen ihn viel Verständnis für andere aufbringen.
Immer bereit, seine Kenntnisse zu mehren, führt dieser Drang zu Reisen, oft auch zu sehr weiten Reisen, die ihn in ferne Länder führen.
Seine soziale Einstellung und seine philosophische Betrachtungsweise geben ihm eine Weltanschauung, die an moralischen und rechtlichen Prinzipien ausgerichtet ist. Nur der disharmonisch aspektierte Schütze-Geborene kommt über ein hohles Gerede nicht hinaus. Er ist so von sich eingenommen, daß er meint, es müsse sich alles um ihn drehen.
Diese Menschen sind sportlich eingestellt. In der Jugend kommt das stärker zum Ausdruck. Es ist viel Liebe zum Tier vorhanden, wobei große Tiere bevorzugt werden.
Die Schütze-Frau ist ebenfalls zuversichtlich und heiter abgestimmt. Sie ist ein sportlicher Mensch, der leicht die Herzen anderer durch ein offenes und sympathisches Wesen gewinnt. Sie weiß ihre Unabhängigkeit durchaus zu schätzen und ist in der Ehe treu, um keine Störungen in die Bindung zu tragen.
Schütze-Frauen lassen sich gern bewundern. Ihre Gefühle reagieren leicht und schnell, darum schätzen sie den Flirt. Sie bleiben beherrscht. Das bewahrt sie in den meisten Fällen vor Unbedachtheiten, die sie später bereuen müßten.
Schütze-Frauen repräsentieren gern. Sie brauchen zum eigenen Wohlbefinden eine großzügige Lebensführung.
Der disharmonisch aspektierte Frauentyp neigt zur Verschwendung.

*

☉ ♐ — *Asz.* ♈

Die beiden feuerelementaren Zeichen steigern die Aktivität und verstärken den Willen. Eine gute Durchsetzungskraft sorgt dafür, daß gefaßte Pläne schnell in die Tat umgesetzt werden. Es wird energisch vorgegangen und ein Ziel konsequent angestrebt. Das Denken und Handeln ist großzügig.
Diese Menschen lassen sich leicht begeistern. Sie suchen und finden vielseitige Verbindungen, auch solche, die zu einem Kontakt mit dem Ausland führen.
Das gut entwickelte Selbstgefühl gibt diesen Menschen die innere Sicherheit bei der Durchführung ihrer Vorhaben. Es wird alles nach rechtlichen und moralischen Gesichtspunkten gewertet.
Kritische Aspekte machen diese Menschen rechthaberisch und streitsüchtig. Es fehlt die erforderliche Einsicht.

☉ ♐ — *Asz.* ♉

Die optimistische, bejahende Lebenshaltung des feuerelementaren Zeichens Schütze verbindet sich mit der auf das Materielle und Sinnliche ausgerichteten des erdelementaren Zeichens Stier.
Das weist auf eine großzügige und großangelegte Lebensführung hin, allerdings bleiben diese Menschen stets im Rahmen der realen Möglichkeiten. Die wirtschaftlichen Belange werden nicht aus den Augen verloren.
Die Menschen genießen alles gern und gründlich. Ihr Sinnenleben lassen sie zur vollen Geltung kommen. Oft liegen künstlerische Anlagen vor, mindestens ist Kunstverständnis vorhanden. Manchmal setzen sich diese Menschen auch mit religiösen, weltanschaulichen oder mystischen Problemen auseinander. Sie bleiben trotzdem mit beiden Beinen auf der Erde. Bei ihrer Umwelt machen sie sich schnell beliebt.

☉ ♐ — *Asz.* ♊

Der Schütze gibt ein weitgestecktes, großangelegtes von der Vernunft geleitetes Denken. Die vielseitigen Zwillinge sehen die Welt durch die Brille des Verstandes. Die Gefahr, daß Verstand und Vernunft sich streiten um eine geistige Zersplitterung herbeizuführen, ist nicht von der Hand zu weisen. Die Welt will von beiden

Seiten betrachtet und verstanden werden. Daraus entstehen Zwiespältigkeit und innere Differenzen.
Groß ist bei diesen Menschen die Liebe zur Veränderung. Reiselust und Wissensdrang führen zur Teilnahme an allem Geschehen. Gute Anpassungsfähigkeit ist vorhanden. Sie fördert viele persönliche Beziehungen und Bindungen. Oft besteht auch der Drang, sich im öffentlichen Leben hervorzutun.

☉ ♐ - - *Asz.* ♋
Äußerlich zurückhaltend, nehmen diese Menschen aber doch mit viel Verständnis am alltäglichen Leben teil. Der wasserelementare Krebs schenkt ein starkes Gefühlsleben. Die Zurückhaltung resultiert aus der weichen Gemütsanlage.
Hervorzuheben ist auch das vorzügliche, angeborene Einfühlungsvermögen in die Psyche anderer. Es sind daher Menschen mit einer großen Menschenkenntnis.
Diese Menschen fühlen sich richtig wohl, wenn sie sich in dem kleinen, vertrauten Kreis der Familie oder im Kreis der Freunde bewegen. Hier gehen sie aus sich heraus.
Sie sind gewissenhaft und pflichttreu. Zu einer einmal eingegangenen Verpflichtung stehen sie. Ihre Ideale, seien dieses nun religiöse oder weltanschauliche Bindungen, halten sie hoch.

☉ ♐ — *Asz.* ♌
Die Verbindung beider feuerelementaren Zeichen stärkt das Selbstgefühl. Diese Menschen leiden unter keinem Minderwertigkeitskomplex. Sie sind sich ihres Wertes durchaus bewußt. Sie wissen genau, zu welchen Leistungen sie befähigt sind.
Zum Wohlbefinden gehört eine luxuriöse Lebensführung. Diese Menschen repräsentieren gern. Sie wollen ihm Rahmen der Gesellschaft etwas darstellen.
Es gelingt ihnen, groß angelegte Pläne in die Tat umzusetzen. Mit Kleinigkeiten geben sich diese Menschen gar nicht erst ab.
Bei disharmonischen Aspekten wird aus Großzügigkeit sehr leicht Großspurigkeit. Es wird dann mit Leistungen geprahlt, zu denen diese Menschen nicht fähig sind. Sie reden zu viel und nehmen sich selber zu wichtig.

☉ ♐ — *Asz.* ♍

Das auf Großzügigkeit und Ausweitung ausgerichtete feuerelementare Zeichen Schütze harmoniert nicht mit dem auf Kritik und auf Details ausgerichteten erdelementaren Zeichen Jungfrau. Die Gegensätze im Wesen führen zu einem inneren Zwiespalt.
Hier kommt der eine, dort der andere Wesenszug zur Geltung. Einmal Glaubensbereitschaft, philosophisches Denken, mit Ausrichtung auf Ideale, ein andermal Zweifel und übertriebene Skepsis, die jede Verwirklichung von Idealen bereits im Keim erstickt.
Die Bereitschaft zu weltanschaulichen oder religiösen geistigen Höhenflügen ist wohl vorhanden, jedoch der nüchterne Verstand beschränkt immer wieder auf ein Mittelmaß der Entfaltung.

☉ ♐ — *Asz.* ♎

Es sind Menschen, deren Selbstgefühl nicht sehr stark entwickelt ist. Sie sind daher für Schmeicheleien sehr empfänglich, in denen sie eine Bestätigung ihres Eigenwertes sehen.
Sie sind die gesellschaftlich gewandten Menschen, die durch ihre Umgangsformen bestechen. Sie sind belesen, verstehen es, sich elegant zu kleiden, und sie machen sich bei ihrer Mitwelt schnell beliebt.
Sie kennen sich auf den verschiedenen kulturellen Gebieten aus und können über alles mitsprechen. Sie philosophieren gern und möchten alles nach psychologischen Gesichtspunkten bewerten.
Disharmonisch aspektiert sind diese Menschen übertrieben eitel. Mit der Wahrheit nehmen sie es nicht immer so genau. Sie bluffen. Sie geben sich den Anschein, mehr zu sein, als sie eigentlich sind.

☉ ♐ — *Asz.* ♏

Hier sind Menschen anzutreffen, die voller Probleme stecken und in Extremen leben. Es können außerordentlich talentierte Menschen sein. Religion, Mystik, Esoterik, überhaupt alle Grenzgebiete üben auf sie eine starke Anziehungskraft aus. Ihr Denken ist tiefgründig.
Einerseits lebt in ihnen der echte Wunsch nach Vergeistigung, andererseits verstricken sie sich immer wieder im Spinnennetz der

Sinnenlust. Sie wollen beides ausleben. Nach Zeiten intensiv durchlebter Sinnenlust finden sie wieder zurück zu den geistigen Werten des Lebens.
Durchsetzungskraft und Zähigkeit versprechen erfolgreiches Handeln. Diese Menschen können zugleich nüchtern denken und urteilen, besonders wenn es um finanzielle Dinge geht. Hierin können sie beachtliche Leistungen vollbringen.

☉ ♐ — *Asz.* ♐

Wenn der Aszendent und die Sonne im feuerelementaren Zeichen Schütze stehen, kommen die Eigenschaften dieses Zeichens stärker zum Ausdruck.

☉ ♐ — *Asz.* ♑

Es sind beachtliche Arbeitsleistungen, die hier anzutreffen sind. Ziele werden gewissenhaft und zäh verfolgt. Gerade die Intensität, mit der diese Menschen ans Werk gehen, ist letztlich ein Indiz dafür, daß unbewußt ein Minderwertigkeitsgefühl vorhanden ist. Es wird durch die äußeren Erfolge verdrängt.
Diese Menschen sind ehrgeizig. Sie behandeln Menschen und Dinge sachlich. Sie finden Befriedigung darin, daß sie in der erreichten beruflichen Stellung Einfluß ausüben.
Es mögen Religiosität und weltanschauliche Interessen bestehen, doch halten sie damit zurück. Oft ist auch ein Zug zur Einsamkeit zu beobachten. Die Ursachen können in einer Enttäuschung liegen, auch religiöse Motive können zugrunde liegen.

☉ ♐ — *Asz.* ♒

Das sind die Individualisten, die ihre Wesensart zu wahren wissen, bei aller äußeren Gewandtheit, die sie an den Tag legen. Sie wissen Freundschaften zu schätzen und gehen darum gern viele Verbindungen ein. Sie bemühen sich, in einflußreiche Kreise einzudringen, die der eigenen sozialen Stellung nützlich sind.
Am Umweltgeschehen wird stets lebhaft Anteil genommen, weniger mit dem Gefühl, mehr mit dem Verstand. Sie können auch selber sehr weitgespannte und originelle Ideen entwickeln. Sie denken dabei fortschrittlich, reformerisch.

Die disharmonischen Aspekte führen zu einer Überbetonung der persönlichen Note. Diese Menschen grenzen sich den anderen gegenüber viel zu sehr ab.

☉ ♐ — *Asz.* ♓

Anständigkeit ist das Leitmotiv des Handelns. Die religiöse Einstellung ist tolerant, doch keineswegs sektiererisch. Das sind die hilfsbereiten Menschen, die gewissenhaft und ehrenhaft vorgehen. Sie ordnen sich dem Höheren unter. Sie stehen für ihre Ideale ein, für die sie, wenn es die Umstände erforderlich machen, auch kämpfen können.

Die mehr materialistischen Vertreter sind genußfreudig und streben das angenehme und bequeme Leben an. Sie sind darauf bedacht, ihren Besitz zu mehren, um Ansprüche, die sie an das Leben stellen, erfüllen zu können.

Bei disharmonischen Aspekten kommen die ethischen und moralischen Werte zu kurz.

## 19. Sonne im Schützen und ihre Position in den 12 Feldern

☉ *im 1. Feld*

Bei Sonne und Aszendent im Zeichen Schütze kommen die Eigenschaften dieses Zeichens stark zum Ausdruck.

☉ *im 2. Feld*

Es besteht eine gute Beziehung zum Besitz und zu den Finanzen. Die angeborene Begabung für den Umgang mit Geld läßt auf gute finanzielle Verhältnisse schließen.

Für den persönlichen Aufwand werden die finanziellen Mittel großzügig eingesetzt. Es besteht auch Interesse an Spekulationen und am Spiel. Die Beteiligung an beachtenswerten Unternehmen ist nicht selten.

Disharmonische Aspekte weisen auf erhebliche Verluste hin, die nicht zuletzt durch unnötigen Aufwand und Verschwendung entstehen können. Manchmal auch Gewinne durch nicht ganz durchsichtige Geschäfte. Armut kann ausgeschlossen werden.

### ☉ *im 3. Feld*

Vielseitige Interessen erweitern das Wissen. Gute Verstandeskräfte. Beschäftigung mit Philosophie, Psychologie oder Rechtsfragen. Kunstverständnis. Umgang mit der Literatur.
Neue Ideen werden gern aufgegriffen, um praktischen Nutzen aus ihnen zu ziehen. Starke Reiselust führt zu diversen Ortsveränderungen. Es werden viele Verbindungen geknüpft und gepflegt.
Die disharmonischen Aspekte führen zur Zersplitterung. Es wird viel geredet, doch steckt nichts dahinter.

### ☉ *im 4. Feld*

Die volle Entfaltung der Persönlichkeit und die damit verbundenen Erfolge liegen erst in der zweiten Lebenshälfte. Starke Bindung an Heimat, Elternhaus und an das eigene Heim.
Manchmal schirmen sich diese Menschen von der Außenwelt ab, um sich nur im häuslichen Kreis auszuleben oder sich mit sich selber meditativ zu beschäftigen. Das kann zu einer Vernachlässigung des äußeren Lebens und Strebens führen. Sie gehen dann ganz in ihrer eigenen Ideenwelt auf.
Disharmonische Aspekte machen die Menschen eigenbrötlerisch. Die Ideenwelt ist zu phantastisch, und es werden unerfüllbare Wunschbilder entwickelt. Diese Menschen wollen ihrer Familie ihre Ansichten aufdrängen.

### ☉ *im 5. Feld*

Es sind optimistische Menschen mit einer Neigung zu Vergnügungen aller Art. Sie lieben den Tanz, das Theater oder den Sport. Sie gehen gern auf Reisen. Auf einem dieser Gebiete sind manche beruflich oder als Amateur tätig.
Intensiver Kontakt zum anderen Geschlecht. Der Liebespartner wird idealisiert gesehen.

Pädagogische Anlagen, daher gute Erzieher mit großem Verständnis für die Jugend.
Bei disharmonischen Aspekten bestehen viele Liebesbindungen, die die Eitelkeit befriedigen. Neigung zur Untreue. Verluste durch Spiel und Spekulationen. Verschwenderischer persönlicher Aufwand.

### ☉ *im 6. Feld*

Es sind gute persönliche Anlagen vorhanden, nur können sie bisweilen nicht so zur Entfaltung gebracht werden, um zur vollen Geltung zu kommen. Es können leitende Stellungen im Berufsleben übernommen werden. Erfolge durch eigene Tüchtigkeit.
Allerdings wird oft im persönlichen Wirken viel zu viel Zurückhaltung gezeigt. Das kann andere dazu ermuntern die berufliche Stellung zu untergraben.
Durch disharmonische Aspekte kommt viel Unruhe und mancher Berufs- beziehungsweise Stellungswechsel zustande. Unsichere Arbeitsverhältnisse und unbefriedigende Arbeitsbedingungen. Geringe Entfaltungsmöglichkeiten.
Schwache körperliche Konstitution, daher anfällig für Krankheiten.

### ☉ *im 7. Feld*

Starkes Bedürfnis, sich in der Öffentlichkeit einen Namen zu machen. Diese Menschen suchen Partnerschaften, die der persönlichen Entfaltung dienlich sind. Viele Beziehungen.
Im allgemeinen eine glückliche Ehe, doch kommt es oft noch zu einer 2. Heirat. Ehrgeiziges Streben nach öffentlicher Anerkennung. Umgang mit maßgebenden Persönlichkeiten.
Disharmonische Aspekte zeigen Eheschwierigkeiten an. Untreue kann im Spiel sein. Auseinandersetzungen mit Gegnern. Neigung zu Prozessen.

### ☉ *im 8. Feld*

Diese Menschen neigen zur Mystik, zur Religion und zur Meditation. Sie beschäftigen sich gern mit allen Dingen, die im Zusammenhang mit dem Tod stehen. Sie sehen im Tod kein Ende, son-

dern einen Durchgang. Sie beteiligen sich mitunter an philosophischen oder religiösen Richtungen, und sie schätzen rituelle Handlungen.
Neigung zu Erbschaften. Diese Menschen können auch den Besitz des Ehepartners verwalten oder mit dem Geld arbeiten.
Disharmonische Aspekte verwischen die Perspektiven. Aus Glaube wird Aberglaube.

☉ *im 9. Feld*
Gute psychologische Anlagen. Diese Menschen sind geistig ausgerichtet und widmen sich philosophischen, psychologischen oder religiösen Studien. Sie setzen sich mit weltanschaulichen Fragen auseinander, auch mit der Kunst, der Politik und mit dem Recht.
Es werden umfassende Kenntnisse gesammelt. Es fehlt auch nicht an Erkenntnissen, die eine Sicht von einem höheren Standpunkt zulassen. Gute Vorausschau. Starkes Einfühlungsvermögen in andere Menschen.
Disharmonische Aspekte können falsche Apostel mit zweifelhafter Moral hervorbringen. Es besteht wohl auch Interesse an allen angeführten Gebieten, nur werden sie zu oberflächlich behandelt.

☉ *im 10. Feld*
Diese Menschen sind sehr ehrgeizig und trachten nach hohen Stellungen, in denen man Macht ausüben kann und Ansehen genießt.
Sie haben ein erfolgreiches Berufsleben.
Sie führen groß angelegte Unternehmen durch. Sie haben eine soziale Einstellung zu ihren Untergebenen. Sie werden geschätzt und geachtet.
Sie eignen sich zu Berufen, die mit dem öffentlichen Leben zu tun haben, und sie ins Licht der Öffentlichkeit rücken.
Disharmonische Aspekte verursachen Krisen durch falsche Zielsetzungen. Die eigene Überheblichkeit ruft Gegnerschaft hervor.
Es besteht Neigung zur Zersplitterung.

☉ *im 11. Feld*
Freundschaftliche und gesellschaftliche Verbindungen und Bindungen sind für diese Menschen sehr wichtig. Ihre gewandte Art

sich schnell beliebt zu machen, läßt sie vorteilhafte Beziehungen knüpfen. Sie suchen und finden den Umgang mit einflußreichen und sozial hochgestellten Personen.
Sie lassen sich gern protegieren, und sie protegieren selber gern, wenn die Möglichkeiten gegeben sind.
Disharmonische Aspekte bringen Schaden durch zu großspuriges Auftreten. Diese Menschen geben vor, etwas zu sein, was sie nicht sind. Sie suchen in ihren Beziehungen stets den Vorteil für sich.

☉ *im 12. Feld*
Eine allzu große Aktivität nach außen darf man von diesen Menschen nicht erwarten. Sie sind vielmehr zurückhaltend und neigen zur Besinnlichkeit und Beschaulichkeit. Sie suchen die inneren Werte.
Durch religiöse oder weltanschauliche Fragen hoffen sie, eine Antwort auf die letzten Fragen zu bekommen.
Es sind opferbereite Menschen, die nicht gern in das grelle Rampenlicht der Öffentlichkeit treten. Sie wirken aus dem Hintergrund, aus der Stille.
Disharmonische Aspekte schaffen Behinderungen und Verzögerungen. Gute Gelegenheiten, um im Leben vorwärts zu kommen, werden verpaßt. Rückschläge durch einflußreiche Gegner.
Anfälligkeit für Krankheiten.

## 20. Im Zeichen Steinbock Geborene

In diesem Zeichen werden Wirklichkeitsmenschen geboren. Sie wissen um den realen Wert einer Leistung, deshalb sind sie bestrebt, etwas im Leben zu erreichen. Sie geben sich keiner Gefühlsduselei hin. Sie trachten vielmehr nach einem sozialen Aufstieg. Steinbock-Geborene wollen etwas darstellen. Sie wollen sich ihrer Macht bewußt sein.

Es ist daher sehr gut zu verstehen, daß ihre persönlichen Interessen in erster Linie auf den Beruf ausgerichtet sind. Der Beruf soll ihnen den Erfolg bringen, er soll zur erwünschten Anerkennung führen. Fleiß und Tatkraft spornen sie an, Sprosse für Sprosse die Erfolgsleiter zu erklimmen. Selbst schwere Hindernisse werden überwunden.

Es liegt auf der Hand, daß diese Menschen es zu etwas im Leben bringen. Sie erwerben Besitz und schaffen sich eine gute materielle Basis. Geld und Gut dienen nicht dem Vergnügen, sie dienen der Mehrung des Besitzes. So festigen sie ihre Stellung und bauen sie aus.

Steinbock-Geborenen sagt man nach, daß es ihnen an der Herzenswärme fehle, die zu einer guten Beziehung, zum Beispiel in der Ehe, einfach erforderlich ist. Die Erfüllung der Pflichten allein genügt nicht. Der andere Eheteil kann sich vernachlässigt fühlen.

Bei disharmonischen Aspekten macht sich Rücksichtslosigkeit bemerkbar, die zu einer Ehekrise führen kann.

Vorgesetzten und anderen Autoritäten gegenüber kann ihr Verhalten problematisch sein. Sie wissen sehr gut den Wert und die Bedeutung dieser Menschen einzuschätzen. Ein innerer Widerstand verwehrt die Anerkennung.

Die innere Bindung an die Familie ist nicht sehr stark. Ihre Einstellung ist sachlich und nicht vom Gefühl bestimmt. So läßt oft auch das Verhältnis zu den eigenen Kindern die Wärme vermissen.

Steinbock-Geborene sind nicht sehr kontaktfreudig. Sie stehen oft mit sich selber in großer Spannung. Es zieht sie dann in die Einsamkeit.

In den Jugendjahren ist die körperliche Konstitution schwach. Steinbock-Geborene sind aber zäh. Sie bringen ihre Fähigkeiten erst in den reifen Jahren zum vollen Einsatz. Sie bleiben lange leistungsstark.

Es sind verantwortungsbewußte und zuverlässige Menschen, die sich keine Extravaganzen leisten. Sie üben sehr viel Selbstdisziplin. Das sichert ihnen eine berufliche Karriere.

Sie sind sparsam, manchmal auch geizig. Geld wird nicht leichtsinnig vertan. Es muß alles seine Ordnung haben. Diese Menschen sind in ihrer Genußfreudigkeit begrenzt, doch können sie durchaus Leidenschaften entwickeln, wenn sie die richtige Partnerin oder den richtigen Partner finden.
Die Steinbock-Frau kann durchaus sexbetont sein. Äußerlich wirkt sie jedoch eher kalt, zumindestens zurückhaltend. Diese Frauen lassen sich von keinen Leidenschaften hinreißen. Sie bewahren stets Haltung.
Um sich an einen Partner zu binden, genügt Liebe allein nicht. Sie erwägen die materiellen Vorteile einer solchen Bindung. Die Stellung des Mannes muß ihren Erwartungen entsprechen. In der Ehe stacheln sie den Ehrgeiz des Gatten an. Sie wollen ihn zu höheren Leistungen antreiben.
Steinbock-Frauen zeigen nicht ihre Gefühle, manchmal sind sie sogar gehemmt. In einer Ehe erweisen sie sich als beständig, treu und zuverlässig. Sie halten die Zügel fest in der Hand. Das Heim wird nach wirtschaftlichen Gesichtspunkten verwaltet.
Die Untreue des Partners kann sie hart und unversöhnlich machen. Sie haben ihre moralischen Grundsätze, an denen nicht zu rütteln ist.
Eine disharmonisch aspektierte Steinbock-Frau kann sehr selbstsüchtig sein. Sie ist auf ihren Vorteil bedacht. Sie ist kalt. Fühlt sie sich durch andere verletzt, so kann sie diese mit ihrem Haß verfolgen.

*

☉ ♑ — *Asz.* ♈

Der feuerelementare Widder verleiht dem erdelementaren Steinbock Schwung. Zur Pflichterfüllung und Leistung gesellt sich noch Begeisterungsfähigkeit. Die vom Widder verliehenen Willensimpulse fördern die ins Auge gefaßten Ziele wirkungsvoll.
Diese Menschen erreichen etwas im Leben. Es hindert sie nichts, auch einmal etwas rücksichtslos vorzugehen, wenn dadurch das Ziel schneller erreicht werden kann oder eine gute Sache zu einem Ende zu bringen ist.

Es sind pflichtbewußte Arbeiter, die in ihrem Beruf etwas erreichen, oft auf Kosten des Privatlebens, das zu kurz kommt.

☉♑ — *Asz.* ♉
Diese unter zwei erdelementaren Zeichen stehenden Menschen lieben Besitz, Geld und alle sonstigen materiellen Güter. Sie bewerten die Dinge nach ihrem realen Wert und Menschen nach dem, was sie haben und was sie sind. Sie scheuen keine Mühen, um ihre Forderungen an das Leben durchzusetzen. Sie gehen dabei zäh und ausdauernd vor.
Es sind ruhige und besonnene Arbeiter, die pflichtbewußt übernommene Arbeiten gewissenhaft ausführen. Im Denken und Handeln sind sie konservativ. Sie sperren sich zunächst gegen alles Neue. Sie sind schwer zu überzeugen. Man muß viel Überzeugungskraft aufbringen, um ihren Widerstand zu brechen.
Disharmonische Aspekte machen diese Menschen zu Materialisten, die für ideelle Aufgaben keinen Sinn haben.

☉♑ — *Asz.* ♊
Hier lockern die luftelementaren Zwillinge die erdelementare Schwere auf. Auch hier haben wir es mit Menschen zu tun, die sich auf die realen Tatsachen stützen. Sie lieben keine Spekulationen. Ihre rasche Auffassungsgabe und die guten Verstandesanlagen geben ihrem Denken einen philosophischen Zug.
Sie können sich in Fragen vertiefen, bei denen sie selber erst ein mal eine skeptische Haltung überwinden müssen, bevor sie eindeutig Stellung nehmen.
Es sind geistig und körperlich bewegliche Menschen, die für alles aufgeschlossen sind. Sie sammeln Erfahrungen und verarbeiten sie gründlich. Wenn sie zu einer Einsicht kommen, sind sie auch bereit, eine bisher vertretene Auffassung zu ändern.
Disharmonische Aspekte lassen den Egoismus stärker hervortreten. Diese Menschen sind sehr auf ihren Eigennutz bedacht.

☉♑ — *Asz.* ♋
Es fließen hier sehr gegensätzliche Strömungen zusammen. Einerseits Kälte, Willensstärke und Ehrgeiz, andererseits Gefühlsstär-

ke, Imaginationskraft und Duldsamkeit. Diese Menschen können nach außen hin sehr zielbewußte Streber sein, während sie sich in ihrer Privatsphäre von Gefühlen treiben lassen.
Diese Menschen wollen im öffentlichen Leben etwas erreichen und darstellen, zugleich lieben sie ihre Häuslichkeit, in die sie sich vom lauten Treiben der Arbeitswelt zurückziehen können.
Wille und Gefühl finden nicht zueinander. Hier das Streben nach einer Stellung im öffentlichen Leben, dort das Bedürfnis nach Abgeschlossenheit und Ruhe. Dieser Zwiespalt kann zu einer inneren Zerrissenheit führen.
Disharmonische Aspekte fördern Minderwertigkeitsgefühle. Es entstehen Hemmungen. Solche Menschen leiden an ihrer passiven Einstellung, die den sozialen Aufstieg verhindert.

⊙ ♑ *— Asz.* ♌

Das sind selbstbewußte Menschen, mit einer guten Portion Ehrgeiz ausgestattet. Sie streben nicht nur die Anerkennung ihrer Leistungen an, sie wollen auch auf andere einen Einfluß ausüben.
Unter vollem Einsatz der Persönlichkeit werden die Ziele angestrebt. Planmäßiges Vorbereiten, durchdachtes Vorgehen unter Einsatz des angeborenen Organisationstalentes sichern den Erfolg.
Diese Menschen wissen, was sie wollen. Ihr Handeln ist von Pflichtgefühl und Verantwortungsbewußtsein getragen. Sie setzen sich mit Nachdruck für eine Sache oder einen Menschen ein.
Disharmonische Aspekte machen hart gegen sich und andere. Die Haltung ist dann zu unbeugsam, wenn es um Macht und Vorherrschaft geht. Andere können da rücksichtslos zurückgedrängt werden.

⊙ ♑ *— Asz.* ♍

Wieder treffen zwei erdelementare Zeichen zusammen, die auf eine starke Bindung an die materiellen Dinge schließen lassen. Diese Menschen sind gründlich und gewissenhaft, auch gehen sie zielbewußt ans Werk. Ihr Selbstbewußtsein ist nicht sehr ausgeprägt, außerdem sind sie in allen Dingen bisweilen geradezu übertrieben vorsichtig. Diese Haltung verhindert den großen Durchbruch zum Erfolg.

Diese Menschen sind sehr kritisch und manchmal in der Beurteilung von Menschen und Dingen zu skeptisch. Sie gehen zu sehr ins Detail und verlieren darüber leicht den Blick für das Ganze. Nebensächlichkeiten werden überbewertet. Als Spezialisten können sie ihre Qualitäten gut zur Geltung bringen.
Bei disharmonischen Aspekten wird dem Materiellen zu großer Wert beigemessen. Ein störender Egoismus läßt diese Menschen zu sehr auf den eigenen Vorteil bedacht sein.

☉♑ — *Asz.* ♎

Die luftelementare Waage lockert den erdelementaren Steinbock auf. Bei aller Zurückhaltung im Wesen sind die äußeren Umgangsformen dieser Menschen vorbildlich. Sie pflegen die Beziehungen und sind gesellig.
Es kommt zu einer ausgeprägten Charakterbildung, die sich in der 2. Lebenshälfte voll entfaltet. Für diese Menschen hat alles seinen Preis, auch die Kunst, der man viel Verständnis entgegenbringt. Pädagogische Fähigkeiten und philosophische Neigungen.
Die disharmonischen Aspekte wirken sich nachteilig auf das Gefühlsleben aus. Sie stören die zwischenmenschlichen Beziehungen.

☉♑ — *Asz.* ♏

Mut und Willensstärke zeichnen diese Menschen aus, die viel Ausdauer und Zähigkeit aufbringen, wenn sie von einer Aufgabe gepackt sind. Widerstände werden unter Einsatz aller Kräfte gebrochen.
Bemerkenswert ist, mit welcher Energie diese Menschen ihre Eigenart verteidigen. Sie können sehr beherrscht auftreten, doch sollte man die Triebkräfte nicht unterschätzen, die in sie gelegt sind. Niederlagen und Enttäuschungen werden nur sehr schwer ertragen. Sobald sie sich wieder gefunden haben, gehen sie mit doppelter Kraft erneut das Ziel an, um es im zweiten Anlauf zu erreichen.
Bei disharmonischen Aspekten kann Sarkasmus zu einer herabziehenden Kritik verleiten. Manchmal zeigt sich Rücksichtslosigkeit und sogar Brutalität.

☉♑ — *Asz.* ♐
Der feuerelementare Schütze harmoniert gut mit dem erdelementaren Steinbock. Diese Menschen sind weltaufgeschlossen. Sie sind gewandt und können sich anpassen. Sie planen großzügig und verrichten ihre Arbeiten gründlich und beharrlich.
Sie verleugnen nie ihre Eigenart. Sie sind interessiert an wirtschaftlichen und finanziellen Fragen. Auf sozialem Gebiet kann viel erreicht werden. Ein entsprechender beruflicher Aufstieg ist vorprogrammiert. Besitz wird sehr geschätzt und erreicht.
Das Privatleben dieser Menschen kommt nie zu kurz. Sie können sich geistig mit weltanschaulichen Fragen auseinandersetzen oder sonstigen persönlichen Neigungen nachgehen.
Disharmonische Aspekte können Großzügigkeit leicht in Großspurigkeit verwandeln.

☉♑ — *Asz.* ♑
Aszendent und Sonne im Steinbock lassen die Eigenschaften dieses Zeichens stärker hervortreten, wobei es sehr darauf ankommt, ob vorwiegend harmonische oder disharmonische Aspekte vorliegen.

☉♑ — *Asz.* ♒
Steinbock und Wassermann erweisen sich im Zusammenspiel nicht immer ganz harmonisch. Eine beachtliche Willenskraft liegt vor.
Diese Menschen trachten streng danach, ihre Eigenart zu wahren. Sie können mitten im Leben stehen und mit der Umwelt einen lebhaften Kontakt halten und doch bleiben sie innerlich verschlossen. Es gelingt nur schwer, manchmal auch gar nicht, Zugang zu ihrem Innenleben zu finden.
Diese Einstellung kann weltanschaulich bedingt sein oder irgendwelche Enttäuschungen tragen dazu bei, daß diese Menschen nicht besonders umgänglich sind.
Sehr disharmonische Aspekte begünstigen kriminelle Anlagen oder eine abgeschlossene Lebensführung.

☉♑ — *Asz.* ♓
Die wasserelementaren Fische können den erdelementaren Steinbock erheblich verändern. Keine Willensstärke, keine betonte Vitalität. Dafür kommt ein weicher, gefühlsbetonter Zug ins Wesen dieser Menschen.
Ehrgeiz ist wohl vorhanden, nur wird er nicht ausgespielt. Es fehlt der Ansporn zu großzügigen oder großangelegten Handlungen. Zurückhaltung ist die Devise dieser Menschen, die sich lieber von der Außenwelt abschließen und die Einsamkeit suchen. Es sind stille Menschen, die eine ruhige Lebensführung anstreben. Ihre Gesinnung ist wohlwollend, und sie sind darauf bedacht, mit ihrer Umwelt friedlich auszukommen.
Disharmonische Aspekte lassen Ängstlichkeit aufkommen, die den Umgang mit der Umwelt erschwert.

## 21. Sonne im Steinbock und ihre Position in den 12 Feldern

☉ *im 1. Feld*
Starke Hervorkehrung der Eigenschaften des Steinbock-Zeichens.

☉ *im 2. Feld*
Ausgeprägter Sinn für Besitz. Das Streben ist auf Erwerb materieller Güter ausgerichtet. Geld ist ein Mittel, um die eigenen Interessen und Ziele durchzusetzen. Wirtschaftliches Denken sorgt für eine gute Einteilung der verfügbaren Mittel.
Neigung zur Sparsamkeit. Im Geschäftsleben werden Risiken tunlichst vermieden. Erwerb von Wertpapieren, jedoch wenig Neigung zu Spekulationen.
Disharmonische Aspekte fördern Geiz und Raffgier. Enttäuschungen in Besitzangelegenheiten. Verluste, manchmal sogar Verarmung.

### ☉ *im 3. Feld*

Sachliches und nüchternes Denken bestimmt das Handeln. Abneigung gegen jegliche spekulative Überlegungen. Diese Menschen halten sich an die realen Tatsachen. Sie sind der Maßstab bei der Beurteilung von Menschen und Dingen.
Es sind fleißige Menschen mit guten geistigen Anlagen, die zu einem Studium befähigen. Bevorzugt wird ein Studium der praktischen Wissenschaften.
Guter Kontakt zu Geschwistern und Verwandten, jedoch wenig Herzlichkeit in den Beziehungen. Lust am Reisen.
Disharmonische Aspekte erzeugen ein gespanntes Verhältnis zu Verwandten. Ärger mit ihnen und durch sie.

### ☉ *im 4. Feld*

Es besteht enge Verbundenheit mit dem Elternhaus, der Heimat und dem eigenen Heim. Der Vater kann eine entscheidende Rolle spielen und maßgebend das eigene Schicksal beeinflussen.
Gutes persönliches Durchsetzen sichert den äußeren Erfolg; doch tritt er erst in der 2. Lebenshälfte ein, die überhaupt mehr als die 1. Lebenshälfte zu bieten hat. Hier trifft man oft typische Steinbockberufe an wie: Landwirt, Bergmann, Architekt und dergleichen mehr.
Disharmonische Aspekte lassen Spannungen zwischen der inneren Verbundenheit an das Heim und dem Drang nach äußerer Geltung aufkommen. Konflikte mit den Eltern, insbesondere mit dem Vater. Enttäuschungen am Lebensabend.

### ☉ *im 5. Feld*

Den Annehmlichkeiten des Lebens aufgeschlossen, haben diese Menschen Sinn für Vergnügungen, Sport und Spiel. Es ist auch Kunstverständnis vorhanden. In allem wird Maß gehalten, Übertreibungen werden vermieden.
Diese Menschen bringen Kindern Zuneigung entgegen, ohne jedoch ihr Herz gewinnen zu können. Zur reiferen Jugend ist der Kontakt besser. Als Erzieher legen sie strenge Maßstäbe an und achten sehr auf Pflichterfüllung.
Leidenschaftlichkeit in der Liebe ist durchaus möglich, wird nach

außen jedoch nicht gezeigt. Treue zum Partner.
Disharmonische Aspekte fördern Konflikte in der Liebe. Enttäuschungen sind unvermeidbares Lehrgeld. Kinder erfüllen nicht die in sie gesetzten Hoffnungen.

⊙ *im 6. Feld*

Es ist ein großer Arbeitseifer vorhanden, der auch übertrieben werden kann. Diese Menschen arbeiten sehr konzentriert und erledigen alle anfallenden Arbeiten gewissenhaft. Starker Ehrgeiz bestimmt das Handeln.
Erwartungen auf Anerkennung und Aufstieg erfüllen sich allerdings nur langsam. Als Vorgesetzte verlangen diese Menschen von den Untergebenen viel, als Angestellte sind sie zuverlässige Arbeiter.
Disharmonische Aspekte können Rückschläge bringen. Man bürdet sich zu viel auf. Angegriffene Gesundheit. Neigung zu Rheuma. Herz und Gelenke können erkranken.

⊙ *im 7. Feld*

Diese Menschen möchten sich gern hervortun. Sie wollen bei ihrer Umwelt Ansehen genießen. Der eigentliche Durchbruch gelingt meistens erst in reiferen Jahren. Die bemerkenswerten Leistungen finden bei den Mitmenschen eine respektvolle Anerkennung.
Partnerschaften und berufliche Verbindungen werden gepflegt. Zur Ehe ist die Einstellung sachlich. Häufig kommt es zu einer reinen Vernunftsehe.
Disharmonische Aspekte machen die Ehe konfliktreich. Es kann daher zu einer Trennung kommen. Feindliche Angriffe können im öffentlichen Leben einschneidende Veränderungen bewirken und Schaden verursachen.

⊙ *im 8. Feld*

Vermögenswerte der anderen Ehehälfte können eine Rolle spielen. Auch mit anderen Partnern können Regelungen in Besitzfragen bedeutsam sein.
Diese Menschen können sich nicht voll entfalten. Selbst bei harmonischen Aspekten können Hemmungen bestehen, die auch zu

einem depressiven Denken verleiten können. Schwache körperliche Konstitution und Anfälligkeit für Krankheiten.
Disharmonische Aspekte verzögern die Entwicklung, teils durch Krankheit, teils durch Partner, die Widerstände aufbauen. Es kann zu Erbschaften kommen, doch können durch sie zugleich Verluste entstehen.

⊙ *im 9. Feld*

Der geistige Horizont wird im Laufe des Lebens erheblich erweitert. Die weltanschauliche Einstellung ist gefestigt. Neigung zu einer praktischen Lebensphilosophie, die sich nicht in Spekulationen verliert. Das Denken ist etwas dogmatisch und wird von moralischen Grundsätzen geleitet.
Realpolitisches Denken und Pflichtbewußtsein bestimmen die persönliche Haltung. Dem Recht wird ein hoher Wert beigemessen. Es kommt zu weiten Reisen und zu Beziehungen mit dem Ausland.
Disharmonische Aspekte fördern eine materialistische Denkweise. Das Moralempfinden ist gestört. Es kommt zu Ärger in Rechtsangelegenheiten. Unannehmlichkeiten auf Reisen und im Ausland.

⊙ *im 10. Feld*

Der Beruf und die Arbeit haben Vorrang. Es sind Menschen mit einer hervorragenden Organisationsgabe, die von ihrem Ehrgeiz zu Leistungen angetrieben werden. Sie sind Wirklichkeitsmenschen, deren sozialer Aufstieg durch unermüdliches Schaffen gesichert ist. Selbständigkeit wird angestrebt oder aber eine leitende Stellung.
In der ersten Lebenshälfte muß mancher Widerstand und Rückschlag in Kauf genommen werden. Sie fördern den Reifeprozeß und geben den Ansporn, der in reiferen Jahren dann die volle Anerkennung der Leistungen bringt. Eine einmal eingenommene Stellung wird gehalten und ausgebaut.
Durch disharmonische Aspekte werden viele Knüppel zwischen die Beine geworfen. Das erschwert die berufliche Laufbahn. Es kann zu Krisen und zum Verlust der Position kommen.

☉ *im 11. Feld*

Trotz ernster Lebenseinstellung und zurückhaltender Wesensart kommt es zu freundschaftlichen und gesellschaftlichen Kontakten, die gepflegt werden. Es sind vorwiegend sachliche gemeinsame Interessen, die miteinander verbinden.

Gefühlsbetonte Verbindungen sind es nicht, wohl aber Beziehungen mit Menschen, die in einflußreichen Stellungen sind, die auch den eigenen beruflichen Weg fördern können. Die soziale Stellung und die Leistungen sollen den Freunden imponieren.

Bei disharmonischen Aspekten werden die freundschaftlichen und die gesellschaftlichen Beziehungen dazu mißbraucht, die eigenen Wünsche durchzusetzen.

☉ *im 12. Feld*

Innere und äußere Widerstände verhindern die persönliche Entfaltung. Das innere Verlangen nach Macht bleibt unerfüllt. Es fehlt an Möglichkeiten, die ehrgeizigen Pläne zu realisieren. Diese Menschen fühlen sich von der Umwelt unverstanden. Sie ziehen sich aus Verbitterung zurück.

Kommen noch disharmonische Aspekte hinzu, hat man es mit Gegnern zu tun. Es kann auch zu einem Freiheitsentzug durch kriminelle Anlagen kommen. Neigung zu chronischen Krankheiten, die eine Zurückgezogenheit erzwingen.

## 22. Im Zeichen Wassermann Geborene

Der luftelementare Wassermann prägt Menschen mit einer stark individuellen Note. Sie sind geistreich, gute Unterhalter und können mit Witz in einer Gesellschaft den Ton angeben. Wassermann-Geborene haben viel Charme und gewinnen ihre

Umwelt leicht. Wer nun glaubt, er habe einen Wassermann-Geborenen als Freund gewonnen, kann sich sehr irren, denn diese Menschen brauchen ihre Freiheit und innere Unabhängigkeit.
Sie haben eine angeborene psychologische Begabung, den Wert ihrer Mitmenschen schnell zu erkennen. Sie sind ausgezeichnete Menschenkenner, die genau wissen, wie sie sich verhalten müssen.
Genauer betrachtet sind Wassermann-Geborene, soweit es ihre Gefühle betrifft, kühle Naturen. Die da glauben, es sei warmherzige Anteilnahme, die ihnen von diesen Menschen entgegengebracht würde, können sich sehr täuschen. In den meisten Fällen ist es nur ein psychologisches Interesse.
Der Bogen ihrer Interessengebiete ist weit gespannt. Sie geben allem was sie tun, eine originelle Note. Die einen leben ganz in der Vergangenheit und wählen entsprechende Berufe, wie zum Beispiel den eines Archäologen; das Denken der anderen ist ganz auf die Zukunft gerichtet. Das sind die Reformatoren, die Erfinder und Entdecker.
In jedem Falle folgen Wassermann-Geborene nur ihren eigenen Vorstellungen. Hierdurch fühlen sie sich oft auch unverstanden und einsam.
Ihre psychologische Begabung befähigt sie, ihre Mitmenschen auszunutzen. Sie wählen ausgefallene Mittel, um ihre Überlegenheit hervorzukehren.
Der harmonische Typ ist vielseitig. Man findet ihn in künstlerischen Berufen, vorwiegend jedoch in wissenschaftlichen. Auf den Gebieten der modernen Technik wie Fernsehen, Radio, Flugwesen und dergleichen erweisen sie sich als sehr erfinderisch. Viele tragen erheblich zum allgemeinen Fortschritt bei.
Die disharmonischen Typen verstehen es, ihre Mitmenschen zu bluffen. Sie täuschen Fähigkeiten vor, die sie gar nicht besitzen. Sie propagieren utopische Ideen und glauben, damit imponieren zu können.
In jedem Falle sind Wassermann-Geborene unkonventionelle Menschen. Bei aller gewinnenden Liebenswürdigkeit bleiben sie immer etwas kapriziös. Sie neigen weniger zur leidenschaftlichen Liebe, mehr zur Freundschaft.
Auch die Wassermann-Frau denkt und handelt unkonventionell.

Sie hat viel Charme und gewinnt ihre Mitmenschen schnell durch ihre Eigenart. Sie ist ein guter Freundschaftsmensch. Die Sexualität spielt für sie nicht die entscheidende Rolle, auch nicht die Ehe. Männer, die zu einer tiefen Freundschaft fähig sind, können eine Wassermann-Frau glücklich machen. Die Wassermann-Frau braucht ebenfalls ihre innere und äußere Freiheit. Das gilt auch in der Ehe. Sobald sie sich unfrei fühlt, wehrt sie sich dagegen; sei es, daß sie untreu wird oder sich vom Partner trennt.
Dieser Frauentyp ist interessant, originell, manchmal kapriziös, doch immer anregend. Der primitive Frauentyp kann unordentlich sein. Mit ihrem Dünkel macht sie sich keine Freunde.

*

☉♒ — *Asz.* ♈
Der feuerelementare Widder stärkt das Ich-Bewußtsein. Die originelle Eigenart des Wassermann kommt zur kraftvollen Auswirkung. Diese Menschen setzen sich durch. Sie denken fortschrittlich. Hier sind die Reformer und Pioniere anzutreffen, die zukunftweisend ausgerichtet sind. Neue Ideen werden begeistert aufgegriffen und in die Tat umgesetzt.
Es sind auch die technisch Begabten, die sich durch Vielseitigkeit und durch erfinderische Ideen auszeichnen.
Bei disharmonischen Aspekten wird das Denken zu utopisch. Es sind die Unverbesserlichen, die glauben, nur sie allein wüßten wie die Dinge anzupacken sind.

☉♒ — *Asz.* ♉
Der erdelementare Stier verleiht diesen Menschen viel Zähigkeit, um ihre Ideen durchzusetzen. Sie vertreten ihren Standpunkt unerschütterlich und bewahren mit aller Konsequenz ihre Eigenart. Unbeirrbar verteidigen sie ihre Bestrebungen, denen sie unbedingt zum Sieg verhelfen wollen. Sie können sich so in ihre Welt verbohren, daß sie die Meinungen anderer nicht gelten lassen wollen. Ihre mangelnde Beweglichkeit macht sie nachtragend.
In der gefühlsmäßigen Bindung an andere zeigen sich diese Menschen sehr anhänglich. Treten Gefühlskonflikte auf, kann es zu

lange anhaltenden Kämpfen führen, weil sie sich schwer lösen. Die unbewegliche Einstellung erschwert ein geselliges Leben, obwohl diese Menschen die Geselligkeit suchen.

☉♒ — *Asz.* ♊

Das Merkurische des luftelementaren Zeichens Zwillinge lockert die geistige Haltung auf. Es sind sehr originelle Menschen, die über einen ausgezeichneten Ideenreichtum verfügen. Sie sind witzig und geistreich. Sie verstehen es, eine Gesellschaft gut zu unterhalten.
Oft liegt eine künstlerische Begabung vor oder literarische Neigungen. Die psychologische Begabung und das starke Selbstgefühl spornen zu intellektuellen Leistungen an. Sie können sich als geistige Reformer hervortun. Diese Menschen finden bei der Umwelt Anerkennung. Ihre Intuition befähigt sie, Zusammenhänge richtig zu erfassen und danach zu handeln. Man kann einen guten sozialen Aufstieg erwarten.

☉♒ — *Asz.* ♋

Man sollte meinen, daß der wasserelementare Krebs sich gut mit dem luftelementaren Wassermann verbindet. Das ist jedoch nicht so. Zwischen Geist und Gefühl oder Wille und Trieb kann eine Kluft aufreißen. Hier muß das Niveau der Menschen stark einbezogen werden.
Menschen mit höherem Niveau können in der Spannung zwischen höherer Geistigkeit und triebhaftem Verlangen eine Bereicherung empfinden. Besonders im häuslichen und familiären Bereich kann es zu einer ebenso eigenwilligen wie originellen Entfaltung kommen.
Die Menschen mit tieferem Niveau sind auch psychologisch begabt, doch beschränkt auf ein unbewußtes Einfühlen. Die Bindung an Häuslichkeit und Familie kann Probleme aufwerfen, besonders bei zusätzlichen disharmonischen Aspekten.

☉♒ — *Asz.* ♌

Der feuerelementare Löwe verstärkt das Selbstbewußtsein. Diese Menschen wollen und müssen sich bei ihrer Umwelt Geltung ver-

schaffen. Unbedeutendheit ertragen sie nicht. Sie wünschen, stets der Mittelpunkt zu sein.
Diese Menschen suchen den Zugang zur Öffentlichkeit, weil sie ihnen die erstrebte Geltung verschafft. Sie müssen ihre Leistungen zur Schau tragen.
Auf Kritik reagieren sie sehr empfindlich. Sie zeichnen sich durch Ausdauer und Zähigkeit aus. Sie wahren ihren eigenen Standpunkt, den sie nicht aufgeben würden.
Die Charakterfestigkeit kann bei disharmonischen Aspekten zur Unnachgiebigkeit und Verbohrtheit werden. Auch die Ich-Bezogenheit kann als störend empfunden werden.

☉♒ — *Asz.* ♍
Die erdelementare Jungfrau verträgt sich gut mit dem Wassermann. Die guten geistigen Anlagen und der Ideenreichtum sind beste Voraussetzungen, um sich im Leben behaupten zu können. Intuition und Intellekt gehen eine harmonische Verbindung ein. Diese Menschen können mit reformerischen Ideen überraschen, die richtungweisend sein können.
Manchmal findet man hier auch Neigung zur Heilkunde. So sind diese Menschen Mediziner oder Heilpraktiker, die sich der Strahlentherapie zuwenden. Auch als Ernährungsfachleute sorgen sie für gesundes Essen.
Diese Menschen wollen nicht im Mittelpunkt stehen. Sie dienen einer Sache und schaffen lieber in der Stille. Eine übernommene Aufgabe füllt sie voll und ganz aus.
Der disharmonisch aspektierte Typ besitzt trotz äußerer Zurückhaltung starkes Selbstbewußtsein. Er reagiert empfindlich, wenn man hinter seine egoistischen Schliche kommt.

☉♒ — *Asz.* ♎
Die luftelementare Waage paßt gut zum Wassermann. Das sind sympathische Menschen, die schnell die Zuneigung anderer gewinnen. Ihre psychologische Begabung macht sie zu guten Menschenkennern. Sie sind wissenschaftlich, philosophisch oder pädagogisch begabt. Sie besitzen Intuition und ein subtiles Einfühlungsvermögen.

Es sind genußfreudige Menschen, die sich gern in kultivierten Kreisen bewegen. Sie lieben die Kunst und sind manchmal selber künstlerisch begabt. Es sind gesellige Menschen, von denen viel Beschwingtheit ausgeht. Sie haben Charme und Witz.
Bei disharmonischen Aspekten macht sich Oberflächlichkeit bemerkbar. Aus Kunstverständnis wird Kitsch.

☉♒ — *Asz.* ♏

Zu der hohen geistigen Anlage des Wassermann gesellt sich durch den wasserelementaren Skorpion ein starkes triebhaftes Verlangen. Es sind problematische Menschen, in denen die Gegensätze sehr lebendig sind. Innere und auch äußere Konflikte lassen sich nicht vermeiden.
Diese Menschen sind mehr der Vergangenheit zugewandt. Sie machen die erkannten und anerkannten Wahrheiten zu ihrem Maßstab. Sie wenden sich tiefgründigen Problemen zu, um bis zu ihrem Kern vorzustoßen. Was sie einmal als wahr und richtig erkannt haben, kann nicht mehr erschüttert werden.
Auf dem Gebiet der Psychologie und auch der Parapsychologie können außergewöhnliche Erkenntnisse und Leistungen erzielt werden.
Manchmal entwickeln diese Menschen geradezu magische Kräfte.
Außer zur Vergangenheit besteht eine starke Beziehung zur Herkunft und zur Familie.
Sehr disharmonische Aspekte lassen diese Menschen leicht in asoziale Kreise abgleiten.

☉♒ — *Asz.* ♐

Wassermann und Schütze stehen harmonisch zueinander. Es sind sehr verbindliche Menschen, die schnell die Sympathien ihrer Mitmenschen gewinnen. Sie gehen auf das Wesen anderer ein und respektieren ihre Eigenart.
Es sind fröhliche Menschen, die optimistisch in die Zukunft blicken. Sie meistern ihr Leben. Sie pflegen geselligen Umgang.
Bei aller äußeren Verbindlichkeit bleiben sie in ihrem Wesenskern unveränderlich.
Weit gespannt ist der Bogen ihrer geistigen Interessen. Ob Reli-

gion oder Philosophie oder irgendwelche anderen Fragen, nie nehmen diese Menschen einen dogmatischen Standpunkt ein. Die Ansichten anderer werden respektiert. Sinn für soziale Aufgaben und für Rechtsfragen.

☉♒ — *Asz.* ♑

Der erdelementare Steinbock schenkt die bemerkenswerte Arbeitskraft, die vom Wassermann durch eine originelle Lebenseinstellung gelenkt wird. Reformen finden nur dann Aufmerksamkeit, wenn der praktische Wert erkennbar ist.
Es sind materiell ausgerichtete Menschen, die manchmal etwas kalt und unbeweglich wirken können. Für Illusionen ist bei ihnen kein Platz.
Wenn sie aber von einer Aufgabe gepackt sind, wird diese mit aller Konsequenz durchgeführt, auch wenn andere dabei Federn lassen müssen. Starker Ehrgeiz ist eine treibende Kraft.
Manche entwickeln sich zu Sonderlingen. Sie verlieren allmählich den Kontakt mit der Umwelt. Man sollte sie dann ruhig ihrer Wege gehen lassen, denn ändern werden sie sich nicht mehr.

☉♒ — *Asz.* ♒

Sonne und Aszendent im Zeichen Wassermann bringen die Eigenschaften dieses Zeichens dominierend zur Auswirkung.

☉♒ — *Asz.* ♓

Das wasserelementare Zeichen Fische verträgt sich nicht gut mit dem luftelementaren Zeichen Wassermann. Es sind Menschen von einer meist schwachen körperlichen Konstitution, deren Durchsetzungsvermögen auch nicht besonders ausgeprägt ist.
Der Mangel an Selbstbewußtsein verhindert eine Entfaltung der Persönlichkeit. Die individuelle Eigenart kommt nicht zur Auswirkung. Das Innenleben kann problematisch sein. Mystik und Religion finden Interesse. Diese Menschen sind ein wenig weltfremd und zu passiv gegenüber der Außenwelt. Manchmal werden sie Eigenbrötler, die den Weg in die Einsamkeit suchen.

## 23. Sonne im Wassermann und ihre Position in den 12 Feldern

☉ *im 1. Feld*
Es dominieren die Eigenschaften des Wassermann-Zeichens.

☉ *im 2. Feld*
Zum Besitz wird eine recht eigenwillige Einstellung eingenommen. Man kann von keiner kontinuierlichen Entwicklung sprechen. Sie ist sprunghaft und unberechenbar.
Es gibt Zeiten, in denen das Denken konzentriert auf die Erlangung von Besitz ausgerichtet ist; doch wechseln diese mit solchen, in denen das Interesse an Geld und Gut erlahmt.
Die finanzielle und materielle Entwicklung ist nie exakt vorauszuberechnen. Zeiten guter Einnahmequellen wechseln mit Zeiten wirtschaftlicher Unsicherheit. Erbschaften sind möglich.
Bei disharmonischen Aspekten tritt Erbschaftsverlust ein. Der Mangel an innerer Einstellung zum Geld bringt finanzielle Verluste. Im extremen Fall Verarmung.

☉ *im 3. Feld*
Die ausgezeichneten geistigen Anlagen wecken vielseitige Interessen. Das Denken ist sehr fortschrittlich, oft ist auch Sinn für die Technik vorhanden. Das erfinderische Denken kann zu ungewöhnlichen Leistungen anregen, sofern es sich nicht in Utopien versteigt.
Literarisch interessierte Menschen, deren Geschmack ein sehr individueller ist. Gute Menschenkenner, die sich nicht so leicht von anderen etwas vormachen lassen. Weltanschaulich besteht eine eigenwillige Auffassung.
Reiselust und Freude am Abenteuer. In allen Vorhaben sind diese Menschen stets ein wenig sprunghaft. Geistige Verwandtschaft wird höher bewertet als Blutsverwandtschaft.
Disharmonische Aspekte fördern die Neigung zur Bohème. Es sind Wunderapostel, die sich von der Welt unverstanden vorkommen.

☉ *im 4. Feld*
Starke geistige Regsamkeit bis ins hohe Alter. Weltanschauliche, religiöse, auch mystische und parapsychologische Fragen interessieren.
Starke Bindung an Familie, Eltern und an das eigene Heim. Mit zunehmendem Alter gewinnt das häusliche Leben Vorrang. Man zieht sich allmählich vom lauten Treiben zurück, um die innere Entwicklung zu fördern.
Oft findet die eigentliche berufliche Entfaltung erst in der 2. Lebenshälfte statt. Technische oder wissenschaftliche Aufgaben interessieren.
Disharmonische Aspekte führen in die Isolation als Folge von Enttäuschungen. Konflikte in der Familie oder mit ihr.

☉ *im 5. Feld*
Stark auf körperliche und geistige Genüsse eingestellt, haben diese Menschen einen verfeinerten Geschmack. Sie sind aufgeschlossen für die Kunst und alle verwandten Gebiete. Ernste Auseinandersetzung in künstlerischen Fragen.
Der Partner oder die Partnerin wird von diesen Menschen idealisiert gesehen. Ihre Zuneigung ist geistiger Natur, weniger gefühlsmäßig. Sehr gute Einfühlung in Kinder. Auch hier ist es mehr der geistige Kontakt und nicht das seelische Einfühlen in die Psyche des Kindes. Eigene Kinder, wenn überhaupt, nur wenige.
Bei disharmonischen Aspekten sprunghafter Wechsel der Liebesbindungen. Unberechenbarkeit in der Wahl des Liebespartners, manchmal ungewöhnliche Neigungen. Konflikte mit Kindern oder durch sie.

☉ *im 6. Feld*
Trotz vorhandenem Geltungsbedürfnis üben diese Menschen mehr Zurückhaltung. Sie können führende Stellungen einnehmen, doch mehr als Angestellte. Es besteht eine Scheu vor zu großer Verantwortung, die man sich nicht gern aufbürdet.
Berufe in der modernen Technik wie z.B. Fernsehen, Radio und Elektrizität und dergleichen finden Interesse. Diese Menschen können sich auch der Medizin zuwenden, besonders wenn es um

Strahlentherapie geht wie in der Röntgenologie.
Mittelmäßige körperliche Konstitution. Anfällig für Kreislauferkrankungen, Herz und Lunge.
Bei disharmonischen Aspekten sind die Arbeitsbedingungen unbefriedigend. Mancher Wechsel des Arbeitsplatzes, auch krankheitsbedingt.

☉ *im 7. Feld*

In der Ehe und in Partnerschaften wird in erster Linie Kameradschaft gesucht. Es wird keine von Leidenschaften und Gefühlen bestimmte eheliche Gemeinschaft erstrebt. Das gute geistige Verstehen bestimmt den Wert und die Festigkeit der Beziehung.
In sonstigen Partnerschaften sind die gemeinsamen geistigen Interessen verbindend. Es besteht gutes Einvernehmen.
Disharmonische Aspekte verursachen plötzliche Zerwürfnisse und Trennungen. Einflußreiche Gegner. Abwertung errungener Erfolge.

☉ *im 8. Feld*

Hier findet man in sich gekehrte Menschen. Sie haben eine introvertierte Haltung und beschäftigen sich mit Problemen, die den Grenzgebieten wie Parapsychologie und dergleichen mehr zuzuordnen sind.
Die Selbstdarstellung ist gehemmt, bisweilen aus gesundheitlichen Gründen. Die Vitalität ist geschwächt. Neigung zu Herz- und Kreislauferkrankungen.
Disharmonische Aspekte verursachen Erbschaftsverlust oder Besitzverlust des Ehe- oder Geschäftspartners.

☉ *im 9. Feld*

Undogmatische und individuelle Einstellung zu allem Geistigen. Befähigung, sich höhere Einsichten zu eigen zu machen. Sinn für Philosophie, Psychologie und alle humanitären Einrichtungen.
Wissenschaftliches Denken rationaler Prägung. Das Handeln wird von einem ebenso freigeistigen wie bisweilen revolutionären Denken bestimmt. Man ist dem Fortschritt zugetan. Globales Erfassen weiter Zusammenhänge.

Unter disharmonischen Aspekten stehen die Weltverbesserer, die Utopisten, die unrealisierbare Ideen verkünden. Künstler irrealer Richtungen.

☉ *im 10. Feld*

Guter beruflicher Aufstieg und Erfolge durch eigene, sehr individuelle Leistungen. Starke Entfaltungsmöglichkeiten durch überdurchschnittliche Begabung. Originelle Methoden fördern den sozialen Aufstieg.
Fortschrittliches Denken und Handeln bestimmt die wissenschaftliche, künstlerische oder technische Karriere. Vielseitigkeit und eine moderne Lebensauffassung tragen zu den persönlichen Erfolgen bei.
Disharmonische Aspekte erschweren den sozialen Aufstieg. Mangel an Können wird durch Dünkel ersetzt. Überheblichkeit. Aufstieg und Fall liegen oft dicht beieinander.

☉ *im 11. Feld*

Die freundschaftlichen und gesellschaftlichen Beziehungen sind weitreichend. Die Bindungen werden nicht durch Gefühle bestimmt. Die Bindungen liegen vielmehr in den gemeinsamen geistigen Interessen. Starkes psychologisches Interesse an den Mitmenschen, das von diesen bisweilen fälschlich als gefühlsbetonte Anteilnahme mißverstanden wird.
Die Eigenart wird anderen gegenüber strikt bewahrt. Sehr wählerisch im Umgang mit modern und fortschrittlich denkenden Menschen, denen sich diese Menschen gern zuwenden.
Bei disharmonischen Aspekten entstehen Konflikte mit der Umwelt, meist durch Mangel an Anpassung und durch strikte Wahrung der Eigenart.

☉ *im 12. Feld*

Diese Menschen können sich zu Einzelgängern entwickeln, was zwangsläufig zu einer inneren und äußeren Entfremdung von der Umwelt führt. Es ist dieses der Weg in die Vereinsamung und in die Isolation, der nur vermieden werden kann, wenn man sich einem Studium zuwendet. Grenzgebiete finden Interesse.

Diese Menschen fühlen sich von der Umwelt verkannt. Das ist jedoch ein Irrtum als Folge der eigenen Abschließung.
Disharmonische Aspekte können zu einer Freiheitsberaubung führen, sei es durch kriminelle Handlungen, sei es durch Krankheit.

## 24. Im Zeichen Fische Geborene

Das wasserelementare Zeichen Fische schenkt den Menschen viel Gefühl. Es sind keine Draufgänger, sondern bescheidene, zurückhaltende, einfühlsame Menschen, die auf ihr Wohlergehen bedacht sind und ein möglichst bequemes Leben anstreben.
Um dieses bequeme Leben wird aber nicht gekämpft, es wird nur erträumt. Man gibt sich mit dem zufrieden, was das Leben bietet. Gewiß ist ein materieller Wohlstand wünschenswert, ist er jedoch nicht zu erreichen, findet man sich mit dem ab, was man hat.
Fische-Geborene sind passiv. Sie haben nur ein schwaches Durchsetzungsvermögen und ihre Widerstandskraft ist gering. Allein schon daraus ist zu verstehen, daß diese Menschen großen Kraftproben lieber aus dem Weg gehen. Sie wählen den Weg des geringsten Widerstandes. Ist dieser Weg auch nicht begehbar, dann wird eben verzichtet.
Fische-Menschen lieben und brauchen die Geborgenheit. Sie gehen mitfühlend auf die Sorgen und Kümmernisse ihrer Mitmenschen ein. Ihr Mitleid kommt von Herzen. Ihre freundliche und gütige Wesensart bringt ihnen viele Sympathien ein. Sie sehen ihre Mitmenschen mit Wohlwollen und übersehen ihre Schwächen. Ihre Gutmütigkeit kann auch zu ihrem Schaden sein, weil sie sich leicht ausnutzen lassen.
Dem harten Kampf mit der Außenwelt können diese Menschen

nicht standhalten. Wenn sie den Anforderungen nicht gewachsen sind, resignieren sie schnell.

Es ist eine Frage des Niveaus: Die einen Fische-Geborenen finden sich mit Enttäuschungen ab, sie akzeptieren ihr Schicksal als eine höhere Fügung; die anderen zerfließen vor Selbstmitleid. Sie erwarten von ihren Mitmenschen, daß sie ihren Weltschmerz mit ihnen teilen.

Fische sind Gefühlsmenschen. Das Denken wird weitgehend vom Gefühl beeinflußt. Sie können sehr religiös eingestellt sein, sehen die Welt romantisch, manchmal phantastisch. Wahrheit und Dichtung fließen in ihrem Denken ineinander über, sodaß Wahrheit und Lüge nicht immer scharf zu trennen sind.

Fische-Geborene sind nicht für die Welt der nüchternen Realitäten geschaffen. Ihr starkes Gefühl läßt sie im seelischen Bereich Feinheiten erfassen, die ein reiner Verstandesmensch übersieht. Ihre Umwelt prägt sie.

Die Schwachen sind Spielball ihrer Gefühle und Triebe. Sie lassen sich willenlos treiben und verlieren dabei leicht den Boden unter den Füßen. Sie suchen vielleicht das Höchste und Reinste, doch es bleibt ihnen verschlossen. Sie flüchten in den Alkohol, suchen den Rausch, um die harte Wirklichkeit zu vergessen. Manche von ihnen werden sogar kriminell.

Fische-Frauen sind sehr gefühlsvoll und empfindsam. Sie sind ruhig, eher etwas passiv, und sie leben in ihren Träumen. Sie lassen sich gern von anderen mitreißen. Sie sind verführbar. Sie sind wie Wachs in den Händen der Männer, die sie lieben. Sie lassen sich nach dem Willen des Mannes formen.

Ein geistig hochstehender Mann führt die Fische-Frau empor und gibt ihrem Leben einen Sinn, ein Lump gibt sie dem Laster preis. Sie sinkt tief hinab.

Das sie umgebende Milieu übt auf Fische-Frauen einen großen Einfluß aus. Das Gefühlsleben muß harmonisch sein. Sind sie unbefriedigt, sind Depressionen Tür und Tor geöffnet. Diese Frauen lassen sich gehen, verfallen dem Alkohol oder sonstigen Genußgiften.

Die harmonisch gestimmten Fische-Frauen sind außerordentlich zartfühlend. Sie gehen mit viel Takt und Einfühlungsvermögen

auf die Wünsche ihrer Männer ein. Sie sind sehr gastfreundlich. Untreue entsteht nur durch Mangel an Widerstandskraft.
Die schwache Fische-Frau verliert sich in Rührseligkeit. Ihre Gefühle sind unkontrolliert. Das macht sie haltlos und verführbar.

*

☉ ♓ — *Asz.* ♈

Die wasserelementaren Fische vertragen sich nicht mit dem feuerelementaren Widder. Hier stoßen extreme Anlagen aufeinander. Einerseits Gefühl und gemütvolle Weichheit, andererseits Aktivität und Willenskraft.
Es entstehen starke Widersprüche, sowohl im Gefühlsleben als auch im Schicksal. Der Lebensweg ist reich an Konfliktstoffen, deren Ursache in einer seelischen Verworrenheit zu suchen ist.
Harmonisch gestimmte Menschen haben eine gute Tatkraft, um ihre Ideale zu verwirklichen. Sie sind auch bereit, hierfür Opfer zu bringen. Die mehr triebhaft Veranlagten sind unausgeglichen in ihrem Fühlen und Wollen. Das Genußleben in allen seinen Spielarten kann einen breiten Raum einnehmen.
Bei disharmonischen Aspekten ist das Unterscheidungsvermögen von Recht und Unrecht gestört. Es kann zu kriminellen Handlungen kommen. Triebhaftes Verlangen verbraucht die Menschen physisch und psychisch schnell.

☉ ♓ — *Asz.* ♉

Der erdelementare Stier übt auf die Fische einen harmonischen Einfluß aus.
Diese Menschen sind aufgeschlossen für alle schönen Dinge des Lebens. Oft sind künstlerische Anlagen vorhanden, mindestens Kunstverständnis. Sie haben ein subtiles Gefühlsleben und sind oft auch sehr musikalisch. Die angeborene psychologische Begabung schenkt ihnen ein gutes Einfühlungsvermögen.
Das Genußleben ist verfeinert. Es ist farbig aufgefächert als Freude am guten Essen, als Hingabe an Kunsterlebnisse oder als bemerkenswertes Liebesleben.
Das sind gesellige und gastfreundliche Menschen, die gern die Ta-

felfreuden mit anderen teilen. Frauen haben nicht nur viel Charme, sie entwickeln auch hausfrauliche Tugenden.

☉ ♓ — *Asz.* ♊
Das sind gesellschaftlich gewandte Menschen, die sich jeder Situation anzupassen verstehen. Sie fühlen sich schnell in ihre Mitmenschen ein. Sie verstehen es, ihre Talente wirkungsvoll einzusetzen. Sie sind ausgezeichnete Unterhalter.
Ihr Charakter ist allerdings zu labil. Es fehlt die innere Festigkeit. Es besteht immer eine Neigung zur Zersplitterung, weil Verstand und Gefühl sich nicht harmonisch verbinden können.
Innere Unruhe kann sich bis zur Unrast steigern und das Handeln störend beeinflussen. Es sind uneinheitliche Charaktere, bei denen häufiger Wechsel von Gefühlen und Empfindungen zu beobachten ist. Die Reiselust ist beachtlich.

☉ ♓ — *Asz.* ♋
Zwei wasserelementare Zeichen betonen das Gefühlsleben dieser Menschen, die nicht mit dem Verstand analysieren. Die Umwelt wird mit dem Gefühl wahrgenommen. Gefühl und Mitgefühl gehört zu diesen Menschen, deren Handeln auch von starken Triebkräften bestimmt wird.
Die Grundhaltung ist passiv. Wahrnehmungen werden zunächst kritiklos registriert. Diese Menschen sind sehr musikalisch. Sie sind stark von ihren Stimmungen abhängig. Sie träumen gern, und manchmal verlieren sie sich sogar in Träume. Bisweilen haben sie Ahnungen oder undifferenzierte Gefühle, die klare Entscheidungen schwer fallen lassen.
Sie sind von ihrer Umwelt stark abhängig, was auch ihr Handeln bestimmt. Frauen sind mütterlich und fürsorglich.
Männer sind zu weich und undifferenziert. Alle sind sie häusliche Naturen.

☉ ♓ — *Asz.* ♌
Der feuerelementare Löwe verträgt sich nicht gut mit dem wasserelementaren Zeichen Fische. Hier Selbstgefühl und Selbstbehauptung, dort Selbsthingabe und Selbstbescheidung. Das birgt in

sich Konfliktstoff, weil einmal der eine, einmal der andere Wesenszug in den Vordergrund rücken will.
Diese Gegensätze lassen sich am besten dadurch überbrücken, daß eine Lebensaufgabe gefunden wird, in der beide möglich sind. Eine leitende Stellung im Dienste der Allgemeinheit wäre zum Beispiel ein Weg, um die guten Löwe-Eigenschaften in selbstloser Weise zum Einsatz zu bringen.
Frauen sind selbstbewußt und zugleich gute Gattinnen und Mütter, zu jedem Opfer bereit. Es sind gastfreundliche Menschen, die Leidenschaft und passive Hingabe miteinander vereinen.

☉ ♓ — *Asz.* ♍
Durch die erdelementare Jungfrau treten Gefühl und Gemüt gegen den nüchternen Verstand auf. Der kritische Verstand verträgt sich nicht mit starken Gefühlen. So entstehen Ich-Befangenheit und Minderwertigkeitsgefühl.
Diese Menschen brauchen eine große Aufgabe, die ihre Fähigkeiten zur vollen Entfaltung bringt. Sie selber bleiben lieber im Hintergrund. Ihr Selbstgefühl tragen sie nicht zur Schau, doch sind sie sich ihres Wertes durchaus bewußt.
Disharmonische Aspekte erschweren das Unterscheiden von Wert und Unwert. Diesen Menschen erscheint nichts wesentlich zu sein. Sie zweifeln an sich und an der Welt.

☉ ♓ — *Asz.* ♎
Es sind sehr liebenswürdige Menschen, die für ihre Mitwelt viel Gefühl aufbringen. Sie lieben die Geselligkeit und sind für die Freuden des Lebens aufgeschlossen. Die luftelementare Waage fördert das Kunstverständnis und die Freude an allem Schönen.
Diese Menschen haben für alles viel Verständnis, auch für die Schwächen ihrer Mitmenschen. Sie verzeihen aus ehrlicher Überzeugung. Sie können vorzüglich zwischen Streitenden schlichten. Sie trachten nach Ausgleich und Frieden.
In jungen Jahren zeigen sie viel Beschwingtheit, mit dem zunehmenden Alter kommt ein philosophischer Zug ins Denken. Es sind Menschen, die nach innen wie nach außen die Harmonie wünschen. Oft verfügen sie über eine pädagogische Begabung.

Disharmonische Aspekte verleiten zu übertriebenen sinnlichen Genüssen. Mangels Unterscheidungsvermögen läßt sich bisweilen ein Abgleiten in schlechte Gesellschaft beobachten. Es ist dieses auch eine Folge innerer Haltlosigkeit.

☉ ♓ — *Asz.* ♏

Zu der starken Gefühlsanlage tritt Leidenschaftlichkeit und triebhaftes Verlangen. Reaktionen auf äußere Reize sind sehr ausgeprägt und meistens von lange anhaltender Dauer.
Die Umwelt und die Menschen werden aus dem Gefühl heraus beurteilt. Diese Menschen sind stark nach innen ausgerichtet. Mit ihrer Gefühlsfähigkeit können sie sich ganz anderen hingeben. Gefühlskonflikte werden nur schwer vertragen. Mit den geliebten Menschen besteht eine tiefe innere Verbundenheit, ebenso mit den Ahnen. Es sind Menschen mit viel Phantasie, mit einem reichen Traumleben und oft auch mit Vorahnungen.
Disharmonische Aspekte stören das Empfindungsleben. Solche Menschen können sich in irreale Vorstellungen verlieren. Manchmal liegt Drogensucht vor.

☉ ♓ — *Asz.* ♐

Das sind gesellschaftlich sehr gewandte Menschen, die sich durch Großzügigkeit im Denken und Handeln auszeichnen. Es sind gradlinige und gastfreundliche Menschen, die sich schnell allgemeiner Beliebtheit erfreuen. Sie sind kontaktfreudig, vielseitig interessiert und hilfsbereit.
Ihre Erkenntnisse und Erfahrungen erweitern sie durch Reisen. Sie erlangen eine gute Menschenkenntnis. Sie setzen sich für Recht und Wahrheit ein. Diesen Menschen kann man sich anvertrauen. Man wird immer bei ihnen ein offenes Ohr finden.
Bei disharmonischen Aspekten täuschen diese Menschen die guten Eigenschaften vor. Sie sind eitel und großsprecherisch und in ihrer Hohlheit bald zu durchschauen.

☉ ♓ — *Asz.* ♑

Der erdelementare Steinbock verleiht einen unaufdringlichen Ehrgeiz. Es sind erfolgreiche Menschen, die sich auch ohne Ellenbo-

gentaktik im Leben durchsetzen. Es sind ausdauernde Arbeiter, die es durch ihren Fleiß zu etwas bringen.
Selbstlos dienen sie einem Menschen oder einer Aufgabe. Sie sind zurückhaltend, abwartend, nie aufdringlich. Das hindert sie nicht, mit viel Geschick und Diplomatie ihre Rechte und manche Vorteile wahrzunehmen.
Es sind keine kämpferischen Naturen. Sie sind Meister der Abwehr, durch die sie dann doch ihr Ziel erreichen. Diese Menschen denken wirtschaftlich. Sie verstehen das Vorhandene gut einzuteilen, ohne dabei geizig vorzugehen. Äußerlich erscheinen sie kühler als sie in Wirklichkeit sind.

☉ ♓ — *Asz.* ♒
Es sind keine leicht durchschaubaren Menschen. Einerseits besitzen sie eine große psychologische Begabung, andererseits sind sie egozentrisch und unberechenbar.
Sie können sehr eigenwillige philosophische Gedanken entwickeln. Sie sondern sich auch gern ab und suchen die Einsamkeit. Andere wieder leiden an Selbstüberschätzung. Das betonte Ichgefühl wechselt mit einem Minderwertigkeitsgefühl ab. Es sind labile Menschen. Es fehlt an Festigkeit in den Anschauungen und Grundsätzen. Es mangelt ferner an innerer Sicherheit. Es sind problematische Naturen, denen man einen inneren und äußeren Halt wünschen muß.

☉ ♓ — *Asz.* ♓
Hier treten die Eigenschaften des Zeichens Fische stärker in den Vordergrund.

## 25. Sonne in den Fischen und ihre Position in den 12 Feldern

☉ *im 1. Feld*
Die Eigenschaften des Fische-Zeichens treten stärker hervor.

☉ *im 2. Feld*
Starke innere und äußere Beziehung zum Besitz und zum Geld. Sicheres Handeln in allen Fragen des Besitzes. Im allgemeinen kann mit guten wirtschaftlichen Verhältnissen gerechnet werden. Es wird im Laufe des Lebens Vermögen erworben. Ein gesichertes Alter ist zu erwarten.
Die guten Erwerbsquellen resultieren aus dem instinktsicheren Verhalten in allen Finanzfragen. Man ist in den eigenen Ansprüchen zurückhaltend, doch hilfsbereit anderen gegenüber.
Bei disharmonischen Aspekten sind die Besitzverhältnisse undurchschaubar. Illegale Geschäfte, auch betrügerische Transaktionen.

☉ *im 3. Feld*
Gefühl und Verstand verbinden sich harmonisch zu einem wissenschaftlichen Denken, das nicht allein intellektuell, sondern genau so stark intuitiv fundiert ist. Neigung zur Philosophie, Psychologie, Religion oder Psychiatrie.
Interesse am alltäglichen Geschehen durch Zeitungen, Radio, Fernsehen. Guter Kontakt mit den Nachbarn und Verwandten.
Bei disharmonischen Aspekten ist das Denken konfus. Ungewöhnliche geistige Interessen. Konflikte mit Nachbarn und Verwandten.

☉ *im 4. Feld*
Starke innere Verbundenheit mit den Vorfahren, Eltern und der Heimat. Man schirmt sich von der Außenwelt ab, zieht sich in die eigene Häuslichkeit zurück. Diese Menschen leben lieber im kleinen, vertrauten Kreis.
Reiches Innenleben und starke seelische Erlebnisfähigkeit. Ahnungen, die sich bewahrheiten. Religiöse Einstellung zum Leben.
Bei disharmonischen Aspekten zunehmende Gefühlsverwirrung

im Alter. Enttäuschungen am Lebensabend. Neigung zu Betäubungsmitteln.

☉ *im 5. Feld*

Viel Sinnlichkeit und Triebhaftigkeit. Romantische Liebesverbindungen. Das Gefühl, nicht der Verstand, gibt den Ausschlag. Hingabe an den Liebespartner, aber auch Verführbarkeit.
Bei disharmonischen Aspekten droht Gefahr betrogen und ausgenutzt zu werden. Moralische Haltlosigkeit führt zu sexuellen Ausschweifungen. Viel Partnerwechsel. Enttäuschungen. Frauen sind sehr fruchtbar. Viele Kinder. Sorgen durch Kinder. Künstlerische und pädagogische Anlagen.

☉ *im 6. Feld*

Eignung für Berufe, die der Gemeinschaft dienen wie: Pädagogen, Psychiater, Ärzte, Psychologen oder Priester.
Diesen Menschen fehlt das Durchsetzungsvermögen. Sie leiden manchmal an Minderwertigkeitsgefühlen. Sie eignen sich weniger für selbständige Berufe. Sie sind bessere Angestellte.
Bei disharmonischen Aspekten ist die Gesundheit labil. Neigung zu Erkrankungen. Besondere Empfindlichkeit besteht gegen Kälte. Infektionskrankheiten.

☉ *im 7. Feld*

Diese Menschen suchen Partnerschaften, um ihre eigene Gefühlswelt zur Entfaltung zu bringen. Die Ehe kann eine ganz entscheidende Rolle spielen. Der Ehepartner gibt nicht nur den seelischen Halt, er fördert auch die Entwicklung zur Persönlichkeit. Überdurchschnittliche Partner werden gesucht und gefunden.
Bei disharmonischen Aspekten sind Partnerschaften aller Art problematisch. Ehen geraten in eine Krise. Enttäuschungen führen zur Trennung. Bisweilen mehrere Ehen.

☉ *im 8. Feld*

Schwache Gesundheit, daher größere Anfälligkeit für Krankheiten. Gute Besitzverhältnisse. Vorteilhafte Erbschaften.
Der Tod und alles, was mit dem Tod zusammenhängt kann eine

magische Anziehungskraft ausüben. Sinn für parapsychologische Phänomene und andere Grenzgebiete.
Disharmonische Aspekte fördern die Neigung zu Süchten. Krankheiten schwächen die Vitalität und können auch lebensuntüchtig machen.

☉ *im 9. Feld*

Religiös-philosophische Lebenseinstellung. Sinn für Recht und Wahrheit. Diese Menschen werten nach moralischen Grundsätzen.
Gefühlsmäßiges Erfassen tiefer geistig-seelischer Zusammenhänge. Intuition verhilft zu vielen Einsichten. Manchmal Hellgesichte oder Wahrträume. Psychologische Begabung. Musikalität. Fernweh regt zu weiten Reisen an.
Bei disharmonischen Aspekten Selbsttäuschungen und Aberglaube. Mangel an Urteilsfähigkeit. Enttäuschungen auf Reisen und im Ausland.

☉ *im 10. Feld*

Das Verlangen nach Geltung und sozialem Aufstieg ist durchaus vorhanden, doch ein passiver Ehrgeiz läßt diese Menschen nicht den Weg harter Auseinandersetzungen mit den Rivalen gehen. Sie treten nicht demonstrativ auf, doch ist ihnen Anerkennung und Erfolg sicher. Es sind Menschen, die Ansehen genießen und sich besonders für soziale Berufe eignen.
Sie sind gute Psychologen, Psychiater, Ärzte, Pädagogen und Priester, aber auch Wissenschaftler und Kaufleute, die Zusammenhänge überschauen und weitblickend disponieren können.
Disharmonische Aspekte führen zu unsicheren Berufsverhältnissen. Oftmaliger Stellungswechsel. Unklarheit in der Lebensführung. Zersplitterung der Kräfte und Gefahr der Schädigung durch andere.

☉ *im 11. Feld*

Das Gefühl bestimmt die freundschaftlichen und gesellschaftlichen Bindungen. Sympathien und Antipathien sind sehr ausgeprägt. Es sind sehr gastfreundliche Menschen, die es verstehen,

einflußreiche Personen in ihren Kreis zu ziehen.
Sie fühlen sich zu Vereinigungen hingezogen, besonders solchen mit religiös-weltanschaulicher Einstellung wie Sekten, Logen und dergleichen.
Bei disharmonischen Aspekten kommt es zu Enttäuschungen und Konflikten durch falsche Wahl der freundschaftlichen oder gesellschaftlichen Bindungen.

☉ *im 12. Feld*
Gastfreundschaft und Hilfsbereitschaft zeichnen diese Menschen aus. Sie teilen mit den anderen die Sorgen und Nöte. Sie helfen, wo und wie sie können.
Der eigene Lebensweg fordert Entsagung. Mangel an freier Entfaltungsmöglichkeit. Es sind empfindsame und einfühlsame Seelen, die sich von der Außenwelt abschließen. Manchmal Vereinsamung. Minderwertigkeitsgefühle. Diese Menschen eignen sich für Berufe, die einen Dienst an der Menschheit leisten, z.B. Krankenpflege.
Disharmonische Aspekte machen zu chronischen Krankheiten geneigt. Sie führen zu seelischen Belastungen, zu Psychosen. Selbstmitleid. Manchmal kriminelle Anlagen.

## 26. Aspekte der Beziehungshoroskope

Zuerst müssen die Deutungen der Grundhoroskope von Partnern vorliegen. Die 144 Kombinationen zwischen Sonnen-Position und Stellung des Aszendenten runden das Bild ab. Sie geben schnell einen Einblick in die geistigen und seelischen Anlagen der Partner.
Jetzt müssen die Aspekte bestimmt werden, die die Planeten im Horoskop des einen Partners zu den Planeten im Horoskop des anderen Partners bilden.

Es ist hierbei unbedingt darauf zu achten, daß der Orbis nicht zu groß ist. Man sollte nicht über 3 Grad hinaus gehen. Es gibt jedoch keine starren Regeln, denn in der praktischen Auswertung von Aspekten kann in besonderen Fällen eine Überschreitung um ein bis zwei Grad zulässig sein. Das gilt in erster Linie für die Sonne und den Mond.

Aspekte zum Aszendenten, zum Medium Coeli und zum Mondknoten sind ebenfalls einzubeziehen.

Der stärkste Aspekt ist die Konjunktion. Es verschmelzen zwei Kräfte zu einer neuen, die schicksalbildenden Charakter hat. Ob eine Konjunktion harmonisch oder disharmonisch zu werten ist, ergibt sich aus der Natur der Planeten, die den Aspekt bilden.

Es muß ferner berücksichtigt werden, welche Aspekte die beiden Planeten in ihren Grundhoroskopen empfangen. Hierzu ein Beispiel: Wir nehmen an, die Sonne des Partners A steht genau wie die Sonne des Partners B 10° im Zeichen Widder. Es handelt sich um eine starke Konjunktion.

Im Grundhoroskop des Partners A steht die Sonne in Quadratur mit dem Saturn und in einer Opposition mit dem Mars. Die Sonne des Partners B steht hingegen mit dem Jupiter in einem Trigon und mit der Venus in einem Sextil.

Wir haben es zum einen mit einer disharmonisch aspektierten und zum anderen mit einer harmonisch aspektierten Sonne zu tun.

Der Partner A wird von den guten Jupiter- und Venusaspekten im Grundhoroskop des anderen profitieren, während der Partner B auch die kritischen Saturn- und Marsaspekte vom Partner A zu spüren bekommt.

Die Einbeziehung der Grundaspekte gehört zur Feinabstimmung der Partnerbeziehungen. Wir wenden uns zunächst den Aspekten der Planeten zwischen beiden Partnern zu.

Die Opposition (180°) zwischen Planeten in Partnerhoroskopen darf nicht grundsätzlich als Spannungsaspekt gewertet werden. Es darf nicht übersehen werden, daß Zeichen und Gegenzeichen eine Polarität bilden, die in der Partnerbeziehung durchaus fruchtbar sein kann. Die Natur der den Aspekt bildenden Planeten entscheidet.

Das Trigon (120°) zeigt die verbindenden Elemente einer Bezie-

hung an, in abgeschwächter Weise auch das Sextil (60°).
Das Quadrat (90°) ist ein disharmonischer Aspekt. Es zeigt die Reibungsflächen an, denen eine Beziehung ausgesetzt ist.
Das Halbsextil (30°) und das Halbquadrat (45°) können im allgemeinen unberücksichtigt bleiben, es sei denn, es liegt eine Häufung dieser Aspekte vor.
Der Quinkunx-Aspekt (150°) sollte als disharmonischer Aspekt gewertet werden. Er kann als erheblicher Störungsfaktor auftreten.

## 27. Die Sonne im Partnerhoroskop

☉☌☉

Es besteht Einklang in der geistigen Grundhaltung. Die Partner sind gleichgestimmt. Sie beurteilen Menschen und Dinge aus der gleichen Perspektive. Einerseits kann das von Vorteil sein, andererseits verführt die Konjunktion auch zur Einseitigkeit.

☉ ✱,△☉

Harmonische geistige und körperliche Abstimmung. Die Partner bringen sich gegenseitig Sympathie entgegen, besonders beim Trigon kommt das zur Geltung. Das Sextil ist in der Wirkung schwächer.

☉☍☉

Ein Spannungsaspekt, der sich durchaus auch positiv auswirken kann. Die Sonne des einen Partners steht zur Sonne des anderen in einem ergänzenden Zeichen. Gewiß werden Menschen und Dinge von den Partnern anders beurteilt. Jeder sieht aus einem anderen Blickfeld. Das Niveau beider Partner entscheidet, ob sie die andere Meinung respektieren oder Opposition üben.

☉□☉

Die geistigen Anlagen sind sehr verschieden. Das bietet Konfliktstoff. Aus Rücksichtnahme oder aus Gründen der Zweckmäßigkeit können sich die Partner eine Weile zurückhalten. Letztlich kommt es dann doch zu einer Krise. Die Partner fühlen sich unverstanden oder in ihrer Selbstdarstellung eingeengt. Das kann zu einer Trennung führen, besonders, wenn weitere kritische Aspekte hinzukommen.

☉☌, ✶ ,△☽

Die harmonische geistig-seelische Abstimmung kommt in der Konjunktion am stärksten zum Ausdruck. Aber auch die anderen harmonischen Aspekte fördern ein gutes gemeinsames Verstehen, sei es in der Ehe, der Liebe, der Freundschaft oder sonstiger Partnerschaft.

☉□,☍☽

Bei der Opposition stehen Geist und Seele in Spannung. Das kann noch zu fruchtbaren Auseinandersetzungen zwischen den Partnern führen. In der Liebe rauft man sich zusammen. Allerdings will der Sonne-Partner über den Mond-Partner bestimmen. Der Mond-Partner fühlt sich vom Sonne-Partner nicht immer gleich verstanden. Das Quadrat erschwert zwischen den Partnern die seelische Einfühlung und die geistige Abstimmung. Sie finden zueinander keinen inneren Zugang. Das führt zu Mißverständnissen und zu Dissonanzen.

☉☌, ✶ ,△☿

Die stärkste Auswirkung liegt bei der Konjunktion. Gute geistige Übereinstimmung der Partner. Wichtige Konstellation für Geschäfts- und Studienpartner. Man versteht sich und regt sich gegenseitig an. In der Ehe kann die harmonische Konstellation aufkommende Probleme durch das vernünftige Gespräch lösen. Der Sonne-Partner stärkt das Selbstvertrauen des Merkur-Partners. Der Austausch von Ideen unterstützt gemeinsame Planungen.

☉□,☍☿

Die Partner nehmen bei der Opposition gegensätzliche Standpunkte ein. Das muß nicht unbedingt negativ gewertet werden. Respektieren die Partner die Standpunkte des anderen, kann das im Geschäftsleben oder bei gemeinsamen Studien sehr befruchtend sein. Bei der Quadratur harmonieren die Interessen der Partner nicht miteinander. Menschen und Dinge werden sehr unterschiedlich beurteilt. In der Ehe, im Beruf oder in der Freundschaft fehlt es an Kompromißbereitschaft. Das daraus resultierende Klima vergiftet die Beziehungen.

☉☌,✱,△♀

Die Partner trachten nach Gleichklang, dieses insbesondere in der Liebe. Die harmonische Vereinigung wird angestrebt. Das trifft auch für Geschäftspartner zu. Die Partner bringen viel Verständnis für die gegenseitigen Wünsche auf. Sie suchen stets den harmonischen Ausgleich. Diese Aspekte haben auch auf gemeinsame materielle oder finanzielle Unternehmen einen guten und fördernden Einfluß.

☉□,☍♀

Unter Liebenden können Mißverständnisse und Schwierigkeiten aufkommen. Die Opposition muß nicht zu negativ bewertet werden. Das Spannungsverhältnis übt auf den Sonne-Partner einen Reiz aus. Er übt gern Kritik am Venus-Partner und an dessen finanziellen Gebaren. Der Venus-Partner wird als zu verschwenderisch angesehen. Bei Geschäftspartnern entsteht daraus Opposition. Die Quadratur kann unter Liebenden eine starke erotische Anziehung verursachen. Sie ist nicht von Dauer. Es entstehen Mißklänge zwischen den Partnern, manchmal entsteht Neigung zu Perversitäten. Im Geschäftsleben kann der finanzielle Aufwand des Venus-Partners zu Belastungen führen.

☉✱,△♂

Geist und Wille stehen im harmonischen Einklang. Das führt bei Partnern zu einer guten Zusammenarbeit. Ob im Berufsleben oder in der Ehe, die gegenseitige Anpassung ist gut. Die Partner ermuntern sich gegenseitig, der eigenen Kraft zu vertrauen. In Liebe und Ehe sind diese Aspekte für das sexuelle Leben wichtig. Die Geschlechter üben gegenseitig eine starke Anziehungskraft aus.

☉☌♂

Die Konjunktion ist zwiespältig. Einerseits üben die Geschlechter aufeinander eine starke Anziehung aus, andererseits entsteht ein triebhaftes Begehren. Leidenschaften können sehr heftig entflammen. In der Liebe erweisen sie sich als ein Strohfeuer. Wenn es zu plötzlichen Trennungen kommt, so müssen diese keinesfalls endgültig sein. Das gilt auch für Geschäftspartner. Man weiß, was man voneinander zu halten hat und mißt die Kräfte. Allerdings bedarf es einer großen Selbstdisziplin, damit es zu keinen neuen Zusammenstößen kommt. Empfindsame Gemüter sollten eine solche Verbindung nicht eingehen. Starke Charaktere sind ebenfalls nicht gefeit vor Streitigkeiten, die bis zur Gewalttätigkeit ausarten können.

☉□,☍♂

Geist und Wille treten bei der Opposition in eine Spannung. Kritischer noch ist die Quadratur. Es hängt sehr viel vom Niveau der Partner ab, auf welcher Ebene Konflikte ausgetragen werden. Konfliktstoffe gibt es genug. Im allgemeinen ist der Mars-Partner der aggressivere. Im Geschäftsleben sind solche Partnerschaften zum Scheitern verurteilt. Einer fühlt sich vom anderen unterdrückt. Es kommt zu lautstarken Vorwürfen, manchmal sogar zu Tätlichkeiten. Bei Mars- und Venusaspekten ist immer die sexuelle Komponente zu berücksichtigen. Der Mars kann hier in Liebe und Ehe Leidenschaften entfachen, denen schnell Ernüchterung folgt.

☉☌,✶,△♃

Sowohl für eine freundschaftliche als auch geschäftliche Beziehung besteht eine gute Voraussetzung. Das gegenseitige Wohlwollen und das gute Einfühlungsvermögen fördern gemeinsame Bestrebungen. Bei Geschäftspartnern sind die gemeinsamen Interessen gut abgestimmt. In Liebe und Ehe findet das familiäre Leben eine gute Entfaltungsmöglichkeit. Großzügiges Handeln in sozialen und wirtschaftlichen Angelegenheiten. Gegenseitiger Austausch in weltanschaulichen oder philosophischen Fragen, aber auch gemeinsame Reisen tragen zur Erweiterung des Gesichtskreises beider Partner bei.

☉□,☍♃

Die Neigung zum Übermaß schafft Konflikte. Entweder überschätzt man den Partner oder will selber durch Extravaganzen und unnötigen Aufwand imponieren. Leichtfertigkeit oder Fehlspekulationen können Verträge gefährden. Verluste durch eine falsche wirtschaftliche Einstellung führen zu Differenzen. Unter Liebenden können diese Aspekte eine Ehe verhindern, weil einer der Partner bereits verheiratet ist. Weil die Partner aus sehr unterschiedlichen Schichten stammen, kommt es zu weltanschaulichen oder religiösen Konflikten.

☉☌♄

Es kommt darauf an, in welchem Zeichen die Konjunktion stattfindet und wie die Aspekte geartet sind, die in den Partnerhoroskopen auf diese Konjunktion fallen. Bei einer Konjunktion in den Saturnzeichen Steinbock und Wassermann hindert der Saturn-Partner den Sonne-Partner an einer freien Entfaltung. Die Konjunktion im Zeichen Löwe läßt die Sonne dominieren. Die Partner gehen mit viel Ernst und Pflichtgefühl an gemeinsame Aufgaben. Ihr Selbstvertrauen fördert das Gelingen. Allerdings muß das Alter der Partner berücksichtigt werden, um die Wirkung des Aspektes richtig zu beurteilen. Eine schwach gestellte Sonne kann den Sonne-Partner in ein zu großes Abhängigkeitsverhältnis bringen. Er fühlt sich in seiner Freiheit eingeengt oder gar unterdrückt.

☉✶,△♄

Ausgezeichnete Aspekte für alle Zweckverbindungen wie zum Beispiel unter Geschäftspartnern. Das Verhältnis zwischen Chef und Untergebenen oder zwischen Lehrern und Schülern ist von einer harmonischen Sachlichkeit geprägt. Die Beziehungen werden nüchtern betrachtet. Wenn es die Umstände verlangen, stehen die

Partner füreinander ein. Pflichtgefühl und Standhaftigkeit verleihen diesen Bindungen Dauer und Erfolg in gemeinsam verfolgten Unternehmungen.

☉□,☍♄

Das sind keine glücklichen Verbindungen. Unter Partnern kann keine unbeschwerte Stimmung aufkommen. Einer der Partner, meistens der Sonne-Partner, fühlt sich dem Saturn-Partner gegenüber unterlegen. Für eine Zusammenarbeit sind es sehr schlechte Konstellationen. Chef und Untergebener finden keinen rechten inneren Zugang zueinander. In einer Ehe fühlen sich sensible Naturen unglücklich.
Liebende erleben, wie allmählich aus einem Miteinander nur noch ein Nebeneinander wird, das schließlich zu einer Trennung führt.

☉ ⚹,△♅

Sonne-Uranusverbindungen haben außerordentlich originelle und ausgefallene Auswirkungen. Die Beständigkeit der Wirkung ist nur gewährleistet, wenn sich die Partner ein hohes Maß an Freiheit und innerer und äußerer Unabhängigkeit zubilligen. Es sind unkonventionelle Beziehungen, oft auch von sehr verschiedenen Partnern. Es mangelt nicht an gegenseitigen Anregungen auf allen erdenklichen Lebensgebieten. Es werden gemeinsam neue Wege beschritten, beruflich oder im Studium. In Liebe und Ehe kommt nie Langeweile auf. Manchmal ist es ein ungewöhnlicher Anlaß, der zu der Beziehung führt.

☉☌♅

Eine zwiespältige Verbindung, bei der sehr darauf zu achten ist, welche weiteren Aspekte in den Horoskopen der Partner auf diese Konjunktion fallen. Diese Beziehungen entstehen meistens sehr plötzlich und unvermutet. Sie enden aber oft genauso plötzlich und überraschend. In Liebe und Ehe können ungewöhnliche Umstände zu dieser Beziehung führen. Plötzliches leidenschaftliches Verlangen führt zu sexuellen Beziehungen, die ebenso plötzlich enden. In einer Zweisamkeit sind die Partner vor Überraschungen im Guten wie im Bösen nie sicher. Unruhe und Spannungen bestehen in allen Beziehungen, ob freundschaftliche oder geschäftliche. Die Konjunktion hat belebende Wirkungen und ist zugleich eine Herausforderung.

☉□, ☍♅

Diese Aspekte verursachen viel Unberechenbares, ganz gleich, ob es sich um geschäftliche, freundschaftliche oder sexuelle Partnerschaften handelt. Zuerst ziehen sich die Partner sehr stark an, um dann sehr schnell zu erkennen, daß sie eigentlich doch nicht füreinander geschaffen sind. Die entstehenden Konflikte werden heftig ausgetragen. Die Sprunghaftigkeit des Uranus-Partners geht dem Sonne-Partner auf die Nerven. Oft können schon Kleinigkeiten Anlaß zu Streitereien geben. Eine Trennung ist unvermeidbar.

☉ ✶ ,△♆

Die Beziehungen lassen sich mit dem Verstand allein nicht erklären. Der Neptun-Partner sieht den Sonne-Partner stark idealisiert, während der Sonne-Partner sich zum Neptun-Partner hingezogen fühlt, ohne dieses intellektuell begründen zu können. Es können hier karmische Bindungen, die sich dem Bewußtsein entziehen, mitspielen. Die Partner regen sich geistig an. Sie haben gemeinsame künstlerische oder psychologische Interessen. Sie sind geistig-seelisch aufeinander abgestimmt. Materielle Interessen liegen nicht vor.

☉☌♆

Die Konjunktion kann auf die Partner eine Faszination ausüben, die zu einer geistig-seelischen gegenseitigen Befruchtung führt. In Freundschaft oder Liebe kann sich beim Neptun-Partner eine Überempfindlichkeit bemerkbar machen, die das gegenseitige Verstehen nachteilig beeinflußt. Bestehen außerdem in den Grundhoroskopen der Partner disharmonische Aspekte auf die Konjunktion, ist die Vertrautheit infrage gestellt. Es kommt zu Heimlichkeiten. Jeder hat seine Geheimnisse. Der Mangel an Ehrlichkeit gefährdet die Verbindung.

☉□,☍♆

Schwächen des einen Partners enttäuschen den anderen. Das Gefühl, eine falsche Partnerschaft eingegangen zu sein, wächst. Der Neptun-Partner enttäuscht durch Unzuverlässigkeit oder auch Unaufrichtigkeit. Emotional bedingte Mißverständnisse erschweren das Zusammensein, sei es im Geschäftsleben, in der Freundschaft oder in der Liebe. Die Beziehungen kühlen ab, was zu einem Auseinanderleben führt. Jeder sieht im anderen Charakterfehler und wirft sie ihm vor.

☉ ✶,△ ♇

Es sind unterschwellige Kräfte, die einer Partnerbeziehung etwas Besonderes verleihen können. Der Pluto-Partner übt einen anregenden Einfluß aus. Der Sonne-Partner fühlt sich dadurch bestärkt, gemeinsame Ziele durchzusetzen.

☉☌ ♇

Die Partner reagieren auf unbewußte Impulse, wobei der Pluto-Partner als die treibende Kraft angesehen werden kann. Eine etwas zwiespältige Verbindung, bei der schicksalhafte Umstände mitwirken, die in einer karmischen Verkettung zu suchen sind.

☉□,☍ ♇

Die Partner sind Zwängen ausgesetzt, die als Belastung empfunden werden. Unterschwellig strebt jeder nach der Vorherrschaft. Das verleitet zu gemeinsamen Unternehmungen, denen die Partner jedoch nicht gewachsen sind. Eine ungewöhnliche Verkettung schicksalhafter Ereignisse muß von den Partnern als höhere Fügung angesehen werden.

☉☌, ✶,△☊

Das gute Einfühlungsvermögen in andere begünstigt alle Arten von Kontakten, sei es beruflich oder freundschaftlich auch unter Liebes-Partnern. Eine gute Konstellation für alle, die im öffentlichen Leben stehen.

⊙□,☍☊
Der Mangel an sozialer Anpassung erschwert die Kontakte aller Art. Besonders die Quadratur verursacht Störungen in den Beziehungen, die sich nicht beheben lassen.

⊙☌, ✱ ,△(☍) *Asz.*
Für Liebe und Ehe ist die Konjunktion ein sehr wichtiger Aspekt, aber auch die Opposition ist zu beachten, da sie in das 7. Feld (Ehe und Partnerschaften) fällt. Es besteht ein starkes Zusammengehörigkeitsgefühl, auch unter Geschäftspartnern. Die Beziehungen sind von gegenseitiger Sympathie getragen.

⊙□ *Asz.*
Trotz gemeinsamer Interessen kommt ein kämpferischer Zug in die Beziehung. Der Sonne-Partner kehrt seine Überlegenheit hervor, wodurch sich der Aszendent-Partner gereizt fühlt. Die Beziehung wird auf manche Probe gestellt, wobei beiden Partnern viel Selbstdisziplin abverlangt wird, um die Zweisamkeit nicht zu einem Scheitern zu verurteilen. Wenn beide Partner im öffentlichen Leben eine Position einnehmen, können auftretende Meinungsverschiedenheiten beiden Teilen Schaden zufügen.

⊙☌, ✱ ,△ *MC*
Für die berufliche und soziale Karriere sind dieses bedeutsame Aspekte, besonders die Konjunktion läßt eine gegenseitige Förderung der Partner erkennen. Die Partner stehen füreinander ein.

⊙□,☍ *MC*
Das Quadrat erschwert den sozialen Aufstieg erheblich. Zwischen den Partnern besteht keine harmonische Übereinstimmung. Auch auf die familiären Belange kann sich das Quadrat nachteilig auswirken. Die Opposition kann für familiäre Angelegenheiten fördernd sein, da die Sonne zugleich mit dem 4. Feld in Konjunktion steht.

## 28. Der Mond im Partnerhoroskop

Im Horoskop des Mannes ist die Sonne der dominante Faktor. Der Mond ist das ergänzende DU. Im Horoskop der Frau ist der Mond der dominante Faktor. Im Partnervergleich steht der Mond für das Gefühls- und Seelenleben. Er läßt uns erkennen, wie es mit dem seelischen Kontakt zwischen den Partnern steht.

☽ *in* ♈

Das Gefühlsleben beeinflußt in hohem Maße Handlungen und Entscheidungen und drängt verstandliche Überlegungen zurück. In der Liebe impulsiv und schnell entflammt. Manchmal übereilter Eheschluß. Vom Partner wird Anpassung erwartet. Neigung zur Selbstüberschätzung. Vom eigenen Erfolg überzeugt. Sachliche Einwände finden kein Gehör.

☽ *in* ♉

Stark bestimmendes Gefühlsleben. Gedämpfte Leidenschaft. Konservativ in den Anschauungen und in der Lebensführung. Anhänglich und treu. Enttäuschungen durch den Partner werden schwer überwunden. Auf zweckmäßige und praktische Lebensführung eingestellt. Gesunde Sinnlichkeit, die ausgelebt sein will. Sinn für die materiellen Anforderungen. Auf Zurücksetzung wird sehr empfindlich reagiert.

☽ *in* ♊

Leicht erregbare Triebnatur. Abwechslung und Veränderung gehören zum Lebensstil. Vielseitige Anlagen und Interessen. Stimmungsschwankungen. Partner mit bestimmter, ruhiger Haltung sind diesen Naturen eine gute Ergänzung. In der Jugend viele und wechselnde Freundschaften. Um eine Partnerschaft interessant und dauerhaft zu machen, sind ständig neue geistige Anregungen erforderlich.

☽ *in* ♋

Eine empfindsame Seele mit einem starken Einfühlungsvermögen in den Partner. Abhängigkeit von den Stimmungen des Partners, bedingt durch starkes Anlehnungsbedürfnis. Der harmonische Mond macht häuslich, beständig und treu, der disharmonisch aspektierte verführt zu Irrwegen. Bei Kontaktschwierigkeiten ziehen sich diese Naturen in ihr Schneckenhaus zurück.

☽ *in* ♌

Reiches Gemüt und weiches Herz. Starke Anziehungskraft. Sinn für Gesellschaft und Unterhaltung, für Lebensfreude und Vergnügen. Die selbstbewußte Haltung verlangt vom Partner Anpassung und Unterordnung. Der Partner muß lebensbejahend und großzügig sein, wenn ein Gleichklang bestehen soll. Ablehnung von hausbackenen und kleinbürgerlichen Typen.

☽ *in* ♍

Das Leben wird nüchtern und praktisch beurteilt. Das Zweckmäßige bestimmt das Denken, auch in der Ehe. Das Innenleben wird anderen gegenüber nicht preisgegeben. Die Zukunftssicherung kann für das Eingehen einer Bindung wichtig sein. Ein gesunder Egoismus trägt zur Schaffung solider Besitzverhältnisse bei. Der disharmonisch aspektierte Mond erzeugt Mißtrauen zwischen den Partnern.

☽ *in* ♎

Sinn für Harmonie und Gerechtigkeit. Starkes Liebesbedürfnis. Anpassung an den Partner in der Liebe, aber auch in sonstigen Verbindungen, sodaß sich geschäftliche Beziehungen gut entwickeln. Schicksalsschläge, die durch den Partner ausgelöst werden, können bei dieser Mondstellung relativ leicht überwunden werden.

☽ *in* ♏

Starkes Triebleben. Eigenwilligkeiten und Rücksichtslosigkeiten erschweren eine harmonische Verbindung. Mangel an Anpassung. Eifersucht. Neigung, in Extreme zu fallen. Kampf zwischen sexueller Triebhaftigkeit und höherer Geistigkeit. Im ganzen etwas problematische Naturen mit einer unversöhnlichen Einstellung.

*☽ in ♐*

Körperliche und geistige Beweglichkeit. Gute Anpassungsfähigkeit macht Liebesbindung harmonisch. Es werden schnell Kontakte geschlossen, wozu vielseitige Interessen beitragen. Partner müssen tolerant sein und zur Abwechslung beitragen. Das festigt die Beziehung. Wenn die gemeinsamen Interessen fehlen, entsteht leicht Ernüchterung.

*☽ in ♑*

Äußerlich kühle und nüchterne Naturen, die jedoch ein starkes Innenleben besitzen. Gefühle werden nicht zur Schau getragen. Diese Naturen sind mit dem Heim und der Heimat verbunden und bevorzugen das einfache, solide Leben. Ärger wird lange mit sich herumgetragen, bevor man sich Luft macht. Untreue in der Liebe oder Geschäftspartnerschaft zieht schnelle Konsequenzen nach sich.

*☽ in ♒*

Unabhängigkeits- und Freiheitsliebe. Hilfsbereites und sympathisches Wesen. Innere und äußere Selbständigkeit, auch Eigenwilligkeit im Denken und Handeln erschwert die Anpassung an den Partner. In der Liebe folgt man den eigenen Gesetzen, geht seine eigenen Wege und toleriert die Neigungen des Liebespartners. Freundschaften sind für diese Menschen wichtig.

*☽ in ♓*

Vom Gefühl bestimmte Verbindungen. Gute Anpassung an alle Verhältnisse. Einerseits gesellig und gastfreundlich, andererseits Neigung zur Einsamkeit. Seelische Belastungen können tiefgreifende Krisen auslösen. Ein gestörtes Gefühlsleben kann nachhaltige Depressionen verursachen.

*

*☽ im 1. Feld*

In der Liebe leidenschaftlich. Neigung zu Impulsivitäten. Manchmal früher Eheschluß, der bereut wird. Voreiligkeiten. Da diese

Naturen dominieren wollen, ist ein anpassungsfähiger Partner eine gute Ergänzung.

*☽ im 2. Feld*

Am Erworbenen wird festgehalten. Beständigkeit wirkt sich gut aus auf Geschäfts-Partnerschaften. Die Finanzlage unterliegt Schwankungen. Interesse am Besitz und damit zusammenhängenden Angelegenheiten. Sinn für Lebensgenuß.

*☽ im 3. Feld*

Starke Ausdrucksfähigkeit der Gefühle und Empfindungen. Geistige Beweglichkeit. Vielseitige Interessen. Partner können zu gemeinsamen Unternehmungen, z.B. Reisen oder Studien angeregt werden. Viel Wechsel in den Verbindungen.

*☽ im 4. Feld*

Denken und Handeln wird vom Gefühl gelenkt. Anhänglichkeit an den Partner, an die Familie. Viel Sinn für Familienangelegenheiten. Förderung oder Behinderung durch die Familie, je nach Aspekten, die der Mond empfängt.

*☽ im 5. Feld*

Liebe zu Geselligkeit und Vergnügungen. Verbindungen, die mit Literatur, Kunst oder Unterhaltung zu tun haben, profitieren gegenseitig. Sinn für Erziehungsfragen. Starke Ausdrucksfähigkeit in der Liebe.

*☽ im 6. Feld*

Die praktische Lebenseinstellung kann für die Partner sehr nützlich sein. Gutes Verhältnis auf Gegenseitigkeit, wie es z.B. am besten zwischen Chef und Angestellten zum Ausdruck kommt. Mehr verstandliche als gefühlsmäßige Einstellung. Korrektheit bestimmt die Verbindungen.

*☽ im 7. Feld*

Ich und Du empfinden sich als Ergänzung. Das Liebesbedürfnis zeigt sich durch intensive Hinwendung an den Partner bis zu einer

Abhängigkeit. Oft auch Partnerschaften in Verbindung mit der Öffentlichkeit.

*☽ im 8. Feld*
Seelisch basierende Partnerschaft. Aufgeschlossen für parapsychologische Phänomene. Verbindungen werden auch als karmisch bedingt empfunden. Bei Geschäftspartnerschaften werden oft finanzielle Beteiligungen eingegangen, auch Erbschaftsangelegenheiten können mitspielen.

*☽ im 9. Feld*
Idealistische Leitgedanken lassen verständnisvoll auf die höhergeistigen Bestrebungen des Partners eingehen. Wechselnde Stimmungen. Gemeinsame weltanschauliche oder religiöse Interessen. Das Ausland oder Auslandsangelegenheiten können in der Partnerschaft in irgendeiner Weise eine Rolle spielen.

*☽ im 10. Feld*
Berufliche oder geschäftliche Gemeinsamkeiten können zu einer Partnerschaft führen. Es geht um die berufliche und soziale Karriere, die sowohl vom Liebespartner als auch von freundschaftlichen Beziehungen gefördert wird. Allerdings unterliegen die Beziehungen manchem Wechsel.

*☽ im 11. Feld*
Gutes Einfühlungsvermögen schafft vielseitige Kontakte und menschliche Beziehungen, aus denen echte Freundschaften entstehen. Hilfsbereitschaft. Diese Naturen lassen sich gern protegieren. Mancher Wechsel in den Verbindungen, positiv oder negativ, je nach den harmonischen oder disharmonischen Aspekten.

*☽ im 12. Feld*
Oft handelt es sich um eine Schicksalsverkettung durch karmische Zusammengehörigkeit. Partnerverbindung, die intellektuell nicht analysierbar ist. Außenstehenden kann die Partner-Beziehung unverständlich bleiben wegen der Verschiedenartigkeit der Partner.

*

☽☌, ✱ ,△☽

Stärkste Wirkung hat die Konjunktion. Seelischer Gleichklang, der in gegenseitiger Sympathie zum Ausdruck kommt. Die gemeinsame harmonische Abstimmung im Gefühlsleben in Ehe oder Freundschaft verbürgt ein gutes Zusammenleben. Die Partner verstehen sich.

☽□,☍☽

Die seelische Anziehung kann durchaus stark sein, unterliegt aber Störungen. Zwischen den Partnern entstehen Mißverständnisse. Durch den unterschiedlichen psychischen Rhythmus gehen die Auffassungen und Meinungen auseinander. Die Opposition muß nicht so kritisch gewertet werden. Trotz gegensätzlicher Gefühlsimpulse bringen die Partner Verständnis für das Andersgeartetsein auf.

☽☌, ✱ ,△☿

Das Gefühl des einen verbindet sich mit dem Intellekt des anderen harmonisch. Das gefühlsbetonte Denken befruchtet den Gedankenaustausch. In der Ehe oder unter Liebenden wird die Vielseitigkeit zu immer neuen Anregungen führen. Auch werden gemeinsame berufliche oder geschäftliche Interessen und Bestrebungen gefördert.

☽□,☍☿

Gefühl und Verstand stehen in Spannung oder kritisch zueinander. Selbst bei ehrlichem Bemühen wird in den Auffassungen keine Übereinstimmung zustande kommen. Der Merkur-Partner wird als Nörgler empfunden, der Mond-Partner reagiert überempfindlich. Bei dem einen kommt Unsicherheit auf, bei dem anderen Unzufriedenheit. Für das Eheleben oder sonstige Gemeinschaft ist dies auf Dauer abträglich. Es kommt zu Dissonanzen. Auch in einer geschäftlichen Partnerschaft werden gemeinsame Unternehmen nachteilig beeinflußt.

☽☌, ✱ ,△♀

Das ausgeprägte Wunschleben und die seelische Anteilnahme des

Mond-Partners verbindet sich mit dem Harmoniestreben des Venus-Partners. Für eine Liebesbindung eine glückliche Voraussetzung. Die Partner streben den seelischen Gleichklang an. Künstlerpaare profitieren ganz besonders von einer solchen Verbindung. Aber auch in anderen Partnerschaften sorgen diese Aspekte für ein verstärktes Zusammengehörigkeitsgefühl.

☽□,☍ ♀
Unter Liebespartnern kommt es zu Konflikten. Während der eine den seelischen Halt sucht, will der andere Triebbefriedigung. Die fehlende Übereinstimmung fördert Seitensprünge und Eifersucht. Im geschäftlichen Bereich kann der eine Partner den Lebensstil des anderen mißbilligen. Trotz Zusammenarbeit fehlt die Übereinstimmung. Die Auffassung über finanzielle Angelegenheiten kann sehr auseinandergehen. Extravaganzen führen zur Mißstimmung.

☽ ✱,△♂
Wille und Wunsch streben nach schnellen Lösungen. Die Partner finden schnell zueinander, besonders in der Erotik. Der Mars-Partner gibt den Ton an, der Mond-Partner reagiert schnell. Man legt einander seine Gefühle dar. Die Beziehungen sind unkompliziert. Hingabe und Hinnahme verlaufen in einem harmonischen Wechselspiel. Jugendliche Frische geht von der Verbindung aus.

☽☌,□,☍♂
Triebhaft, erotische Verbindungen. Die Konjunktion fördert ein rasches Entflammen der Partner füreinander. Es ist besser, wenn der Mars-Partner männlich und der Mond-Partner weiblich ist. Der Mann reagiert auf die sinnlichen Reize, die Frau auf ihre Gefühle. Herzensbindungen gestalten sich konfliktreich. Auch bei den anderen Aspekten liegt das Angezogenwerden und das Abgestoßenwerden eng beieinander. In geschäftlichen oder familiären Bindungen kommt es schnell und hitzig zu Kontroversen. Es wird nicht besonnen ge- und verurteilt, sondern vorschnell und undiplomatisch. Es kommt häufig zu Trennungen.

☽☌, ✶, △♃

Es sind dieses die besten Aspekte, die man sich in einer Beziehung unter Partnern wünschen kann, in der Liebe und im Geschäftsleben. Viel Sympathie füreinander. Freundliche und freundschaftliche Gedanken beflügeln die Partner in der Zusammenarbeit. Starke Zuneigung zwischen den Geschlechtern fördert den Eheschluß. Geschäftliche Partnerschaften nehmen eine gute Entwicklung. Die Partner denken und handeln großzügig und sind offen zueinander.

☽□, ☍♃

Mißverstandene Großzügigkeit verführt in der Partnerschaft zu Leichtsinn. Liebende können wohl zusammenfinden, aber die Verbindung läßt sich nicht legalisieren, weil ein Partner verheiratet ist oder sonstige Hindernisse vorliegen. Finanzielle Probleme können die Zweisamkeit erschweren. Falsche Spekulationen des einen oder Verschwendung des anderen führen zu rechtlichen Schwierigkeiten, die eine Trennung nicht ausschließen.

☽✶, △♄

Die Partner wissen, wo sie selber stehen und was sie vom anderen erwarten dürfen. Sie beurteilen Menschen und Dinge mit gesundem Menschenverstand und geben sich keinen Illusionen hin. Sie halten Disziplin, auch in den Gefühlen. Es sind anhaltende und echte Gefühle. Der Saturn-Partner gibt dem Mond-Partner das Gefühl der Sicherheit und Geborgenheit. Der Mond-Partner sorgt für eine harmonische Gefühlsabstimmung. Für alle übrigen Partnerschaften in Freundschaft oder Geschäft sind diese Aspekte eine gute Voraussetzung für einen inneren und äußeren Zusammenhalt.

☽☌, □, ☍♄

Am kräftigsten wirkt sich die Konjunktion aus. Treten harmonische Aspekte hinzu, fällt die Aussage milder aus. Das Naturell der Partner muß ebenfalls berücksichtigt werden. Diese Aspekte werden auch nicht gleich nach dem Eingehen einer Beziehung spürbar. Die Aspekte wirken sich langsam, aber stetig aus. Der Mond-Partner fühlt sich vom Saturn-Partner unterdrückt. Er sieht sich in seiner Selbstdarstellung eingeengt. Das ernüchtert ihn. Vorhaltungen des Saturn-Partners erzeugen Spannungen. Die Partner leben nebeneinander oder aneinander vorbei. Eine endgültige Trennung ist nur eine natürliche Folge.

☽ ✶,△⛢

Das sind originelle Partnerschaften. Mit uranischer Plötzlichkeit kann eine Beziehung entstehen. Das Unalltägliche hat etwas anziehendes. Zwischen Mann und Frau kann es Liebe auf den ersten Blick geben. Allerdings sind auch harmonische Aspekte nicht ganz verläßlich. Sie können viel Unberechenbares in eine Beziehung tragen. Langweilig sind diese Partnerschaften nie. Es sind anregende Verbindungen, die auch eine extreme Entwicklung nehmen können. In einer Geschäftsbeziehung kann der Uranus ungeahnte Perspektiven aufreißen. Es bleibt jedoch dahingestellt, ob sie realisierbar sind.

☽☌,□,☍⛢

Das sind wohl die kritischsten Aspekte für eine Ehe, die ebenso plötzlich wie unerwartet infrage gestellt werden kann. Erotische Anziehung zwischen den Partnern ist durchaus vorhanden. Ein Zusammenleben hat seine Grenzen. Der Uranus-Partner fühlt sich keiner Tradition verpflichtet. Eine plötzliche Meinungsänderung kann zum Abbruch der Beziehung führen. Der Mond-Partner leidet unter der Unzuverlässigkeit und Exzentrik des anderen Partners. Im Geschäftsleben ist eine solche Verbindung nie vor Überraschungen sicher. Es sind unruhige Verbindungen, die früher oder später auseinandergehen.

☽ ✶,△♆

Stark seelisch fundierte Bindungen, die bei sonstigen harmonischen Aspekten die Imaginationskraft der Partner verstärken. Schöpferische Eingebungen und ein phantasievoller Austausch von Gedanken beflügeln das geistige Leben. Bei hinzukommenden disharmonischen Aspekten wird die Verbindung empfindlich.

Die Partner machen sich gegenseitig Hoffnungen, deren Erfüllung problematisch ist.

☽☌,□,☍♆

Für Liebe, Ehe und Geschäftspartnerschaften keine günstigen Aspekte, weil Mißverständnisse leicht aus der irrationalen Haltung eines Partners entstehen. Nur robuste, erdgebundene Naturen können den negativen neptunischen Einflüssen Widerstand entgegensetzen. Aus seelischer Unklarheit kommt es zu Heimlichkeiten. Lüge und sogar Betrug können die Beziehung unterhöhlen. Mangel an seelischem und materiellem Halt. Es können auch Skandale die Verbindung erschüttern.

☽✶,△♇

Mond-Plutoaspekte sind nur von bemerkenswerter Wirkung, wenn der Pluto an einer exponierten Stelle steht. Pluto verstärkt die Gefühle füreinander, die aus dem Unbewußten gesteuert werden. Der Mond-Partner kann sich schicksalhaft zum Pluto-Partner hingezogen fühlen. Beide Partner reagieren stark emotionell.

☽☌,□,☍♇

Die Konjunktion kann besonders ungünstige Auswirkungen haben, wenn weitere kritische Aspekte hinzukommen. Der Mond-Partner fühlt sich in seiner seelischen Entfaltung vom Pluto-Partner eingeengt. Die Empfindsamkeit des Mond-Partners reizt den Pluto-Partner einen beherrschenden Einfluß in dieser Verbindung auszuüben. Für Liebe, Ehe und Geschäft ein belastender Aspekt.

☽☌, ✶,☊

Gute Zusammenarbeit und gutes Auskommen miteinander. Man unterstützt sich gegenseitig.

☽□,☍☊

Gestörte Zusammenarbeit. Mangel an Anpassung und gegenseitiger Unterstützung. Erschwerter seelischer Kontakt beeinträchtigt die Beziehungen zum Freundeskreis, zu den Verwandten oder zu Mitarbeitern.

☽ ✱ ,△ *Asz.*
Gefühlsmäßige Übereinstimmung. Innere Verbundenheit der Partner. Kommen jedoch disharmonische Aspekte hinzu, ist die Übereinstimmung nicht störungsfrei.

☽☌,□,☍ *Asz.*
Die Konjunktion kann bei Hinzutreten weiterer harmonischer Aspekte positiv gewertet werden, sonst aber tritt Unsicherheit in den Beziehungen auf. Gerade der Mond-Partner fühlt sich beunruhigt. Zweifel stören den seelischen Kontakt.

☽☌, ✱ ,△,☍ *MC*
Für den MC-Partner stehen der Beruf, seine soziale Position und seine Stellung zur Umwelt in dem Vordergrund. Diese Aspekte, auch die Opposition, begünstigen gegenseitige Unterstützung, wobei der MC-Partner meistens der Gebende ist. Positive Einstellung zu den sozialen Zielsetzungen.

☽□ *MC*
Die beruflichen und sozialen Belange des MC-Partners werden vom Mond-Partner kritisch betrachtet. Diese Kritik kann die Beziehungen so belasten, daß es zu einer Trennung kommt.

### 29. Der Merkur im Partnerhoroskop

Merkur ist der Verstand. Er vermittelt das gegenseitige Verstehen zwischen uns. Gerade durch seine Vermittlerrolle kommt dem Merkur im Partnervergleich eine bedeutende Rolle zu. Während

Venus und Mars, die Geschlechtssinnbilder, primär für Liebende zu beachten sind, gilt der Merkur für alle Partnerschaften als der Planet der Verständigung.
Der harmonisch gestellte Merkur fördert das gegenseitige Verstehen. Die Partner können gemeinsam etwas aufbauen, was für Geschäftspartner von besonderer Bedeutung ist. Zwischen Lehrer und Studierenden ist es ebenfalls außerordentlich wichtig, daß intellektuelle Übereinstimmung besteht, die es ermöglicht, die Gedankengänge der Partner zu analysieren und zu begreifen.
Der mündliche Gedankenaustausch, das Gespräch, ist ebenso wichtig in einer Ehe, in einer Geschäftspartnerschaft oder in einer Freundschaft. Das Gespräch bringt einander näher. Harmonische Aspekte fördern Diskussionen, die zur Klärung einer Lage beitragen. Sie helfen Probleme zu lösen. Merkur paßt sich stets dem Planeten an, mit dem er den Aspekt bildet. Es ist darum dem Planeten, der sich mit dem Merkur verbindet, besondere Beachtung zu schenken.

☿ *in* ♈
Scharfe Beobachtung und kritische Beurteilung geben Anlaß zu schlagfertigen Äußerungen. Voreilige Bemerkungen können den Anstoß zu Auseinandersetzungen geben.

☿ *in* ♉
Langsames und sehr gründliches Denken kann sich als nützlich erweisen. Das Denken ist konservativ und bisweilen auch einseitig.

☿ *in* ♊
Vielseitige intellektuelle Äußerungen. Gutes kaufmännisches Talent. Vermittler. Interesse an allen anstehenden Aufgaben.

☿ *in* ♋
Verstand und Gefühl vermischen sich. Das Denken macht sich abhängig von Gefühlsimpulsen. Stimmungen beeinflussen das Denken, je nach Aspekten harmonisch oder disharmonisch.

*☿ in ♌*

Weitsichtigkeit und Umsichtigkeit. Großzügigkeit im Denken. Gute Organisationsgabe. Zielbewußtes Denken.

*☿ in ♍*

Das analytische Denken. Ausgeprägter Ordnungssinn. Gute kaufmännische Talente und wissenschaftliche Eignungen. Ausgerichtet auf geistige Bestrebungen. Disharmonische Aspekte führen zur Kritiksucht und Kleinigkeitskrämerei.

*☿ in ♎*

Angeborenes diplomatisches Denken. Taktvolles Eingehen auf die Gedankenwelt anderer. Förderung geistiger, auch künstlerischer Bestrebungen, wobei Eigennutz unbewußt mitwirken kann.

*☿ in ♏*

Das Verborgene aufspüren und es ergründen. Innere und äußere Zusammenhänge in Synthese erfassen. Bei disharmonischen Aspekten List und Hinterlist. Die Kunst der Verstellung. Man blufft andere.

*☿ in ♐*

Reiche Gedankenwelt. Von der Vernunft geleitete höhere Geistigkeit. Weitgespannte Interessen. Taktvolle Wesensäußerung. Aufnahme vieler Verbindungen.

*☿ in ♑*

Klare, sachliche Art des Denkens. Erfassen großer Zusammenhänge. Das Denken baut auf einem großen Erfahrungsschatz auf. Denken und Handeln ist eigennützig.

*☿ in ♒*

Originelle Einfälle und Ideen. Erfinderisches Denken. Festhalten an den eigenen Denkinhalten. Manchmal utopische Ideen. Disharmonische Aspekte fördern Eigenbrötler.

*☿ in ♓*

Reges Innenleben. Gesteigerte Phantasie. Gefühle beherrschen den Verstand. Das Denken macht sich von Emotionen abhängig. Beste Auswirkung dieser Anlagen im humanitären und caritativen Bereich.

*

*☿ im 1. Feld*

Befruchtender Gedankenaustausch regt zu Plänen an, die gemeinsam in die Tat umgesetzt werden können. Geistige Anregungen.

*☿ im 2. Feld*

Gute Regelung von wirtschaftlichen und finanziellen Fragen gemeinsam. Offenheit und Ehrlichkeit in der Beurteilung der Dinge. Bei einem disharmonisch aspektierten Merkur muß mit Unaufrichtigkeit, evt. sogar Betrug gerechnet werden. Finanzielle Verluste.

*☿ im 3. Feld*

Lebhafter Gedankenaustausch. Gemeinsame Interessen und Förderung gemeinsamer Studien. Besonders günstige Auswirkung im wissenschaftlichen, publizistischen oder kaufmännischen Bereich. Manchmal spielen Reisen und damit Zusammenhängendes eine Rolle.

*☿ im 4. Feld*

Die Herkunft spielt bewußt oder unbewußt eine Rolle. Das Denken ist auf das Elternhaus und die Familie abgestimmt. Das eigene Heim ist wichtig. Es kann zum Mittelpunkt der Beziehung werden. Grund und Boden kann in der Partnerbeziehung ebenfalls von Bedeutung sein. Gemeinsam pflegt man die eigene Scholle, die ein sicherer Hort für die Familie ist.

*☿ im 5. Feld*

Gemeinsame kulturelle Aufgaben oder Interessen erfahren eine Förderung. Schöpferische Anregungen für Freizeit und Geselligkeit. In einer Frau-Mannbeziehung fördert Merkur den Flirt, auch intimere Bindungen, die mit romantischen Vorstellungen verbunden sind. Gutes Verhältnis zur Jugend.

☿ *im 6. Feld*

Gesundheit und Arbeit können in der Verbindung von Bedeutung sein. Gemeinsame Ausrichtung auf Heilbehandlung, Pflege und Diät. Sachlicher Erfahrungsaustausch, besonders hinsichtlich der Arbeit. Förderung am Arbeitsplatz. Disharmonischer Merkur bewirkt das Gegenteil und fördert herabsetzende Kritik.

☿ *im 7. Feld*

Merkur, harmonisch aspektiert, fördert zwischen Partnern einen sinnvollen Gedankenaustausch und regt zu nutzbringenden Taten an. Dies gilt besonders, wenn einer der Partner in der Öffentlichkeitsarbeit steht. Viele Verbindungen aller Art gehören zum gemeinsamen Leben. Der disharmonische Merkur läßt Zweifel aufkommen. Sie können eine innere und äußere Entfremdung bewirken.

☿ *im 8. Feld*

Hinterlassenschaften oder Unterhaltszahlungen können im Partnerverhältnis wichtig sein. Ob Ehe oder Geschäftsverbindung, oft erlangt das Geld des einen Partners für die Zusammenarbeit Bedeutung. Zwischen Mann und Frau kann auch eine erotische Abhängigkeit mitsprechen. Der disharmonische Merkur verursacht Differenzen um Geld oder Erbschaft.

☿ *im 9. Feld*

Die Partner bemühen sich weltanschauliche, philosophische oder religiöse Probleme in einem größeren Zusammenhang zu sehen. Ihre tolerante Haltung, auch bei konträren Ansichten, läßt beide Auffassungen gelten. Jeder Partner bemüht sich, die Gedankenwelt des anderen zu verstehen. Der disharmonische Merkur kann Fragen über Recht, Religion und Besitz zu einem Problem machen.

*☿ im 10. Feld*

Merkur, harmonisch aspektiert und möglichst eng an der Spitze des Feldes, gestaltet das geschäftliche und berufliche Leben erfolgreich. Die Partner helfen und fördern sich gegenseitig. Das trifft besonders für wissenschaftliche, kaufmännische, überhaupt alle intellektuellen Tätigkeiten zu. Günstig für Öffentlichkeitsarbeit wie Journalismus, Werbung und Politik. Der disharmonisch aspektierte Merkur hat nachteilige Auswirkungen. Unstimmigkeiten zwischen den Partnern stören das Verhältnis.

*☿ im 11. Feld*

Der harmonisch aspektierte Merkur fördert die freundschaftlichen und gesellschaftlichen Verbindungen. Er regt auch zu gemeinsamer Arbeit an, sei es eine literarische, wissenschaftliche oder sonstige intellektuelle Tätigkeit. Bisweilen kommt es auch zu unalltäglichen Verbindungen, wenn entsprechende Planeten mit im Spiel sind.

*☿ im 12. Feld*

Schwierigkeiten durch Gegner kann ein harmonisch aspektierter Merkur überwinden helfen. Auch bei Krankheit des einen Partners wird der helfende Einfluß spürbar sein. Die Erforschung von Geheimnissen oder von Verborgenem kann den Partnern dienlich sein. Sie kommen zu einer Verständigung. Der disharmonische Merkur baut Hindernisse auf. Auseinandersetzungen stellen die Richtigkeit der Verbindung in Frage. Unehrlichkeit zwischen den Partnern erschüttert die Beziehung.

*

☿☌, ✱, △☿

Wenn auf die Konjunktion disharmonische Aspekte fallen, können die Partner versuchen, sich gegenseitig auszustechen. Sonst besteht zwischen den Partnern eine gute Verständigung. Gutes berufliches oder geschäftliches Zusammenwirken. Man geht gegenseitig auf die Gedankengänge des anderen ein. Es kommt zu einem fruchtbaren Austausch von Ideen. Selbst bei gegenteiligen Auffassungen finden die Partner einen Weg, sich zu einigen.

☿□,☍☿

Das Quadrat läßt auf sehr gegensätzliches Denken schließen. Die Opposition kann unter Umständen noch als anregend bewertet werden, weil die Interessengegensätze einen fruchtbaren Gedankenaustausch bewirken. Das setzt allerdings voraus, daß die Partner seelisch harmonisch abgestimmt sind und damit bereit sind, einen Weg der Verständigung zu suchen. Beim Quadrat gehen die Meinungen zu weit auseinander, sodaß Streit und Konflikte nicht zu vermeiden sind.

☿☌, ✶△♀

Die Konjunktion ist von stärkster Wirkung. Verstand und Gefühl sind harmonisch abgestimmt. Verschiedenheiten im Wesen der Partner können überbrückt werden. In einer Beziehung zwischen Mann und Frau schwingt Erotik mit. In beruflichen oder geschäftlichen Partnerschaften sorgt Diplomatie für gegenseitige Verständigung. In Freundschaften ist Herzlichkeit ein verbindendes Element. Bei gemeinsamen pädagogischen oder künstlerischen Interessen kann ein schöpferischer Gedankenaustausch die Zusammenarbeit beflügeln. Kulturelle Aufgaben können gemeinsam gelöst werden.

☿□,☍♀

Auch bei diesen Aspekten wird zwischen Mann und Frau Erotik mit im Spiel sein. Jedoch Verstand und Gefühl harmonieren nicht. Es kommt viel auf das Niveau der Partner an, wie und ob Gegensätze überbrückbar sind. Es sind die kleinen Reibereien, die im Alltag sehr störend auftreten. Der Merkur-Partner betrachtet und behandelt den Venus-Partner zu kritisch. Der Venus-Partner läßt es darüber nicht an Spott fehlen. So vergiften Unstimmigkeiten die Atmosphäre im täglichen Umgang.

☿ ✶,△♂

Verstand und Wille verbinden sich harmonisch. In Freundschaft, Ehe oder im Beruf und Geschäft erweist sich eine Zusammenarbeit als gut. Das Selbstvertrauen des Merkur-Partners gewinnt an Stärke durch den Mars-Partner, der zu gemeinsamen Aktionen anregt. Ideen werden wechselseitig zur Diskussion gestellt und in die Tat umgesetzt. Die Partner werden nie langweilig. Ihre Unternehmungslust reißt immer Neues auf, das gemeinsam in Angriff genommen wird.

☿☌,□☍♂

Die Konjunktion bringt Aufregungen, Beunruhigungen und Streitigkeiten. Es ist zu beachten, ob die Konjunktion in einem Merkurzeichen (Zwillinge oder Jungfrau) oder in einem Marszeichen (Widder oder Skorpion) stattfindet. Man kann daraus Schlüsse ziehen, welcher Partner dominiert. Treten sehr harmonische Aspekte hinzu, kann die Konjunktion nützlich sein. Die Partner helfen und fördern sich gegenseitig. Die übrigen disharmonischen Aspekte bringen nervöse Unruhe in die Verbindung. Konflikte werden laut ausgetragen, manchmal kommt es zu Tätlichkeiten. Die gegenseitige Kritik der Partner ist ein Zündstoff für eine baldige Trennung.

☿☌, ✱△♃

Diese Beziehungen sind vom gegenseitigen Vertrauen getragen. Gemeinsame Unternehmungen nehmen im allgemeinen eine günstige Entwicklung. Gute Aspekte für Freundschaft, Ehe und geschäftliche Zusammenarbeit. Es herrscht eine optimistische Grundhaltung vor. Die Partner wollen eine eingegangene Verbindung legalisieren. Diese Aspekte fördern Verträge. Guter geistiger Zusammenklang. Der Jupiter-Partner regt den Merkur-Partner zum großzügigen Denken an. Der Merkur-Partner regt den Jupiter-Partner zum zielgerichteten, sachlichen Denken an.

☿□,☍♃

Es fehlt zwischen den Partnern das gegenseitige Vertrauen. Es kommt zu Auseinandersetzungen. Bestehende Verträge werden in Frage gestellt. Das unlautere Verhalten eines Partners kann auch die Beziehung trüben. Materielle oder finanzielle Verluste belasten die Verbindung. Die Partner denken zu verschieden. Kritische Aspekte für Ehe und Geschäftspartner. Sie können zu einer Trennung führen.

☿ ✱ ,△♄

Verständnis und Lebenserfahrung verbinden sich harmonisch. Von dem Erfahrungsaustausch profitieren beide Partner. Der Merkur-Partner wird dazu angeregt, Probleme tiefer auszuloten als er dies sonst tun würde. Der Saturn-Partner profitiert von der merkurischen Beweglichkeit des anderen. Das regt ihn an, sein Denken vielseitiger aufzufächern. Die Partner gehen sachlich und methodisch vor. Gemeinsame Aufgaben finden eine fundierte Lösung. Die Bindung ist frei von Emotionen. Gemeinsam werden Aufgaben angegangen und systematisch durchgeführt. Partner, die sich gemeinsamer Forschung zuwenden, profitieren von den Aspekten. Verträge werden sorgfältig aufgesetzt und geprüft, bevor die Unterschrift erfolgt.

☿ ☌, □,☍ ♄

Die Konjunktion muß sehr genau untersucht werden. Bei weiteren harmonischen Aspekten aus beiden Partnerhoroskopen kann eine Verbindung ernst, dauerhaft und anregend sein. Sie ist getragen von Pflichtgefühl und Verantwortung. Bei disharmonischen Aspekten auf die Konjunktion gilt, was von den übrigen Aspekten zu sagen ist. Unvereinbarkeit der Gegensätze schafft Konflikte. Sie müssen nicht sofort erkennbar sein, zumal zusätzliche harmonische Aspekte einen Verzögerungseffekt bewirken. Zwischen den Partnern kommt Mißtrauen auf. Eigensinn und Ränkespiele verhärten die gegensätzlichen Standpunkte. Der Gedanke an eine Trennung liegt nahe. Wenn aus irgendeinem Grund die Trennung nicht vollzogen werden kann, lebt man sich zuerst auseinander und dann nur noch nebeneinander.

☿ ✱ ,△♅

Progressives Denken befruchtet den Gedankenaustausch. Pläne werden unter Partnern ganz unkonventionell behandelt und dann in die Tat umgesetzt. Im Berufs- und Geschäftsleben werden neue Wege gesucht und gefunden. In der Ehe werden ebenfalls gemeinsame Vorhaben verwirklicht. Auch in Freundschaften wirken sich diese Aspekte gut aus. Sie beleben die Beziehung und regen zu gemeinsamen Unternehmungen an. Es werden mitunter ganz neue

Wege eingeschlagen. Auch in der Ehe werden gemeinsame Vorhaben verwirklicht, die sich durch Originalität auszeichnen.

☿☌,□,☍♅

Die Konjunktion ist am stärksten. Nur sehr harmonische Aspekte auf diese Konjunktion lassen Mißverständnisse und Auseinandersetzungen vermeiden, doch beunruhigend wird die Beziehung in jedem Falle empfunden. Die Partner üben eine gewisse Faszination aufeinander aus. Jeder versucht mit Geist und Witz zu brillieren und sich über bürgerliche Konventionen hinwegzusetzen. Die anderen disharmonischen Aspekte bieten Zündstoff für exzentrische Handlungen. Sie lösen Veränderungen aus, die disharmonische Folgen haben. In der Ehe und im Geschäftsleben wird stets ein Unruhefaktor bestehen, der von einem Partner mißverstanden wird.

☿☌,△♆

Verstand und Einfühlsamkeit verbinden sich zu einem phantasievollen Wunschdenken. Für Künstler sind dieses schöpferische Aspekte, aber auch Psychologen und alle, die mit seelischen Bereichen zu tun haben, können gut aufeinander eingestimmt sein.

☿☌,□,☍♆

Die Konjunktion kann nur positiv gewertet werden, wenn ergänzende harmonische Aspekte auf sie fallen. In diesem Falle kann ein Gleichklang im Denken und Empfinden der Partner beobachtet werden. Kommen jedoch disharmonische Aspekte auf die Konjunktion hinzu, ist sie wie die anderen Aspekte zu werten. Die Partner gehen von falschen Vorstellungen aus. Das führt zu Enttäuschungen. Wünsche lassen sich nicht miteinander vereinen. Die Partner machen sich gegenseitig etwas vor, sie lügen auch, um sich vor dem anderen zu tarnen. In Verbindungen, in denen Vertrauen erstes Gebot ist, darf es diese Aspekte nicht geben. Im Ehe- und Geschäftsleben kann ein böses Erwachen aus Illusionen folgen.

☿✱,△ ♉

Voraussetzung für eine Wirkung dieser Aspekte muß eine hervorragende Position von Pluto sein, sonst wird man nur wenig oder gar nichts zu spüren bekommen. Es können höhere Interessen die Partner verbinden und zur Zusammenarbeit bewegen. Es können besondere Probleme vorliegen, auch solche, die grenzwissenschaftliche Gebiete betreffen.

☿☌,□,☍ ♇

Für die Wirkung ist eine hervorragende Position von Pluto Voraussetzung. Der Pluto-Partner kann den Merkur-Partner stark beeinflussen, im Guten wie im Bösen. Das trifft besonders auf die Konjunktion zu. Die anderen Aspekte lösen Unsicherheit im Denken und Handeln beim Merkur-Partner aus, der sich dem Pluto-Partner entwinden will, wenn es sein muß auch durch eine Lüge.

☿☌, ⚹ ,△☊

Ideenreiche Anregungen zwischen den Partnern führen zu einer guten Zusammenarbeit. Wunsch und Wollen sind aufeinander abgestimmt, also versteht man sich.

☿□,☍☊

Wunsch und Wollen stimmen nicht überein. Das gegensätzliche Denken führt zur Entfremdung. Trennung, wenn weitere disharmonische Aspekte hinzukommen.

☿☌, ⚹ ,△,☍ *Asz.*

Handelt es sich um Liebespartner, kann man auf eine gute körperliche Abstimmung schließen. Das gilt auch für die Opposition, denn Merkur steht dann direkt an der Spitze des 7. Feldes. Gute Abstimmung in Ehe, Freundschaft oder Beruf. Es sind geistige Anregungen, die vom Merkur-Partner ausgehen.

☿□ *Asz.*

Mangel an körperlicher Anpassung kann eine Liebes-Beziehung nachteilig beeinflussen. Auch in Freundschaft und unter Geschäftspartnern ist die mangelnde Übereinstimmung störend. Empfängt das Quadrat von anderen Planeten harmonische Aspekte, wird es in seinen Auswirkungen nicht allzu gravierend sein.

☿☌, ✱ ,△,☍ *MC*

Besonders die Konjunktion wird berufliche oder geschäftliche Verbindungen nachhaltig beeinflussen. Der Merkur-Partner unterstützt den MC-Partner in seinem Vorhaben. Er geht intensiv auf die Zielsetzungen des anderen ein. Die Partner können bei einer Opposition zugleich durch häusliche Belange verbunden sein.

☿□ *MC*

Der MC-Partner wird vom Merkur-Partner negativ beeinflußt, besonders, wenn noch disharmonische Aspekte hinzutreten. In Freundschaften kann die Kritik des einen an den häuslichen Angelegenheiten des anderen zu einer Prüfung werden. In einer Liebesbindung kann das berufliche Milieu nachteilige Auswirkungen auf die Beziehung haben.

## 30. Venus im Partnerhoroskop

Venus und Mars sind die Sinnbilder der Geschlechter. Das darf nicht zu eng gesehen werden. Es wäre falsch, allein nur an die sexuellen Beziehungen zwischen Mann und Frau zu denken. Gewiß ist die Venus das Symbol der Liebe. Das gilt im weitesten Sinne. Die Venus schenkt Heiterkeit des Gemütes und den Frohsinn. Sie macht uns zufrieden und zuversichtlich. Das alles strahlt auf den Partner über, wenn die Venus stark gestellt ist. Für die Beurteilung von Liebe und Ehe ist die Venus von hervorragender Bedeutung. Die Venus gibt uns zugleich den Formensinn, ästhetisches Empfinden und die Neigung zur Geselligkeit. Sie weckt unsere künstlerischen Talente. Sie ist für alle Fragen des Geschmacks zuständig. Im Horoskop der Frau ist sie für die Geschlechtsorgane zuständig. Eine sehr disharmonisch aspektierte Venus kann die körperliche Anpassung an den Mann erschweren oder unmöglich machen, wobei auch gesundheitliche Faktoren mitsprechen können.

♀ *in* ♈
Im feuerelementaren Widder verführt die Venus leicht zu Flirts und erotischen Abenteuern. Ihre moralische Wertung hängt von den Aspekten ab, die sie empfängt.

♀ *in* ♉
Eine recht gute Position in ihrem Domizilzeichen. Sie macht beständig und treu. Flüchtige Flirts liebt sie nicht. Ihre Gefühle sind echt.

♀ *in* ♊
Unbeständig in den Gefühlen, macht sie zu manchen Flirts geneigt. Hang zur Geselligkeit führt zu vielen Verbindungen. Das Bedürfnis nach Wechsel im Ich-Du-Verhältnis schafft Konflikte und kann die Ehe gefährden.

♀ *in* ♋
Das Mütterliche ist bei der Frau betont, der Mann hat Sinn für Heim und Familie. Längere Trennungen werden nur schwer ertragen. Genußfreude, körperlich oder geistig, je nach den Aspekten, die auf die Venus fallen.

♀ *in* ♌
Dem Partner werden echte Gefühle entgegengebracht, die durch Eifersucht gestört werden können. Eitelkeit. Man will gefallen.

♀ *in* ♍
Der Verstand kontrolliert die Gefühle. Oft sind es praktische Überlegungen, die die Wahl des Partners bestimmen. Unentschlossenheit, sich endgültig festzulegen.

♀ *in* ♎
Starke erotische Anziehungskraft. Der gute Geschmack und Äs-

thetik bestimmen die Haltung. Untreue ist möglich, wenn sich die Gelegenheit bietet.

♀ *in* ♏

Starke sinnliche Einstellung läßt es gern zu erotischen Abenteuern kommen. Liebe und Haß liegen eng beieinander. Eifersucht.

♀ *in* ♐

Verbindliche Wesensäußerung. Sinn für Geselligkeit führt zu vielen Verbindungen. Neigung, sich nach dieser oder jener Seite mehr zu engagieren.

♀ *in* ♑

Beständigkeit und Treue sind kein Problem, wenn harmonische Aspekte auf die Venus fallen. Zu betonte Sachlichkeit in der Liebe kann störend sein.

♀ *in* ♒

Freie und ungezwungene Einstellung unter Liebespartnern. Die Ansichten und Praktiken des Partners werden akzeptiert. Soziales Denken bestimmt das Handeln.

♀ *in* ♓

Mitgefühl und Mitleid. Starke Hinwendung an leibliche Genüsse kann zum Problem werden. Neigung, sich aus Bequemlichkeit gehen zu lassen. Bei disharmonischen Aspekten ist die Ehrlichkeit zueinander in Frage gestellt.

*

♀ *im 1. Feld*

Alles wird unter dem Gesichtspunkt des Schönen, Ästhetischen oder auch des Künstlerischen gesehen. Die Partner fördern und ergänzen sich, geben sich gegenseitig Anregungen. Disharmonische Aspekte auf die Venus machen verführbar. Der Partner verleitet zu Handlungen, die moralisch nicht vertretbar sind.

*♀ im 2. Feld*

Die Venus ist für alle materiellen und finanziellen Angelegenheiten der Partner nützlich. Gemeinsam lassen sich finanzielle Aufgaben lösen, die zur Schaffung von Besitz beitragen. Disharmonische Aspekte auf die Venus können zu finanziellen Einbußen führen. Geschäftliche Verbindungen sollten sehr überlegt werden. Leichtsinn oder Verschwendung des einen Partners kann der Schaden des anderen sein.

*♀ im 3. Feld.*

Gutes gegenseitiges Verstehen bringt die Partner einander näher. Bei gleichen Interessen, besonders, wenn diese künstlerischer Art sind, kann das zu schöpferischer Zusammenarbeit führen. Disharmonische Aspekte auf die Venus machen eine Zweisamkeit leer und belanglos.

*♀ im 4. Feld*

Traditionelle Bindung an Herkunft, Heim und Familie. Man wendet sich sozialen und familiären Aufgaben zu. Das eigene Heim bedeutet den Partnern viel, was besonders in der Ehe zur Geltung kommt. Bei disharmonischen Aspekten auf die Venus kann Herkunft und Heim als eine Belastung empfunden werden.

*♀ im 5. Feld*

Für Liebende eine gute Venus-Position, aber auch für Künstler. Künstler werden zu schöpferischen Leistungen angeregt, Liebende sind auf Heirat ausgerichtet. Sehr gute Einstellung zu Kindern. Gut für Geschäftsverbindungen, besonders, wenn es sich um Kunst- oder Vergnügungsstätten handelt.

*♀ im 6. Feld*

Die Venus gestaltet den Arbeitsplatz harmonisch. Sie sorgt für gute Zusammenarbeit der Partner. Gefühlsbedingte Sympathien, nicht der Verstand, bestimmen das gute Verstehen der Partner. Sehr disharmonische Aspekte auf die Venus können bei den Partnern Gleichgültigkeit hervorrufen. Man ist nicht ganz bei der Sache und von einer Zusammenarbeit abgelenkt.

*♀ im 7. Feld*

Die harmonisch aspektierte Venus ist ideal für die Ehe. Die Partner verstehen und ergänzen sich. Sie stehen füreinander ein. Steht der eine Partner im Licht der Öffentlichkeit, wird der andere ihn in seinen Aufgaben unterstützen. Wenn die Partner künstlerisch tätig sind, ist die Zusammenarbeit der Karriere förderlich. Disharmonische Aspekte erzeugen ein gestörtes Verhältnis. Der eine wirft dem anderen eine falsche Einstellung zum Geld vor. Ein gespanntes Gefühlsleben kann die Ehe gefährden. Das gilt auch für sonstige Partnerschaften.

*♀ im 8. Feld*

Für Liebesleute, Ehepaare und Geschäftspartner eine gute Venusposition, besonders, wenn Besitz und Geld im Spiel sind. Erbschaften sind möglich, auch die Übernahme von Geschäftsanteilen. Es geht nicht in erster Linie um Recht und Zweckmäßigkeit, es sind vielmehr Sympathien, die das Partner-Verhältnis bestimmen. Die Venus, disharmonisch aspektiert, kann materielle Bindungen zerstören, weil Eifersucht, Leidenschaft oder Neid die Beweggründe sind.

*♀ im 9. Feld*

Die kulturellen Bedürfnisse der Partner werden befriedigt. Man bringt gegenseitig Verständnis auf für weltanschauliche oder religiöse Fragen. Die Partner tolerieren auch unterschiedliche Konfessionen. Beide Partner lieben Reisen. Bei einer disharmonisch aspektierten Venus besteht keine Übereinstimmung in weltanschaulichen oder religiösen Fragen. Unterschiedliche Auffassungen in kulturellen Angelegenheiten.

*♀ im 10. Feld*

Die Venus fördert die soziale Stellung. Partner protegieren sich gegenseitig. Geschäftspartner spielen sich die guten Gelegenheiten zu. Das gesellschaftliche Leben wird gepflegt. Repräsentation in der Öffentlichkeit kommt dem Ansehen zugute. Eine disharmonisch aspektierte Venus kann zur abfälligen Kritik in der Öffentlichkeit führen, wodurch das Ansehen Schaden erleidet.

♀ *im 11. Feld*

Gute freundschaftliche Beziehungen; auch lassen sich freundschaftliche Verbindungen gut mit den geschäftlichen verbinden. Die Partner stehen füreinander ein. Sie helfen sich sowohl in ideellen als auch in materiellen Angelegenheiten. Die disharmonische Venus verhindert die Erfüllung von Hoffnungen, die man in den Partner setzt.

♀ *im 12. Feld*

Die Partner sind bemüht, Probleme gemeinsam zu lösen. Sie können dabei sehr selbstlos vorgehen und sich bemühen, dem anderen eine seelische Belastung abzunehmen. Bei einer disharmonischen Venus wird Mitleid und Mitgefühl an den falschen Partner verschwendet oder der Partner belastet die Verbindung durch falschen oder verschwenderischen Einsatz der finanziellen Mittel.

*

♀ ☌, ✱ ,△ ♀

Gleichklang in den Gefühlen erweist sich als günstig in der Ehe oder sonstigen Partnerschaft, bei der Gefühle mitsprechen. Das trifft besonders auf verwandtschaftliche Beziehungen zu. Die Konjunktion ist ein starker Aspekt, der noch verstärkt wird, wenn sie in einem Domizilzeichen der Venus (Stier oder Waage) stattfindet. In der Waage können künstlerische Gemeinsamkeiten mitwirken.

♀ □,☍ ♀

Das Gefühlsleben der Partner stimmt nicht überein. Widersprüchliche Ansichten über die Liebe, über Vergnügungen und alles, was das Leben verschönt, führt zwangsläufig zu Differenzen. So kann es unter Liebenden zur Eifersucht und zur Untreue kommen. Entweder lassen sich die Partner gehen oder reizen sich mit Extravaganzen. Das Triebleben unterliegt Störungen. Freunde oder Geschäftspartner finden in finanziellen Angelegenheiten nicht zueinander und kommen zu keiner Übereinkunft bei der Planung gemeinsamer Unternehmungen.

♀☌, ✱ ,△♂

In einer Liebesbindung ist die Konjunktion der stärkste Aspekt. Wille und Wunsch geben den Ausschlag in der Verbindung. Es besteht zwischen den Partnern ein starkes triebhaftes Verlangen. Kommen disharmonische Aspekte hinzu, kann nach einem anfänglichen gesteigerten Sinnenrausch eine Ernüchterung erfolgen. Auch die anderen harmonischen Aspekte begünstigen den Liebeskontakt und in Freundschaft oder unter Geschäftspartnern die guten menschlichen Beziehungen. Gute Aspekte für künstlerische Zusammenarbeit oder gemeinsame Freizeitgestaltung. Die Zeichen und die Felderstellung müssen berücksichtigt werden, um ein schlüssiges Urteil zu erhalten.

♀□,☍♂

Das Triebverlangen beider Partner ist sehr stark. Es kommt aber unvermeidbar zu Komplikationen. Einerseits üben die Partner eine starke Anziehung aufeinander aus, andererseits können Übersteigerungen und Leidenschaften störende Beigaben werden. Aggressionen und Gereiztheit entstehen, mitunter sogar Haß. Nach schnell entflammter Liebe folgt Ernüchterung. In Freundschaften oder anderen Verbindungen darf Geld keine Rolle spielen, sonst brechen sie.

♀☌, ✱ ,△♃

Bei Liebenden bedeuten diese Aspekte Heirat und glückliche Ehe, vorausgesetzt, daß die übrigen Aspekte auf diese Konstellation nichts Gegenteiliges aussagen. Es besteht zwischen den Partnern ein echtes Zusammengehörigkeitsgefühl. Der eine weiß, was er vom anderen zu halten hat. Auch in der Freundschaft oder im Geschäftsleben begünstigen diese Aspekte eine gedeihliche Entwicklung. Die Genußfreudigkeit beider Partner ist angeregt. Sie wollen das Leben gemeinsam genießen. Aus der zuversichtlichen Grundhaltung beider Partner erwächst das Bedürfnis, einander Gutes angedeihen zu lassen.

♀□,☍♃

Wunsch und Wollen führen auch unter diesen Aspekten Liebespartner zusammen. Oft stehen einer Heirat jedoch Hindernisse im Weg, weil zum Beispiel der eine Partner verheiratet ist. Ehen sind von diesen Aspekten stark gefährdet. Oft kommt es zur Scheidung. In allen Partnerschaften sollten weder Geld- noch Rechtsangelegenheiten eine Rolle spielen. Die Großzügigkeit des einen Partners kann vom anderen mißbraucht werden. Verträge sollten vor der Unterschrift sehr sorgfältig geprüft werden.

♀ ✱,△♄

Leidenschaft und triebhafte Hingabe darf in einer Liebesbeziehung nicht erwartet werden. Die Partner sehen alles realistischer. Sie sind sich ihrer Pflichten bewußt und stehen füreinander ein. Es sind ideale Vernunftsehen. Die Partner halten sich die Treue und ihre Gefühle füreinander unterliegen keinen Schwankungen. Manchmal besteht ein größerer Altersunterschied bei den Partnern. In Freundschaften und sonstigen Partnerschaften eine sachliche Einstellung, die der Verbindung Dauer verleiht.

♀ ☌,□,☍♄

Die Konjunktion ist nur harmonisch zu werten, wenn auch die ergänzenden Aspekte harmonisch sind, sonst gilt, was über die anderen Aspekte gesagt wird. Die Venus-Partner fühlen sich in ihrer Handlungsfreiheit von den Saturn-Partnern gehindert. In einer Liebesbeziehung erkalten die Gefühle sehr bald. Es entsteht eine Leere. Aus einem Miteinander wird ein Nebeneinander und dann ein Auseinander. Manchmal ist es auch der Altersunterschied, der stört. Das gilt auch in Freundschaften. Bei Geschäftspartnern können geldliche Belange oder Besitzfragen zu Auseinandersetzungen oder zu einer Trennung führen.

♀ ✱,△♅

Grundsätzlich gesagt, haben Venus-Uranusaspekte — ganz gleich ob harmonisch oder disharmonisch — eine besondere Reizwirkung, nicht nur in erotischer Beziehung. Der Uranus-Partner kann die Liebe zu seinem Experimentierfeld machen. Venus-Partner unterliegen leicht der Faszination des anderen. Diese Beziehungen sind immer ein wenig exzentrisch, auch spielt oft Außergewöhnliches hinein. Bei Künstlern können starke schöpferische Impulse geweckt werden. Hier gelten andere Maßstäbe als in einer bürgerlichen Ehe. Die bisweilen beobachtete Hinwendung zum gleichen Geschlecht kann bei harmonischen Aspekten mehr geistiger Natur sein. Eros beeinflußt das Fühlen und Denken. Freundschaften, die nicht sexueller Art sind, strahlen einen ungewöhnlichen Reiz aus.

♀ ☌, □, ☍ ♅

Diesen Aspekten wünscht man ergänzende harmonische zusätzlich, weil disharmonische Venus-Uranusaspekte zur Perversion geneigt machen, sofern Gleichgeschlechtlichkeit als eine solche angesehen wird und nicht als eine naturgegebene Abart. Es sind in jedem Falle ungewöhnliche Beziehungen, nicht nur in erotischer Hinsicht. Uranische Exzentrik wirkt störend. Diese Beziehungen entstehen meistens sehr plötzlich, sind aber nicht von Dauer. Ein Schuß Abenteuer ist dabei. Liebe entsteht schnell, intensiv und verbraucht sich schnell. Untreue führt zur Trennung. Es sind plötzliche Sinnesänderungen, die wieder auseinanderführen.

♀ ⚹, △ ♆

Es sind die zarten, gefühlvollen Saiten, die bei den Partnern angesprochen werden. Es geht nicht um Trieb und Sex, hier kommt die geistige Komponente zur Geltung. Die Beziehungen bauen auf Herzlichkeit und Sympathie auf. Intuitives Einfühlen verbindet sich mit Romantik. Liebe und Ästhetik gehören zusammen. Partnerschaften, die auf Kultur, Kunst und Musik basieren, nehmen eine gedeihliche Entwicklung. Ein verfeinerter Lebensgenuß zeichnet diese Beziehungen aus.

♀ ☌, □, ☍ ♆

Die Konjunktion kann nur durch harmonische Ergänzungsaspekte positiv gewertet werden, andernfalls ist sie wie die anderen Aspekte disharmonisch. Enttäuschungen führen in die Welt des Scheins, des Rausches, der Illusion. In der Liebe kommt es zur Verirrung und Verwirrung der Gefühle. Die Partner machen sich gegenseitig etwas vor, sie belügen und betrügen sich. Verführbarkeit. Manchmal kann ein Skandal in die Verbindung getragen werden. In der Freundschaft oder sonstigen Partnerschaft entsteht Enttäuschung durch ein falsches Bild, das sich die Partner einander vormachen.

♀ ⚹,△ ♇

Stets davon ausgehend, daß Pluto in dem Grundhoroskop stark und exponiert steht, kann Venus-Pluto der Liebe eine besonders sinnliche Note geben. Es sind die unbewußten Kräfte in uns, die auf Partner eine gegenseitige Anziehung ausüben. Andere Partnerbeziehungen, bei denen Geld oder Besitz im Spiele sind, entwickeln sich gut.

♀ ☌,□,☍ ♇

Kommen bei der Konjunktion ergänzende harmonische Aspekte hinzu, kann sie positiv gewertet werden. Die Konjunktion aktiviert die sexuellen Wünsche, kann aber auch Spannungen in das erotische Leben tragen. Eifersucht wird zum Reizklima unter Partnern. In den anderen Verbindungen sollten Fragen des Besitzes und der Finanzen sehr vorsichtig behandelt werden.

♀ ☌, ⚹,△ ☊

Nur die Konjunktion wirkt kräftig. Es sind gefühlsmäßige Bindungen, die das Gemeinschaftsleben fördern. In der Freundschaft und im Geschäftsleben wird gute Übereinstimmung erzielt.

♀ □,☍ ☊

Gefühlsbedingte Abneigung, sich einzuordnen. Bei disharmonischen Ergänzungsaspekten besteht Tendenz zur Trennung.

♀ ☌, ⚹,△,☍ *Asz.*

Konjunktion und Opposition sind besonders bei einer Liebesbeziehung zu beachten. Die Konjunktion weist auf starke körperliche Anziehung hin. Bei der Opposition steht die Venus an der Spitze des 7. Feldes, das für die Ehe zuständig ist. Der Aszendent-Partner ist der Liebe empfangende Teil, während der Venus-Partner der gebende ist. Es müßten sehr disharmonische Ergänzungsaspekte auf den Aszendenten fallen, um die Aussage abzuschwächen. Auch die übrigen Aspekte begünstigen Liebesbindungen. Gutes Verstehen in der Freundschaft und sonstigen Partnerschaften.

♀ □ *Asz.*

Auch beim Quadrat können Sympathie und Zuneigung vorhanden sein, doch mit der körperlichen Anpassung ist es nicht gut bestellt. Kommen sonst nur harmonische Ergänzungsaspekte hinzu, ist die Aussage gemildert.

♀ ☌, ✱ ,△, ☍ *MC*

Sehr gute Aspekte für Liebesbindungen, Freundschaften und gut für geschäftliche Zusammenarbeit. Die Partner helfen sich und fördern gemeinsame Bestrebungen. Bei der Opposition sind auch häusliche oder familiäre Belange zu berücksichtigen.

♀ □ *MC*

Seelische Konflikte stören das Partnerverhältnis. Der Venus-Partner kann für die beruflichen und gesellschaftlichen Verpflichtungen des MC-Partners nicht das richtige Verständnis aufbringen. Es entstehen Unstimmigkeiten.

## 31. Mars im Partnerhoroskop

Mars ist das Symbol für die Triebfunktion, für unseren Willen. Er ist — wie die Venus — insbesondere von Bedeutung als Geschlechtssymbol. Mars bedeutet männliche Potenz. Mars ist Mut, aus dem schnell Übermut werden kann. Mars ist Kühnheit, die leicht zur Tollkühnheit ausarten kann. Mars will führen, körperlich oder geistig. Es ist also wichtig, zu untersuchen wie der Mars in den Grundhoroskopen der Partner gestellt ist. Auf Widerstand erfolgt Angriff. Um Neues aufzubauen, muß Altes abgerissen werden. Der harmonische Mars ist aktiv, positiv, der disharmonische Mars schafft Konflikte. Der Mars verrät das Leistungsvermögen der Partner, ihre Zielsetzungen und Zielrichtungen.

♂ *in* ♈

Mars in seinem Domizilzeichen stellt Forderungen an den Partner. Er will bestimmen und wünscht die Unterordnung des anderen. Das bringt Konflikte, es sei denn, der Partner hat Verständnis und versteht es, sich anzupassen. Die ursprüngliche marsische Triebkraft will sich durchsetzen.

♂ *in* ♉

Das Triebleben ist ausgeprägt. Betonte Sinnlichkeit. Bei gegenteiligen Auffassungen entsteht schnell eine Trotzhaltung. Diplomatische Bemühungen scheitern am Eigensinn. Man kommt diesen Mars-Partnern nur mit einer List bei.

♂ *in* ♊

Große Wendigkeit im Denken und Handeln. Etwas ruhelose, doch vielseitige Naturen. Intensives Eingehen auf den Partner, den man gern übertrumpfen möchte. Bereitschaft, alle Mittel einzusetzen, um den Partner auszustechen.

♂ *in* ♋

Wille und Gefühl kämpfen miteinander. Instinktives, aber auch sehr impulsives Handeln, wobei die Grenzen oft übersehen werden. Unbeherrschtheit bedroht die Gemeinsamkeit.

♂ *in* ♌

Leidenschaftliche Wesensäußerung. Vom Partner wird Ein- bzw. Unterordnung verlangt. Empfindlich in seiner Eitelkeit, kann der Partner scharf reagieren, um den anderen zu verletzen.

♂ *in* ♍
Nützlichkeit und Zweckmäßigkeit bestimmen die Einstellung gegenüber dem Partner. Diese Naturen sind wenig herzlich und strahlen keine Wärme aus. Störend ist die scharfe Kritik des Mars-Partners, der damit bisweilen seine Empfindlichkeit abreagiert.

♂ *in* ♎
Das sinnliche Verlangen in der Liebe ist stark. Das Triebhafte wird allerdings verbrämt durch ästhetische Floskeln. Es fehlt in der Gemeinsamkeit bisweilen die innere Ausgewogenheit.

♂ *in* ♏
In dem Domizilzeichen entwickelt Mars sein ganzes triebhaftes Verlangen. Es sucht Befriedigung, wenn erforderlich, auch gewaltsam. Sexualität schwingt in allen Beziehungen mit, wenn auch oftmals nur untergründig. Neigung zur Eifersucht.

♂ *in* ♐
Der körperliche Leistungsdrang findet noch am besten im Sport seine Befriedigung. Vielseitige Interessen führen zu vielseitigen Verbindungen. Verbindungen unterliegen aber dem Wechsel.

♂ *in* ♑
Der Wille zur Macht ist beachtlich. Wo andere bereits aufgeben, schlagen diese Naturen Brücken zu neuen Ufern. Es ist die Kunst, im richtigen Augenblick zur rechten Zeit zu handeln. Aus dieser Haltung erwachsen Leistungen.

♂ *in* ♒
Der Unabhängigkeits- und Freiheitsdrang können eine Partnerschaft erschweren. Das Bemühen um ein freundschaftliches Verhalten ist unverkennbar, doch das exzentrische Verhalten und der Widerspruchsgeist lassen sich nicht verleugnen.

♂ *in* ♓
Die Haltung im Wollen und Handeln ist zu abwartend. So werden große Leistungen verhindert. Schwierigkeiten wird gern aus dem

Weg gegangen. Diese Naturen wählen lieber einen Partner, der ihnen abnimmt, sich den Anforderungen zu stellen.

*

*♂ im 1. Feld*

Mars macht hier unternehmungslustig. Er reißt den Partner mit, gemeinsame Ziele zu verfolgen. Der Mars-Partner kann im anderen Kräfte entfalten, die dieser allein nie aktivieren würde. Bei disharmonischen Aspekten kommt Triebhaftigkeit in die Verbindung.

*♂ im 2. Feld*

Harmonisch aspektiert kann Mars auf die Finanzen in einer Partnerschaft einen guten Einfluß ausüben. Er spornt dazu an, großzügig zu disponieren. Der Mars-Partner scheut auch das Risiko nicht. Bei disharmonischen Aspekten sollten Besitzangelegenheiten und Geldgeschäfte nicht gemeinsam getätigt werden.

*♂ im 3. Feld*

In der geistigen Auseinandersetzung übernimmt der Mars-Partner gern die Führung. Er will den Ton angeben. Bei sonstigen harmonischen Aspekten kann dieses für eine Geschäftsverbindung sehr nützlich sein. Verträge sind wichtig, dem Mars-Partner gilt der Handschlag genau so viel. Disharmonische Aspekte bringen Störungen in die Verbindung durch die nähere Verwandtschaft.

*♂ im 4. Feld*

Gewiß wird sich der Mars-Partner in jeder Weise für die häuslichen Belange einsetzen und sich nützlich machen. Mitunter trägt er aber auch viel Unruhe ins Heim und kann damit auf die Nerven gehen. Bei disharmonischen Aspekten ist der häusliche Friede gefährdet. Es bedarf großer Anstrengungen, um in der Ehe, mit den Eltern und sonstigen Verwandten Differenzen zu vermeiden.

*♂ im 5. Feld*

Der Mars aktiviert die sexuelle Bindung. Auch bei harmonischen

Aspekten bleibt die triebhafte Seite der Beziehung betont. Disharmonische Aspekte auf den Mars führen zu Spannungen, die sich mitunter explosiv entladen. Ungezügelte Leidenschaft läßt keine gedeihliche Entwicklung zu. Bei geschäftlicher Zusammenarbeit können spekulative Einsätze des Mars-Partners die Verbindung stören.

*♂ im 6. Feld*

Gute berufliche Zusammenarbeit der Partner. Der Mars-Partner ergreift die Initiative, um Verbesserungen herbeizuführen. Ein disharmonischer Mars wird ein gemeinsames Arbeitsverhältnis empfindlich stören. Viel Unruhe und Beunruhigung in der Verbindung.

*♂ im 7. Feld*

Für Ehepartner eine empfindliche Stellung des Planeten. Harmonisch aspektiert wird der Mann sehr aktiv sein und die Ehegemeinschaft dynamisch leiten. Die Frau will sich durch Gleichberechtigung gegenüber dem Mann behaupten. Disharmonische Aspekte stören die Ehegemeinschaft und können der Anstoß zu einer Trennung werden.

*♂ im 8. Feld*

Der harmonisch aspektierte Mars begünstigt Geschäfte aller Art, insbesondere Angelegenheiten, die mit Besitz und Finanzen zu tun haben. Der Mars-Partner geht zielsicher vor und beflügelt den anderen, gleiches zu tun. In Geld- und Besitzfragen können beide Ehepartner zu guten Regelungen kommen. Ein disharmonischer Mars erweist sich als ungünstig, um Geld und Gut gemeinsam zu verwalten.

*♂ im 9. Feld*

Mars regt zu weitgesteckten Geschäften an. Er weckt auch die Abenteuerlust des Partners. Gemeinsam können weite Reisen unternommen werden. Der disharmonische Mars ist schlecht für Beziehungen mit Ausländern und mit dem Ausland. Weltanschauliche Meinungsverschiedenheiten können die Partner belasten.

*♂ im 10. Feld*

Das berufliche Schaffen des Partners wird aktiviert. Der Mars regt zu Leistungen an, die beachtlich sind, allerdings kann Übereifer sich als schädlich erweisen. Disharmonische Aspekte auf den Mars führen zur Überschätzung der Fähigkeiten und Möglichkeiten. Das kann zu Verlusten für beide Partner führen.

*♂ im 11. Feld*

Für Freundschaften keine allzu gute Position. Auch bei harmonischen Aspekten wird der Mars-Partner dominieren wollen. Es fehlt an der Toleranz, die in jeder Freundschaft gelten muß. Über kurz oder lang kann die Verbindung auf die Probe gestellt werden. Der Mars-Partner versteht es aber auch, den anderen mitzureißen. Disharmonische Aspekte führen zu heftigen Auseinandersetzungen mit nachfolgendem Zerwürfnis.

*♂ im 12. Feld*

Eheleute, Freunde und Geschäftspartner bauen auf gegenseitiges Vertrauen. Selbst ein harmonischer Mars in diesem Feld kann das Vertrauen in Frage stellen, da der Mars-Partner zu Indiskretionen neigt. Voreilige Äußerungen können der Anlaß sein, daß eine Beziehung zerbricht.

*

♂ ⚹, △ ♂

Die Partner stimmen in ihren Willensäußerungen überein. Die Intensität ihrer Tatkraft hat die gleiche Wellenlänge. Gemeinsam läßt sich viel erreichen, auch wenn es um körperliche Belange geht wie z.B. bei einer Sportgemeinschaft. Partner gleichen Geschlechts stellen ihre Führungsansprüche gemeinsam und erzielen damit gute Erfolge. Die Partner profitieren voneinander. In einer Liebesbindung wird die sexuelle Anregung verstärkt.

♂ ☌, □, ☍ ♂

Die Konjunktion kann, bei weiteren harmonischen Aspekten, zwischen Liebenden das Sexuelle steigern. Starkes Triebverlangen.

Bei weiteren disharmonischen Aspekten erzeugt die Konjunktion hingegen Feindschaft bis zur körperlichen Bedrohung. Auch die anderen Aspekte bewirken sinnliche Anziehung, doch zugleich reizen sich die Partner, sodaß Streit unvermeidbar ist, manchmal bis zur tätlichen Auseinandersetzung. Für Ehe und Geschäftsverbindung ungünstige Aspekte. Auch Freundschaften halten den ständigen Angriffen auf die Dauer nicht stand.

♂☌, ✶, △♃

Die Mars-Jupiterverbindung bedeutet Expansion und Leistungssteigerung. Harmonisch aspektiert regt die Konjunktion zu guter Zusammenarbeit an, sei es freundschaftlich oder beruflich. Ehepartner ergänzen sich. Religiöse und weltanschauliche Übereinstimmung. Die Willensimpulse des Mars verbinden sich mit der Großzügigkeit des Jupiters. Bei vorherrschendem Optimismus werden die Partner vom Unternehmungsgeist beflügelt. Günstig für soziale, rechtliche und religiöse Fragen. Die kritisch aspektierte Konjunktion bietet manche Konfliktstoffe, sodaß Differenzen unvermeidbar sind.

♂□, ☍♃

Es reißen Gegensätze auf, die sich nicht überbrücken lassen. Die Partner verschanzen sich hinter ihren eigenen Standpunkten. Der Mars Partner will den Jupiter-Partner nicht verstehen und der Jupiter-Partner hält den anderen für zu egoistisch. Schlecht für eine Ehe, weil die Scheidung praktisch schon vorprogrammiert ist. Auch Geschäftspartner kommen, auf die Dauer gesehen, nicht miteinander aus. Die Agressivität des Mars-Partners wird auch eine Freundschaft gefährden. Zusammenarbeit verspricht keine gedeihliche Entwicklung.

♂✶, △♄

Auch die harmonischen Aspekte sind von hemmender Wirkung. Dem marsischen Willensimpuls wird der Schwung genommen. Saturn bürdet Lasten auf. Der Gedanke an die Pflicht wird Leitfaden. Einmal ins Auge gefaßte Aufgaben und gemeinsame Schwierigkeiten bewältigt man, genau so wie eine Krise in der Ehe. Zwischen Freunden oder Geschäftspartnern können organisatorische Aufgaben systematisch durchgeführt werden.

♂ ☌,□,☍ ♄

Der Mars-Partner mit seiner Neigung zur Agression und der Saturn-Partner mit seinen Einschränkungen stehen sich gegenseitig im Weg. Es sind harte Aufgaben zu bewältigen und Pflichterfüllung wird zur Qual. Aufregungen und Anfeindungen durchziehen solche Beziehungen, sei es in der Ehe oder in der Freundschaft. Die Partner finden nicht den richtigen Ton füreinander. Je mehr sich die Partner in ihrer Haltung versteifen, desto komplizierter die Auswirkung, die letztlich nur zu einer Trennung führt.

♂ ✱,△ ⛢

Was der Mars-Partner an Energie aufbringt, ergänzt sich in recht eigenwilliger Art mit uranischer Intuition. Daraus resultieren recht eigenwillige, manchmal auch ungewöhnliche Ergebnisse. Altes wird abgebaut, um dem Neuen Platz zu verschaffen. Das kann zu guten schöpferischen Leistungen führen im Geschäft, in der Freundschaft oder in der Ehe. Es ist das Besondere, was die Partner anzieht, auch in der Liebe. Unter Liebenden bekommt das Sexuelle einen ungewöhnlichen Akzent.

♂ ☌,□,☍ ⛢

In diesen Aspekten steckt Explosivstoff. Besonders die Konjunktion birgt die Gefahr plötzlicher Zusammenstöße, wobei der Mars-Partner sich gegenüber dem Uranus-Partner behaupten will. Es bedarf manchmal nur eines kleinen Anstoßes, um eine Trennung mit lautem Knall zu bewirken. Das gilt für Ehe und Freundschaft. Plötzliche Aufregungen, denen heftige Meinungsverschiedenheiten vorausgehen. Auch Untreue kann in einer Liebesbindung zur plötzlichen Trennung führen.

♂ ✱,△ ♆

Der Neptun-Partner wird immer in einer Abhängigkeit zum Mars-Partner stehen. Im positiven Sinn werden die Willensimpulse des Mars-Partners durch die Verständigungsbereitschaft des Neptun-

Partners in produktive Bahnen gelenkt. Wünsche und Hoffnungen des Neptun-Partners erhalten durch den Mars-Partner Ansporn zur Verwirklichung. In allen diesen Beziehungen sind es in erster Linie die psychischen Reaktionen, denen Beachtung zu schenken ist.

♂ ☌, □, ☍ ♆

Schlechte Aspekte für eine Zusammenarbeit. Täuschungen und Intrigen belasten die Partner. Im Geschäftsleben können Unregelmäßigkeiten eines Partners zu finanziellen Verlusten führen. In der Liebe untergraben Verführbarkeit und Perversion die Beziehung. In der Freundschaft fehlt es an Aufrichtigkeit. Durch Tricks und Drehs wird Wahrheit vorgetäuscht. Illusionen täuschen über nicht erreichbare Ziele hinweg.

♂ ✶, △ ♇

Je nach den ergänzenden Aspekten läßt sich beurteilen, ob großangelegte Geschäfte und Finanzverbindungen nützlich sind. Starke Leidenschaften im Liebesleben, die das normale Maß überschreiten.

♂ ☌, □, ☍ ♇

Nur sehr harmonische zusätzliche Aspekte können das Gewalttätige dieser Konstellation abbauen bzw. mildern. Ereignisse, sei es im Geschäftsleben, in der Freundschaft oder in der Ehe können weittragende Auswirkungen haben. Schicksalsschläge, die ihren Tribut verlangen.

♂ ✶, △ ☊

Gut für alle triebhaften Bindungen. Durch gemeinsames Wollen verbunden, helfen sich die Partner gegenseitig.

♂ ☌, □, ☍ ☊

Es entstehen Streit und Auseinandersetzungen, die zu einer Trennung führen können.

♂ ✱ ,△ *Asz.*

Der Aszendent-Partner ist der Empfangende, der Mars-Partner ist der Gebende. Liebende üben gegenseitig einen starken erotischen Reiz aufeinander aus. Die Zusammenarbeit der Partner ist gut. Der Mars-Partner ist die treibende Kraft.

♂ ☌,□,☍ *Asz.*

Der Mars-Partner will in dieser Verbindung herrschen und seinen Einfluß zur Geltung bringen. Der Aszendent-Partner fühlt sich beunruhigt. Es kann zu Aufregungen, ja zu Tätlichkeiten kommen. Einerseits fühlen sich die Partner angezogen, andererseits kann, besonders in der Liebe Eifersucht zu einer Belastung werden. Die Opposition macht hierin besonders anfällig.

♂ ✱ ,△ *MC*

Die privaten und geschäftlichen Interessen des MC-Partners können durch den Mars-Partner eine gute Förderung erhalten. Gutes Zusammenwirken der Partner.

♂ ☌,□,☍ *MC*

Es entsteht Unzufriedenheit, weil der Mars-Partner dominieren will und der MC-Partner sich dadurch eingeengt fühlt. Im Berufsleben kommt es zwischen den Partnern zu Reibereien. Häusliche und berufliche Schwierigkeiten fallen bisweilen zusammen. Der eine Partner mißgönnt dem anderen seine soziale Stellung.

## 32. Jupiter im Partnerhoroskop

Jupiter übt eine Speicherungsfunktion aus. Er gilt auch als der Planet der Vernunft. Unter seinem Einfluß gedeihen Wachstum und Fülle. Er ist ferner der Planet des Rechtes und der Gerechtigkeit. Er ist ein Ordnungsprinzip. Bei Jupiter ist alles wohltemperiert: seine Güte, seine Aktivität. Er regt an, aus dem Vorhandenen das Beste zu machen, es möglichst noch zu mehren. Jupiter ist der Planet der Ordnung, weil nur durch sie das Leben in harmonischen Bahnen verlaufen kann. Unter Partnern wünscht man sich harmonische Jupiter-Aspekte. Sie tragen zur harmonischen Entwicklung in der Ehe bei, sie geben Geschäftspartnern eine gute, allseitig zufriedenstellende Vertragsbasis. Gute Jupiteraspekte verstärken die Übereinstimmung zwischen Partnern. Sehr disharmonische Aspekte auf den Jupiter können eine Ehe oder Vertragsabschlüsse verhindern oder führen zur Trennung und zum Vertragsbruch.

*

♃ *in* ♈

Jupiter schenkt hier Großzügigkeit. Er setzt sich für die Interessen des Partners ein und unterstützt gemeinsame Unternehmungen. Bei disharmonischen Aspekten wird Großzügigkeit zur Verschwendung. Die guten Eigenschaften werden vorgetäuscht.

♃ *in* ♉

Die Partner finden sich in gemeinsamen materiellen und finanziellen Interessen zusammen. Gemeinsam wird Mehrung des Besitzes angestrebt. Sinn für Erwerbssicherung. Disharmonische Aspekte schaffen Uneinigkeit in Finanz- und Besitzfragen. Genußfreude kann in Genußsucht ausarten.

♃ *in* ♊

Vielseitige Interessen und Verbindungen fördern regen Austausch. Man protegiert andere und wird protegiert. Disharmonische Aspekte führen nur zu oberflächlichen Verbindungen, die jeglichen Tiefgang in den Beziehungen vermissen lassen.

♃ *in* ♋

Die angenehmen Seiten des Lebens werden bewußt genossen. Viel Freude am Schönen. Gesunde Genußfreudigkeit. Es besteht ein ausgeprägter Familiensinn. Disharmonische Aspekte machen geneigt, alles im Übermaß zu tun.

♃ *in* ♌

Selbstvertrauen und Selbstsicherheit strahlen auf den Partner über. Es wird gern die Gönnerrolle übernommen. Neigung zur Entfaltung von Pracht und Prunk. Bei disharmonischen Aspekten stört die zur Schau getragene Eitelkeit.

♃ *in* ♍

Recht und Ordnung bestimmen das Verhältnis zueinander. Das Zusammenleben oder die Zusammenarbeit gestalten sich harmonisch. Der Partner wird nach seinen moralischen Qualitäten eingeschätzt. Disharmonische Aspekte fördern einen störenden Egoismus, auch können gegensätzliche Weltanschauungen Disharmonie verursachen.

♃ *in* ♎

Beliebtheit durch wohltätiges Wirken. Tolerantes Denken und Handeln. Hilfsbereitschaft aus dem Wunsch, Gutes zu tun. Disharmonische Aspekte auf den Jupiter führen zur Verschwendung und zur Sorglosigkeit in finanziellen Dingen. Verluste dadurch.

♃ *in* ♏

Aktivierung der Genußfreude und des Trieblebens. Einerseits materialistisch eingestellt, besteht andererseits auch Sinn für Esoterik und die Grenzgebiete. Disharmonische Aspekte führen zu einer ungesunden Steigerung des Trieblebens. Schädliche Folgen der Genußsucht.

♃ *in* ♐

Man urteilt und beurteilt nach moralischen Grundsätzen. Gerechtigkeit ist der Leitfaden. Mehrung des Wissens. Religiosität. Vielseitige geistige Interessen. Disharmonische Aspekte machen die Einstellung zum Recht subjektiv. Moralische Grundsätze werden mißachtet.

♃ *in* ♑

Wohltemperierter Ehrgeiz. Gesundes, erfolgreiches Streben. Diplomatisches Vorgehen. Vertrauenswürdigkeit. Disharmonische Aspekte fördern ungesunden Ehrgeiz und egoistisches Handeln. Die moralischen Qualitäten werden vorgetäuscht.

♃ *in* ♒

Menschlichkeit und eine soziale Gesinnung bestimmen den Umgang mit anderen. Freundschaftliche Einstellung zur Umwelt. Beliebtheit. Bei disharmonischen Aspekten Mangel an Diplomatie und verletzende Offenheit.

♃ *in* ♓

Gastlichkeit verbindet sich mit Genußfreude. Streben nach Harmonie und nach den kleinen Freuden des Lebens. Kunst wird als Ausdruck des Schönen genossen. Bei disharmonischen Aspekten ist die Einstellung zu den Finanzen falsch. Übertreibungen in der Verwendung der Mittel. Abhängigkeit von Genußmitteln.

*

♃ *im 1. Feld*

Offenheit und Ehrlichkeit bestimmen das Verhältnis zueinander. Vertrauen gegen Vertrauen. Förderung der sozialen Belange unter Partnern. Tatkräftiger Einsatz füreinander. Disharmonische Aspekte machen die Beziehung zueinander unausgeglichen. Launen und Untugenden verursachen Störungen.

♃ *im 2. Feld*

Großzügigkeit und Freigebigkeit üben auf den Partner einen guten Einfluß aus. Günstig für gemeinsame geschäftliche Unternehmen. Gemeinsame finanzielle Unternehmen können den Wohlstand fördern. Bei disharmonischen Aspekten besteht Gefahr der Verschwendung oder des falschen Einsatzes der Mittel.

♃ *im 3. Feld*

Das entgegenkommende Wesen erleichtert einen guten Kontakt

mit der engeren Umwelt, mit den Geschwistern, den Nachbarn, den Partnern. Die Freude an der Abwechslung regt zu vielseitigen Verbindungen an. Disharmonische Aspekte stören oder verhindern gute Beziehungen.

♃ *im 4. Feld*
Anhänglichkeit und Familiensinn. Gute Beziehungen zu den Eltern. Die familiären Kontakte werden unter den Partnern gepflegt. Empfänglichkeit für alle Eindrücke, die Heimat und Elternhaus betreffen. Disharmonische Aspekte verschlechtern die familiären Bindungen.

♃ *im 5. Feld*
Vertrauen und Selbstvertrauen strahlen die Partner aus. Liebende streben eine Ehe an. Gut für die Erziehung gemeinsamer Kinder. Schöpferische Zusammenarbeit auf kulturellem Gebiet. Sinn für Spiel und Spekulation. Disharmonische Aspekte führen zu Fehlspekulationen. Vergnügungssucht.

♃ *im 6. Feld*
Die Beziehung wird nach sittlichem und moralischem Maßstab gewertet. Beste Voraussetzung für Zusammenarbeit am gemeinsamen Arbeitsplatz. Gegenseitige Unterstützung. Disharmonische Aspekte können einen Partner zu sorglos machen, sodaß Verluste die Verbindung untergraben.

♃ *im 7. Feld*
Sehr gute Position für eine eheliche Bindung. Die Partner wissen, was sie voneinander zu halten haben, und sie respektieren sich gegenseitig. Gut für kulturelle oder geschäftliche Zusammenarbeit, besonders in Verbindung mit Öffentlichkeitsarbeit. Die Partner erlangen Popularität. Bei disharmonischen Aspekten kann Leichtsinn und Sorglosigkeit die Beziehung belasten und gefährden.

♃ *im 8. Feld*
Streben nach Genuß und Besitz. Starkes Triebleben. Eine materielle Gesinnung, durch die finanzielle Angelegenheiten des Part-

ners gefördert werden. Disharmonische Aspekte verursachen unter Geschäftspartnern Verluste. Manchmal ist Untreue im Spiel.

♃ *im 9. Feld*

Die Partner pflegen materielle und geistige Werte. Für weltanschauliche Ansichten wird gegenseitig viel Verständnis aufgebracht. In religiösen Fragen herrscht Toleranz. Auslandsverbindungen und Auslandsreisen sind mitunter wichtig. Bei disharmonischen Aspekten verkennen oder überschätzen die Partner die gemeinsamen Möglichkeiten und unterliegen Trugschlüssen.

♃ *im 10. Feld*

Verantwortungsbewußtsein und Vertrauen fördern die beruflichen Belange der Partner. Sie stärken zugleich ihre soziale Stellung. Sehr gut für kulturelle, pädagogische oder weltanschauliche Zusammenarbeit. Bei disharmonischen Aspekten können die gemeinsamen Möglichkeiten überschätzt werden.

♃ *im 11. Feld*

Kameradschaftlichkeit und Geselligkeit bestimmen die Verbindung. Die Partner kommen sich menschlich näher und planen gemeinsam. Guter freundschaftlicher Kontakt und gute Zusammenarbeit. Bei disharmonischen Aspekten können Eigenwilligkeiten des einen Partners die Verbindung stören. Von der Beziehung wird mehr erwartet als diese tatsächlich zu geben vermag.

♃ *im 12. Feld*

Der Jupiter-Partner kann dem anderen materielle Hilfe geben oder ihn protegieren. Schwierigkeiten und Hindernisse werden so abgebaut. Es entsteht ein Zustand der Zufriedenheit. Disharmonische Aspekte führen zu Verlusten, die das Verhältnis der Partner trüben.

*

♃☌, ✶ ,△♃

Glückliche Aspekte für Ehe, Freundschaft und für Geschäftspartner. Die Beziehungen sind von gegenseitiger Sympathie getragen.

Toleranz bestimmt die Haltung, auch in weltanschaulichen und religiösen Fragen.

♃□,☍♃

Weder für Ehe, Freundschaft oder Geschäftspartner günstig. Intoleranz gegenüber anderen Meinungen erschwert den Kontakt. Gegensätzliche Auffassungen können zu Prozessen führen. Schlecht für finanzielle und rechtliche Regelungen.

♃ ✱,△♄

Der Wunsch, einer eingegangenen Bindung Dauer zu verleihen, bestimmt die Haltung der Partner. Das gilt für Heiratswillige, das gilt für Verträge unter Geschäftspartnern. Disharmonische Aspekte auf Jupiter können das allerdings zunichte machen.

♃☌,□,☍♄

Besonders die Konjunktion muß in ihren Auswirkungen unter Einbeziehung der zusätzlichen Aspekte gewertet werden. Harmonische Aspekte geben der Verbindung Lebensernst und soziale Verantwortung. Disharmonische Aspekte wirken wie Quadrat und Opposition. Keine Übereinstimmung der Partner, dies besonders in Besitz- und Finanzfragen. Schwierigkeiten in der Ehe, die eine Trennung bewirken können. Rechtliche Schwierigkeiten in Geschäftsangelegenheiten.

♃ ✱,△♅

Plötzlicher Zusammenschluß durch Interessengemeinschaft. Es können richtungweisende Impulse den Anstoß zu einer Zusammenarbeit geben, die als schöpferisch anzusehen ist. Es sind meistens ideelle und wirtschaftliche Dinge, die zusammenwirken. Der Uranus-Partner vertritt die ideelle und der Jupiter-Partner die wirtschaftliche Seite.

♃☌,□,☍♅

Die Konjunktion kann durchaus positiv sein, wenn im Zusammenklang andere harmonische Aspekte hinzukommen. Es kommt zu einer geistigen Befruchtung. Es sind originelle Ergebnisse zu erwarten. Sonst steckt in den anderen disharmonischen Aspekten viel Zündstoff. Die Auffassungen der Partner klaffen weit auseinander. Durch Versteifung auf die Standpunkte kommt es oft zu plötzlicher Trennung, die unter Umständen wie eine Befreiung wirkt.

♃☌, ✱ ,△♆

Die Konjunktion kann nur positiv gewertet werden, wenn keine disharmonischen Aspekte hinzukommen. Es verschwimmen sonst Traum und Wirklichkeit ineinander. Das Erwachen ist dann ernüchternd. Sonst wecken die harmonischen Aspekte ideale Vorstellungen, die auf den Partner projiziert werden. Gemeinsame Wünsche und Hoffnungen der Liebespartner sind ideeller Natur, für die sie sich einsetzen. Künstler finden viele gegenseitige Anregungen. Schöngeistigkeit oder Religion können in der Beziehung ein belebendes Element sein.

♃□,☍♆

Wünsche und Wirklichkeit decken sich nicht. Die Partner kommen mit ihren Vorstellungen nicht zueinander. Das Ergebnis sind Enttäuschungen. Wenn die Partner glauben, Gemeinsames gefunden zu haben, erweist sich diese Hoffnung als eine Illusion. Das stellt auf die Dauer eine Beziehung in Frage.

♃☌, ✱ ,△ ♇

Die Konjunktion muß vorsichtig geprüft werden. Sie kann positiv gewertet werden, wenn weitere harmonische Aspekte hinzukommen. Menschen, die gemeinsam wirtschaftliche Aufgaben zu lösen oder wichtige finanzielle Regelungen zu treffen haben, gehen sehr mutig an Entscheidungen, die mitunter weittragende Auswirkungen haben. Im allgemeinen sollten aber die Erwartungen nicht überspannt werden. Unter Partnern kann sich wirtschaftlicher oder finanzieller Nutzen ergeben. Die Initiative geht vom Pluto-Partner aus.

♃□,☍ ♇

Für gemeinsame Lösung von wirtschaftlichen oder finanziellen

Fragen ein schlechter Aspekt. Die Partner mißtrauen einander oder sehen sich sogar betrogen. Es kann zu materiellen Verlusten kommen.

♃☌, ⚹ ,△☊

Aspekte, die eine Verbindung harmonisch gestalten. Gegenseitiges Verständnis fördert die gute Zusammenarbeit. Die Impulse gehen meistens vom Jupiter-Partner aus.

♃□,☍☊

Mangel an gegenseitigem Verständnis erschwert eine Zusammenarbeit. Es fehlt an gegenseitiger Hilfsbereitschaft. Vorurteile können die Beziehung ebenfalls belasten.

♃☌, ⚹ ,△ *Asz.*

Die Konjunktion hat die stärkste Auswirkung. Die Partner verstehen sich nicht nur gut, der Jupiter-Partner kann einen fördernden Einfluß auf den Aszendent Partner ausüben. Geschäftsverbindungen entwickeln sich günstig. Soziale Fragen finden eine zufriedenstellende Lösung. Liebende profitieren von diesen Aspekten, oft kommt es zu einem Eheschluß.

♃□,☍ *Asz.*

Die Opposition kann, wenn weitere harmonische Aspekte hinzukommen, günstig gewertet werden. In Partnerschaften wirkt sie anregend. Das Quadrat hingegen macht die unterschiedlichen Auffassungen deutlich. Ein Zusammenwirken ist erschwert. Unregelmäßigkeiten des einen Partners belasten die Beziehung. Manchmal spielen Vertragsschwierigkeiten hinein.

♃☌, ⚹ ,△ *MC*

Für die beruflichen und sozialen Angelegenheiten der Partner eine glückliche Entwicklung durch gegenseitige Förderung. Gute Aspekte für Geschäftspartner und solche, die in gesellschaftlichen Beziehungen stehen.

♃□,☍ *MC*

Bei der Opposition ist der Jupiter-Partner mehr auf die häuslichen Belange des MC-Partners ausgerichtet, zum Beruf wird Distanz gehalten. Mangel an Verständnis für das Berufsleben kann das Quadrat verursachen.

## 33. Saturn im Partnerhoroskop

Saturn ist das Prinzip der Verdichtung, der Konzentration. In seiner besten Auswirkung regt er zur Pflichterfüllung und zu starker Leistung an. Er verleiht Ausdauer und Zähigkeit, wenn es darum geht, ein Ziel zu erreichen. Saturn schenkt uns die Lebenserfahrungen, ohne die es zu keiner Reife kommt. In seinen kritischen Auswirkungen bereitet er Lebensangst und verursacht Hemmungen. Mißtrauen kann Beziehungen schwer belasten. Unter Partnern sind die harmonischen Aspekte ganz entschieden die wünschenswerteren, weil die disharmonischen Aspekte sich als Prüfungen anzeigen.

♄ *in* ♈

Arbeitseifer und Zielstrebigkeit harmonisch aspektiert und disharmonisch tritt Trotz und Eigensinn störend auf.

♄ *in* ♉

Konservative Einstellung. Beharrlichkeit. Es wird materielle Sicherheit angestrebt. Disharmonische Aspekte machen schwerfällig, berechnend und kleinlich.

♄ *in* ♊

Lerneifer. Gewissenhaftigkeit. Gründlichkeit in der Zusammenarbeit. Disharmonische Aspekte machen engherzig und schüchtern.

♄ *in* ♋

Beherrschtes Gefühlsleben. Mangelnde Kontaktfreudigkeit zu Verwandten. Bei disharmonischen Aspekten Empfindlichkeit und Unzufriedenheit.

♄ *in* ♌

Zuverlässigkeit und Treue. Diplomatisch und vorsichtig. Wenige, dafür ausgesuchte Kontakte. Disharmonische Aspekte verursachen Hemmungen, die die vorhandenen Fähigkeiten nicht zur Geltung kommen lassen.

♄ *in* ♍

Sorgfalt und Gründlichkeit im Denken und Handeln. Ernste Lebensauffassung. Disharmonische Aspekte verleiten zum Nörgeln. Pedanterie.

♄ *in* ♎

Kameradschaftlichkeit und Gewissenhaftigkeit. Bei disharmonischen Aspekten stören selbstsüchtige Bestrebungen.

♄ *in* ♏

Lebensernst. Vertiefung in Probleme. Ausdauer, um ein Ziel zu erreichen. Disharmonische Aspekte verursachen Lebensangst, machen hart und melancholisch.

♄ *in* ♐

Gerechtigkeit. Sinn für philosophisches oder religiöses Denken. Disharmonische Aspekte lassen Zweifel aufkommen. Man fühlt sich vereinsamt.

♄ *in* ♑

Durch Fleiß und Ausdauer viel erreichen. Methodisches Vorgehen. Sicheres Vorwärtskommen. Disharmonische Aspekte machen einseitig und eigenwillig.

♄ *in* ♒

Zuverlässiger Partner bei sozialen Bestrebungen. Reformen oder

Neuerungen verwirklichen. Disharmonische Aspekte bewirken undurchführbare Unternehmen und unrealistische Pläne.

♄ *in* ♓
Zurückhaltung. Selbstbeschränkung, die aber auch zur Vereinsamung führen kann. Bei disharmonischen Aspekten mangelnde Anerkennung. Depressionen. Es fehlt an Initiative.

*

♄ *im 1. Feld*
Verantwortungsbewußte Einstellung in der Bewältigung gemeinsamer Aufgaben. Konstruktive Planungen. Bei disharmonischen Aspekten wird der Partner als Belastung empfunden, die man abschütteln möchte.

♄ *im 2. Feld*
Stabilisierender Einfluß auf wirtschaftliche und finanzielle Angelegenheiten der Partner. Methodisches Vorgehen. Zu starkes Sicherheitsbedürfnis, um riskante Einsätze zu wagen. Disharmonische Aspekte führen zu finanziellen Verlusten, weil ein Partner nur seinen eigenen Vorteil im Auge hat.

♄ *im 3. Feld*
Günstig für gemeinsame organisatorische Aufgaben. Gut für ein gemeinsames Studium oder für eine gemeinsame schriftliche Zusammenarbeit. Disharmonische Aspekte verunsichern die Partner und stören die Zusammenarbeit.

♄ *im 4. Feld*
Partnerschaften, die durch die Familie stark beansprucht werden, sind nur bei einem harmonischen Saturn nicht gefährdet. Es kann sogar mit der Hilfe des Saturn-Partners in häuslichen und familiären Fragen gerechnet werden. Bei einem disharmonisch aspektierten Saturn bleibt die Familie besser aus dem Spiel.

♄ *im 5. Feld*

Saturn steht der Abenteuerfreudigkeit dieses Feldes im Weg. Experimente und Abenteuer des Partners werden gebremst, allenfalls wohlwollend beurteilt. Bei disharmonischem Saturn wird das Vorgehen des Partners verurteilt.

♄ *im 6. Feld*

Saturn festigt die Beziehungen von Partnern am Arbeitsplatz. Guter Erfahrungsaustausch befruchtet die gemeinsame Arbeit. Ein disharmonisch aspektierter Saturn erschwert die Arbeitsbedingungen.

♄ *im 7. Feld*

Ein harmonischer Saturn gibt der Ehe, der Freundschaft und den Geschäftspartnern Ernsthaftigkeit im gemeinsamen Wollen. Der disharmonisch aspektierte Saturn gefährdet die Ehe, auch andere Partnerschaften. In den meisten Fällen kommt es zur Trennung.

♄ *im 8. Feld*

Gute Zusammenarbeit der Partner, besonders, wenn es um Geld, Besitz oder Erbschaften geht. Der disharmonische Saturn verhindert Erbschaft, verursacht Verluste unter Partnern. Es kann dadurch zur Trennung kommen.

♄ *im 9. Feld*

Die gemeinsame geistige Haltung bindet. Es geht um größere Zielsetzungen. Gemeinsam wird manches unternommen, das der Erweiterung des geistigen Horizontes zugute kommt. Disharmonische Aspekte verursachen unterschiedliche Auffassungen, die ein Verstehen unmöglich machen.

♄ *im 10. Feld*

Die berufliche Karriere des einen Partners kann durch den Einsatz des anderen günstig beeinflußt werden. Disharmonische Saturn-Aspekte hingegen lassen Rivalität und Eifersucht aufkommen. Die Beziehung ist gefährdet. Das trifft auch für Ehe und Freundschaft zu.

♄ *im 11. Feld*

Gute freundschaftliche Beziehungen, selbst wenn ein größerer Altersunterschied besteht. Der Saturn-Partner protegiert den anderen. Bei einem disharmonischen Saturn ist das Gegenteil zu erwarten.

♄ *im 12. Feld*

Der Saturn-Partner fühlt sich auch bei harmonischer Aspektierung unfrei, wenn der Planet ins 12. Feld des anderen fällt. Die Partner sind Gemeinsamkeiten ausgesetzt, die sie sich nicht gewünscht haben und denen sie nicht ausweichen können. Es ist eine schicksalhafte Verknüpfung.

*

♄☌, ✱,△♄

Vorausgesetzt, daß die ergänzenden Aspekte harmonisch sind, dann halten die Partner zusammen. Sie können Schwierigkeiten gemeinsam überwinden. Die Lebenserfahrungen des einen Partners kommen dem anderen zugute. Die Partner wissen, was sie voneinander zu halten haben. Sie denken realistisch und machen sich keine Illusionen. Das bewahrt vor Enttäuschungen.

♄□,☍♄

Die Lebenserfahrungen der Partner liegen auf verschiedenen Ebenen. Es kommt zu keiner Übereinstimmung. Mangelndes Verständnis führt zu Hemmungen, die nicht überwunden werden können. Es sind für Liebende und Geschäftsleute denkbar ungünstge Aspekte, denn aus einem Miteinander wird ein Nebeneinander und führt zuletzt zu einem Auseinander.

♄✱,△♅

Ergänzende harmonische Aspekte sind wünschenswert. Diese Aspekte sind nur bedingt günstig. Die Partner respektieren sich, wobei der Uranus-Partner wohl die Anregungen in dieser Beziehung gibt. Der Saturn-Partner kann mit Erfahrungen aufwarten. Gerade bei beruflicher Zusammenarbeit erweist sich das als sehr nützlich.

♄☌,□,☍♅
Das uranische Fortschrittsdenken verträgt sich nicht mit der konservativen, unbeweglichen Haltung des Saturn-Partners. Die Partner werfen sich gegenseitig Unverträglichkeit vor. Es kann zu heftigen Auseinandersetzungen kommen. Mangel an gegenseitigem Verstehen führt am Ende zur Trennung.

♄ ✱,△♆
Allein, ohne harmonische ergänzende Aspekte, sind dieses empfindliche Konstellationen. Der realistische Saturn-Partner paßt so gar nicht zu dem neptunischen Träumer. Es kommt sehr viel auf die Aufgaben an, die die Partner gemeinsam lösen wollen. Von vornherein sollten die Partner die Erwartungen nicht zu hoch schrauben.

♄☌,□,☍♆
Unklarheiten und Täuschungen sind unvermeidbar. Illusionen tragen dazu bei, daß die Partner gegenseitig an ihrer Glaubwürdigkeit zweifeln. Das führt langsam, aber sicher zur Zerrüttung der Beziehungen, sei es in der Liebe, in der Freundschaft oder im Geschäftsleben. Vertrauensmißbrauch kann den Ruf gefährden, auch Betrug. Intrigen belasten die Partner.

♄ ✱,△ ♇
Günstige Aspekte, wenn die Partner schwere geistige oder körperliche Leistungen zu vollbringen haben. Gegenseitige Hilfe durch Zähigkeit und Ausdauer. Zwischen den Partnern herrscht Disziplin. Gut für gemeinsame ernste Studien oder Forschungsarbeiten.

♄☌,□,☍ ♇
Die Verbindungen leiden an einer Unverträglichkeit. Diese Aspekte fanatisieren die Partner. Sie führen zur Strenge, der auch Gewaltsamkeit anhaften kann. Starker beiderseitiger Egoismus stört.

♄ ✱,△☊
Gut durchdachte Zusammenarbeit und Gemeinschaftsbestrebungen. Die Verbindungen zeichnen sich durch Stetigkeit aus.

♄☌,□,☍☊

Störungen im Gemeinschaftsleben. Mangelnde Anpassung führt zu Mißverständnissen, die zu einem Auseinandergehen führen.

♄ ✶,△ *Asz.*

Verstärktes Zusammengehörigkeitsgefühl. Der Saturn-Partner bringt seine Lebenserfahrungen in diese Beziehung ein. Das gilt für Ehe, Freundschaft und Geschäft.

♄☌,□,☍ *Asz.*

Ungünstig für Partnerschaften aller Art. Der Aszendent-Partner fühlt sich vom Saturn-Partner eingeengt. Er ist gehemmt, empfindet einen Zwang in der Verbindung und möchte deshalb eine Trennung der Beziehung herbeiführen.

♄ ✶,△ *MC*

Gut für berufliche oder geschäftliche Partner. Soziale Ziele werden gemeinsam angestrebt. Der Saturn-Partner unterstützt das Wollen des MC-Partners.

♄☌,□,☍ *MC*

Die Konjunktion steht einer Zusammenarbeit im Beruf oder im Geschäftsleben am stärksten im Weg. Die Partner übersehen sich bietende Chancen. Bei der Opposition können familiäre oder häusliche Behinderungen die Beziehung beeinträchtigen. Ungünstige Auswirkungen auf die soziale Stellung der Partner.

## 34. Uranus im Partnerhoroskop

Mit Saturn ist die klassische Siebenheit der Gestirne abgeschlossen. Uranus ist der erste der drei neuen Planeten, dem wir uns jetzt zuwenden wollen.

Uranus, Neptun und Pluto ziehen ihre Kreise um die Sonne sehr langsam. Uranus braucht 84 Jahre, um einmal den Tierkreis zu durchwandern. Er hält sich etwa sieben Jahre in einem Zeichen auf, daher haben ganze Jahrgänge den Planeten Uranus in fast der gleichen Position in ihren Horoskopen.

Uranus ist der Planet der Plötzlichkeit, der Umwälzung. Er bereitet die von ihm ausgelösten Ereignisse sehr langsam vor, um sie dann impulsiv in Erscheinung treten zu lassen. Er reißt Altes zuvor erst einmal bis auf den Grund ein, um dann neu und schöner aufzubauen.

Betont uranisch geprägte Menschen strahlen eine Faszination aus, der man sich nicht entziehen kann. Es sind Individualisten, die gern ihre eigenen Wege gehen. Sie haben ein bemerkenswertes Einfühlungsvermögen. Aufgeschlossenheit für alles Neue, verbunden mit erfinderischen Fähigkeiten. Der merkurische Verstand erfährt durch Uranus eine schöpferische Steigerung.

*

♅ im 1. Feld

Intensives Eingehen der Partner aufeinander. Mitunter Sinn für gemeinsame Abenteuer. Verwirklichung fortschrittlicher Ideen. Es werden neue Wege gesucht und gefunden.

♅ im 2. Feld

Der Uranus-Partner erweist sich als erfinderisch beim Aufreißen neuer Geldquellen. Er regt mit ungewöhnlichen Methoden den Partner an, die Finanzen und den Besitz zu mehren. Disharmonische Aspekte führen zu plötzlichem Ruin.

♅ im 3. Feld

Anregend für Partner, die mit pädagogischen, wissenschaftlichen oder technischen Aufgaben betraut sind. Mitunter werden ebenso originelle wie ungewöhnliche Wege beschritten, um Althergebrachtes auf eine ganz neue Basis zu stellen.

♅ im 4. Feld

Das häusliche Leben der Partner ist unruhig. Es kommt zu plötzlichen Veränderungen. Manchmal werden Traditionen über den Haufen geworfen, weil der Uranus-Partner glaubt, nur das Neue habe eine Zukunft.

♅ im 5. Feld

Die Partner sind erotisch voneinander fasziniert. Manchmal plötzlich aufflammende Leidenschaft, die aber selten von Dauer ist. Geschäfts-Partner können sich zu gemeinsamen Spekulationen verleiten lassen, wobei oft das Risiko übersehen wird.

♅ im 6. Feld

Die Wahl ungewöhnlicher Arbeitsmethoden kann Schule machen. In der Technik und in der Strahlenforschung können Uranus-Partner zu neuen Erkenntnissen beitragen. Die Partner überraschen am Arbeitsplatz durch fortschrittliche Methoden. Disharmonische Aspekte entlarven diese Methoden als Utopien.

♅ im 7. Feld

Partner, die im öffentlichen Leben wirken, überraschen mit Inspirationen. Sie zeigen viel Gestaltungskraft. Künstler werden durch Uranus zu neuen, manchmal einmaligen Schöpfungen angeregt. Disharmonische Aspekte auf den Uranus sind kritisch für die Ehe und sonstige Partnerschaft. Es kommt zur Krise und zur Scheidung.

♅ im 8. Feld

Gut für — auch gewagte — geschäftliche Transaktionen. Erbschaftsangelegenheiten finden eine ungewöhnliche Regelung. Disharmonische Aspekte auf den Uranus führen zu Finanzkrisen. Die Partner trennen sich.

♅ im 9. Feld
Der Drang nach Abenteuern kann Partner gemeinsam in fremde Länder führen. Mitunter werden ungewöhnliche Ziele ausgewählt. Disharmonische Aspekte auf den Uranus führen auf Reisen zu mancherlei Mißgeschick, auch kommt es zu weltanschaulichen Konflikten.

♅ im 10. Feld
Den Uranus-Partner reizen ungewöhnliche Lebensziele, denen der andere nicht folgen will oder nicht folgen kann. Es ist viel Unruhe in der sozialen Stellung. Nur harmonische Aspekte sind der Verbindung förderlich, disharmonische bereiten ein abruptes Ende vor.

♅ im 11. Feld
Ein harmonischer Uranus läßt es zu ebenso originellen wie ausgefallenen Freundschaften kommen, von denen der andere Partner profitiert. Ein fortschrittlicher Geist beflügelt die Verbindung. Ein disharmonischer Uranus trägt Unruhe in die Verbindung, die ein sehr jähes Ende nehmen kann.

♅ im 12. Feld
Entweder geheimnisvolle oder geheim gehaltene Beziehungen des Uranus-Partners stören die Verbindung. Geschäftspartner sind dadurch irritiert. Manchmal nur Geheimnistuerei, hinter der gar nichts steckt. Weltfremdheit entfremdet die Partner.

*

♅☌, ✱ ,△♅
Bei der Konjunktion handelt es sich um Gleichaltrige. Sie und die anderen Aspekte wirken harmonisch, wenn Uranus keine kritischen Aspekte empfängt. Die Partner regen sich zu ausgefallenen Unternehmen an. Sie haben originelle und ungewöhnliche gemeinsame Erlebnisse, die der Verbindung etwas Besonderes geben.

♅□,☍♅
Beim Quadrat ist der Altersunterschied 21 Jahre, bei der Opposi-

tion 42 Jahre. Nicht allein die Generationsunterschiede, auch die sich daraus ergebenden gegensätzlichen Auffassungen lassen die Partner nicht zusammenfinden.

♅ ✱,△♆

Unalltägliches und Ungewöhnliches kann die Partner zusammenführen. Unalltägliche Erlebnisse geben der Beziehung ihren besonderen Reiz.

♅☌,□,☍♆

Unalltägliches oder Ungewöhnliches kann die Partner belasten. Die Gedankenwelt der Partner weicht stark voneinander ab. Das führt zwangsläufig zu Mißverständnissen.

♅ ✱,△ ♇

Es sind unbewußte Kräfte, die in diese Verbindung hineinwirken. Sie können dazu beitragen, schicksalhafte Veränderungen gemeinsam durchzuführen.

♅☌,□,☍ ♇

Die Verbindung unterliegt einem Zwang. Die Partner fühlen sich miteinander verbunden, ohne sich innerlich oder äußerlich lösen zu können.

♅ ✱,△☊

Plötzlich geschlossene, manchmal durch ungewöhnlichen Anlaß, entstehende Beziehung, die sich durch eine besondere Note auszeichnet.

♅☌,□,☍☊

So plötzlich wie diese Verbindung eingegangen wird, genau so plötzlich geht sie auch wieder auseinander, meistens verbunden mit Aufregungen.

♅ ✱,△ *Asz.*

Eine plötzliche und unerwartet eingegangene Verbindung kann sich für die Partner als sehr fruchtbar erweisen. Ausgefallene Interessen verbinden die Partner, die ihre Beziehung sehr intensiv empfinden. Der Uranus-Partner macht sie zu einem unalltäglichen Erlebnis.

♅ ☌,□,☍ *Asz.*
Unruhe, plötzliche und unangenehme Überraschungen erschüttern die Beziehung. Eine ebenso plötzlich stattfindende Trennung wird wie eine Befreiung empfunden.

♅ ✶,△ *MC*
Der Uranus-Partner kann das Schaffen des MC-Partners plötzlich und auf ungewöhnliche Weise fördern. Er kann in die Verbindung einen fortschrittlichen, reformerischen Zug bringen.

♅ ☌,□,☍ *MC*
Der Uranus-Partner löst plötzliche Unruhe aus. Er trägt Spannungen in die Beziehung. Sie können das berufliche Leben des MC-Partners nachteilig beeinflussen und auch das familiäre Leben gefährden.

## 35. Neptun und Pluto im Partnerhoroskop

Diese beiden transsaturninen Planeten laufen zu langsam, um eine Bewertung in den einzelnen Zeichen vorzunehmen. Auch auf die Bedeutung in den einzelnen Zeichen wird verzichtet. Wenn Neptun und Pluto in exponierten Positionen im Horoskop stehen, sind sie wichtig. Der Neptun und der Pluto mit den zuvor aufgeführten Gestirnen geben in ihren Aspekten ein klares Bild von ihrer Bedeutung.
Neptun wird als die Oktave der Venus interpretiert. Das ist aller-

dings nur bedingt richtig. Neptun ist das Symbol für Inspiration, Einfühlung, Empfänglichkeit für höhere geistige Eingebungen. Ohne harmonische Neptunaspekte kann kein Künstler schöpferisch wirken.

Neptun ist aber auch das Symbol für die verfeinerte Erotik. Durch Neptun wird Eros lebendig.

Neptun reagiert allerdings sehr empfindlich auf die Aspekte, die er von anderen Gestirnen empfängt. Schon die kleinste disharmonische Aspektierung macht aus Inspiration Illusion und aus höherer Eingebung Täuschung, aus allgemeiner Menschenliebe eine intrigante Lebenseinstellung. In Partnerhoroskopen muß Neptun in erster Linie nach seinen Aspekten beurteilt werden, die er mit den anderen Planeten bildet.

Nicht anders ist es mit Pluto. Wenn der Pluto im Grundhoroskop schwach steht und unbedeutende Aspekte empfängt, wird er von den Horoskopeignern kaum in seinen Auswirkungen wahrgenommen.

Die Einbeziehung Plutos ins Partnerhoroskop ist bisher keinesfalls in den Auswirkungen ausgeschöpft und bleibt daher noch in mancher Hinsicht spekulativ.

Pluto, der auch dem Kollektivbewußtsein zugehörig interpretiert wird, hat einen schicksalsbildenden Charakter, soweit es die karmische Seite unseres Lebens betrifft. Steht Pluto an exponierter Stelle, auch in Verbindung mit dem Partnerhoroskop, sollte man ihm unbedingt Aufmerksamkeit schenken.

Pluto im Aspekt zu Pluto kann im Partnerhoroskop unberücksichtigt bleiben, allenfalls kann die Konjunktion beachtet werden, denn diese finden wir bei Gleichaltrigen. Pluto Konjunktion mit Pluto zeigt Gemeinsames im kollektiven Schicksal an. Je nach den ergänzenden Aspekten in den Partnerhoroskopen wird das Gemeinsame jedoch individuell verschieden erlebt.

*

♆ ☌ ♆

Die Konjunktion zeigt an, daß die Partner gleichen Alters sind. Wenn die Konjunktion einen schöpferischen, inspirativen Einfluß auf die Verbindung haben soll, dann müßten weitere harmonische Aspekte vorliegen. Wird die Konjunktion hingegen disharmonisch aspektiert, kommt es zu Enttäuschungen und illusionären Vorstellungen in der Beziehung.

♆ ⚹,△,□ ♆

Die beiden harmonischen Aspekte ergeben sich bei einem Altersunterschied von 30 oder 60 Jahren. Die Partner sind seelisch harmonisch aufeinander abgestimmt. Das Quadrat entsteht bei einem Altersunterschied von 45 Jahren. Hier ist der seelische Kontakt gestört.

♆ ⚹,△ ♇

Ein belebender Einfluß geht vom Pluto-Partner aus. Es sind unterschwellige Einflüsse, die die seelische Bindung der Partner stärken.

♆ ☌,□,☍ ♇

Diese Aspekte steigern die Sensibilität der Partner. Der Mangel an seelischer Abstimmung kann bei den Partnern Mißtrauen und Furcht wecken.

♆ ⚹,△ ☊

Seelische Übereinstimmung der Partner, die sich besonders für Künstler gut auswirkt und alle, die schöpferisch zusammenarbeiten.

♆ ☌,□,☍ ☊

Mangel an Offenheit und Klarheit in der Beziehung der Partner. Intrigen stören die Verbindung. Mißtrauen untergräbt die Verbindung.

♆ (☌), ⚹,△ *Asz.*

Die harmonischen Auswirkungen treffen nur zu, wenn keine weiteren kritischen Aspekte auf den Aszendenten fallen. Das gilt ganz besonders für die Konjunktion. Starke seelische Beeinflussung des Aszendent-Partners. Künstler inspirieren sich gegenseitig.

♆(☌),□,☍ *Asz.*
Die Partner täuschen sich selber und untereinander. Psychische Belastungen verhindern eine gedeihliche Entwicklung.

♆(☌), ✱ ,△ *MC*
Es müssen weitere harmonische Aspekte vorliegen, dann fördert die seelische Übereinstimmung die beruflichen Kontakte. Die Partner arbeiten schöpferisch zusammen. Künstler profitieren von diesen Konstellationen. Die Partner bringen gegenseitig viel Verständis für die beruflichen und sozialen Zielsetzungen auf.

♆(☌),□,☍ *MC*
Die Partner verheimlichen sich gegenseitig ihre Gedanken. Die Ehrlichkeit wird auf eine harte Probe gestellt. Bei zusätzlichen disharmonischen Aspekten können Intrigen aufkommen, oder es kommt zu einem Skandal.

♇ ✱ ,△☊
Die Verbindung kann wie eine schicksalhafte Fügung empfunden werden, weil unbewußte Kräfte den Zusammenhalt der Partner fördern.

☌,□,☍☊
Die Verbindung wird als schicksalhafte Fügung empfunden, jedoch zugleich als ein Zwang, dem man aus unbewußten Gründen folgt. Trennung durch höhere Gewalt oder nicht voraussehbare Umstände.

♇☌, ✱ ,△ *Asz.*
Die Konjunktion ist nur harmonisch, wenn keine disharmonischen Aspekte hinzukommen. Die Partner üben eine starke Anziehungskraft aufeinander aus. Es ist eine kreative Beziehung in geistiger Hinsicht.

♇(☌),□,☍ *Asz.*
Der Aszendent-Partner fühlt sich vom Pluto-Partner unterdrückt. Es ist eine unglückliche Schicksalsverkettung. Die Beziehung ist reich an Konflikten.

♇(☌), ✱ ,△ *MC*

Die Konjunktion kann nur als günstig angesehen werden, wenn keine disharmonischen Aspekte hinzukommen. Die Partner können ehrgeizige Pläne realisieren. Der Pluto-Partner regt den MC-Partner an, großangelegte Projekte durchzuführen.

♇(☌),□,☍ *MC*

Konfliktreiches Zusammenwirken. Der Pluto-Partner kann den MC-Partner an der Durchführung seiner Aufgaben hindern, in extremen Fällen sogar mit Gewalt. Familiäre, häusliche und berufliche Krisen beeinträchtigen eine gedeihliche Entwicklung.

## 36. Der Aszendent im Partnervergleich

Über die Bedeutung des Aszendenten als sensitiven Punkt wurde eingangs schon ausführlich gesprochen. Er ist das Symbol für Körper und Geist, da beide eine unlösbare Einheit sind.

In aphoristischer Kürze wird hier der Aszendent in den 12 Zeichen geschildert. Das bietet den Vergleich an, um sich ein Bild darüber zu machen, welche Charaktere zusammen passen oder wo die Berührungs- und Trennungspunkte liegen.

Alle hier gemachten Angaben sollen nur als eine Gedächtnisstütze dienen. Es wurde deshalb auf die schematische Darstellung der Bedeutung des Aszendenten in den Feldern des Partner-Horoskops verzichtet.

Es kommt jetzt darauf an, sich in der Kombination zu üben. Hierzu ein Beispiel. Der Aszendent des einen Partners steht im 2. Feld des anderen. Es kann der Schluß gezogen werden, daß der Aszendent-Partner die finanziellen Interessen des anderen fördert oder aber ihm materielle Verluste zufügt, je nachdem ob harmonische oder kritische Aspekte vorliegen.

Es muß ferner der Herrscher des jeweiligen Zeichens berücksichtigt werden. Fällt zum Beispiel der Aszendent in das Zeichen Waage, dann muß die Venus einbezogen werden. Es ist zu untersuchen, in welchem Zeichen und Feld der Domizilplanet der Waage steht und welche Aspekte er von anderen Planeten empfängt.

*

*Asz.* — ♈
Mutiges, selbstbewußtes Auftreten. Gradliniges Vorgehen, um möglichst schnell das Ziel zu erreichen. Impulsivität kann zurückwerfen, doch der Partner fängt sich schnell und geht das Ziel noch einmal an. Manchmal rücksichtslos und nicht wählerisch in den Mitteln, um das Ziel zu erreichen.

*Asz.* — ♉
Hang zur Beständigkeit. Praktische Erwägungen bestimmen die Zielsetzungen. Streben nach Besitz. Genußfreudigkeit will dem Dasein die schönen Seiten abgewinnen. Langsam in der Entschlußfähigkeit. Beziehung zu Formen, Farben und dem Stoff, der auch gern gestaltet wird.

*Asz.* — ♊
Kontaktfreudigkeit schafft vielseitige Verbindungen. Lebhaftig keit und Beweglichkeit im Umgang mit der Umwelt. Begeisterungsfähigkeit. Schwankend in der Beständigkeit, manchmal auch oberflächlich. Sympathische Wesensäußerung. Unverbindlichkeit.

*Asz.* — ♋
Gefühl herrscht über den Verstand. Romantisch und mitfühlend. Anlehnungsbedürftiger Partner, der auch Launen unterliegt. Ausgeprägter Sinn für Heimat, Herkunft, Elternhaus und eigene Familie. Bei entfachter Begeisterung zu hohen Leistungen fähig.

*Asz.* — ♌
Der Partner will imponieren, will zeigen, wer er ist und was er

kann. Er erkennt Leistung an und protegiert Schwächere. Er will die Führung haben. Gutes Organisationstalent. Großzügig im Umgang mit anderen. Neigt zu Luxus und liebt die Annehmlichkeiten des Lebens.

*Asz.* — ♍
Auf Ordnung und Methode ausgerichteter Partner. Gute intellektuelle Anlagen. Nüchterne und kritische Einstellung zur Umwelt, die nicht immer und unbedingt Anklang findet. Pedanterie kann störend sein.

*Asz.* — ♎
Durch Charme und Takt schnell Sympathien. Viele Freunde und Bekannte. Oft auch künstlerische Anlagen; in jedem Falle Kunstverständnis. Gerechtigkeit und harmonischer Ausgleich wird angestrebt. Disharmonie wird nur schwer ertragen.

*Asz.* — ♏
Tiefgründig, auch zur Problematik neigend. Leidenschaften. Partner kann alles einsetzen, um sein Ziel zu erreichen. Triebhaftigkeit und Sexualität sind die Wurzeln des Handelns. Anderen ihre Geheimnisse entlockend, bewahrt er aber seine eigenen.

*Asz.* — ♐
Geselliger Partner mit harmonischem Verhältnis zu anderen. Optimistische Lebenseinstellung. Großzügigkeit. Sportlichkeit. Generöses Auftreten. Weltanschaulich und philosophisch ausgerichtet. Disharmonisch aspektiert verschwenderisch. Vortäuschung der Tugenden.

*Asz.* — ♑
Das Wesen ist ernst, nüchtern und zurückhaltend. Manchmal auch Verschlossenheit und Melancholie. Es wird alles nach Zweckmäßigkeit beurteilt. Partner müssen ihren Wert erst unter Beweis stellen. Arbeitseifer und Arbeitskraft. Erfolge durch Disziplin und Strebertum.

*Asz.* — ♒
Als Partner zeichnet ihn Originalität aus. Weckt durch freundschaftliche Haltung schnell Sympathien. Stark individuell eingestellt. Freiheit und Unabhängigkeit gehören zum Lebensstil. Bei disharmonischen Anlagen kommt Utopisches ins Spiel.

*Asz.* — ♓
Mitfühlender Partner, der ganz auf den anderen eingeht. Er muß erst Scheu überwinden, um Vertrauen zu gewinnen. Starke Opferbereitschaft. Sehr sensibel. Er ist bemüht, alles zu verstehen und alles zu verzeihen.

## 37. Das Medium Coeli im Partnerhoroskop

Das Medium Coeli sollte beim Partnervergleich ebenfalls berücksichtigt werden. Das Medium Coeli läßt Schlüsse auf die Stellung des Partners zu, auch auf seine Stellung zur Umwelt.
Der Deszendent und das Imum Coeli sind ebenfalls mit einzubeziehen. Der Deszendent ist besonders bei Liebes- und Ehepartnern von Bedeutung. Das Imum Coeli vermittelt Einblicke in die Herkunft des Partners, seine Stellung zur Familie und zum eigenen Heim.
Wer die Beziehung noch tiefer ausloten will, untersucht ferner, in welches Feld des Partners das eigene Medium Coeli fällt. Hieraus lassen sich gemeinsame private und berufliche Berührungspunkte erkennen. Fällt zum Beispiel das Medium Coeli des einen Partners in das 7. Feld des anderen, so bietet sich eine gute Basis für eine gemeinsame Geschäftspartnerschaft oder ein Teilhaberverhältnis.

*

*MC — ♈*

Aufstrebende, ehrgeizige Naturen, die gern Stellungen einnehmen, in denen sie den Ton angeben. Allerdings ist die Zusammenarbeit nicht immer harmonisch, weil diese Partner viel Unruhe in die Beziehung tragen; dieses umso mehr, wenn das MC außerdem disharmonische Aspekte empfängt.

*MC — ♉*

Diese Partner streben nach materieller Sicherheit im Beruf. Sie suchen ihre Stellungen nach ästhetischen Gesichtspunkten aus. Manchmal handelt es sich auch um künstlerische Aufgaben.

*MC — ♊*

Gut für intellektuelle Berufe wie Lehrer, Journalist, Rechtsanwalt und dergleichen mehr. Vielseitigkeit birgt in sich die Gefahr der Zersplitterung. Unbeständigkeit kann den Anstoß zu einem Berufswechsel geben.

*MC — ♋*

Gefühlsbetonte Einstellung zum Beruf, zur eigenen Tätigkeit. Streben nach Selbständigkeit im Rahmen einer Gemeinschaft, der man dient. Beeinflußbarkeit von außen kann Störungen in die berufliche Tätigkeit tragen.

*MC — ♌*

Selbstsicherheit und Organisationstalent befähigen dazu, leitende Stellungen zu besetzen. Die sozialen Belange werden großzügig behandelt. Diese Partner spornen andere zu beachtlichen Leistungen an.

*MC — ♍*

Ordnungsliebe und Wissensbereicherung führen zu Stellungen, die Sicherheit bieten. Kritische Naturen mit viel Sinn für Details, wobei allerdings auch bisweilen die große Linie aus den Augen verloren werden kann. Große Empfänglichkeit für Lob.

*MC* — ♎

Harmonie ist Voraussetzung für gute Leistung. Diese Partner bestechen durch gute Umgangsformen und ein geselliges Wesen. Sie lassen sich gern protegieren. Die Partner sind aber auch sehr auf das materielle Wohl bedacht.

*MC* — ♏

Ehrgeiz, Fleiß und Ausdauer verhelfen zu guten Positionen, um die — wenn erforderlich — gekämpft wird. Starker Erwerbstrieb. Richtige und wichtige Situationen werden schnell erfaßt. Es wird danach gehandelt.

*MC* — ♐

Das Streben nach Geltung und die Ausrichtung auf weitgesteckte Ziele verhilft zu Stellungen, in denen die eigene Persönlichkeit wirkungsvoll zur Geltung gebracht werden kann. Gute Durchsetzungskraft. Einflußreiche Positionen.

*MC* — ♑

Fleiß, Ausdauer und Geduld ermöglichen langsames Durchsetzen. Ein erreichtes Ziel wird abgesichert, um Rückschlägen vorzubeugen. Ein ausgeprägter Wirklichkeitssinn verbindet sich mit Nüchternheit im Denken, das frei von Illusionen ist.

*MC* — ♒

Sehr individuelle Einstellung zum Beruf. Anwendung origineller Methoden, um ein Ziel zu erreichen. Der Partner übernimmt gern die Führung. Reich an Plänen, unter die sich manchmal auch Utopien mischen.

*MC* — ♓

Große Anpassungsbereitschaft macht diese Partner zu guten Mitarbeitern, die sich gern leiten lassen. Hilfsbereit, beeinflußbar, doch auch etwas haltlos, wenn disharmonische Aspekte hinzukommen. Der Hang zur Bequemlichkeit kann dann störend sein.

## 38. Aus der Praxis für die Praxis

Der theoretische Teil hat seinen Abschluß gefunden. Der Leser hat jetzt alle Bausteine zu seiner Verfügung, um einen treffsicheren Partnervergleich anzustellen.

Nichts ist verführerischer und zugleich grundfalsch, nun diese Bausteine einfach aneinanderzureihen, um sich so einen Partnervergleich zusammenzubasteln.

Allerdings ist es richtig, die Aspekte erst einmal einzeln zu analysieren. Man darf dabei jedoch niemals die Grundhoroskope der Partner aus den Augen lassen, denn sie verraten, ob und wie die Horoskopeigner auf die Beziehungsaspekte reagieren.

Erst wenn die Analyse sorgfältig vorgenommen worden ist, läßt sich das Ergebnis zusammenfassen.

Wir wählen für den Vergleich die Horoskope des so früh verstorbenen Weltstars Romy Schneider und des französischen Filmstars Alain Delon.

Betrachten wir zunächst das Grund-Horoskop von Romy Schneider. Sie war eine Vollblutschauspielerin, deren Karriere steil nach oben führte. Der Jupiter in Konjunktion mit dem Medium Coeli weist bereits darauf hin.

Sonne und Venus, beide von Pluto durch Sextile harmonisch aspektiert, standen im Zeichen Waage unmittelbar an der Spitze des 5. Feldes. Das Venuszeichen Waage prägt Menschen mit künstlerischen Anlagen und mit viel Kunstverständnis. Im 5. Feld erkennen wir die Lebenskraft und Daseinsfreude eines Menschen, seine Bereitschaft zum Experiment. Hier lebt er seinen Spieltrieb aus, seinen Hang nach Vergnügen. Aus diesem Grunde interpretieren manche Autoren das 5. Feld als das Feld, aus dem die Beziehung zur Kunst, zum Theater oder zum Kino zu erkennen ist.

Wir gehen davon aus, daß das Geburtshoroskop bereits einer genauen Analyse unterzogen wurde und beschränken uns bewußt nur auf die Angaben, die in diesem Buch für Horoskopvergleiche herangezogen werden.

Die geistig-seelischen Anlagen verraten uns die Positionen von Sonne und Aszendent.

Im Horoskop von Romy Schneider stand der Aszendent im Zeichen Zwillinge. Die Sonne befand sich im Zeichen Waage. Horoskopisch ergibt sich daraus ein Kombinationstyp vom luftelementaren Zeichen Waage (Stellung der Sonne) und dem ebenfalls luftelementaren Zeichen Zwillinge (Stellung des Aszendenten).

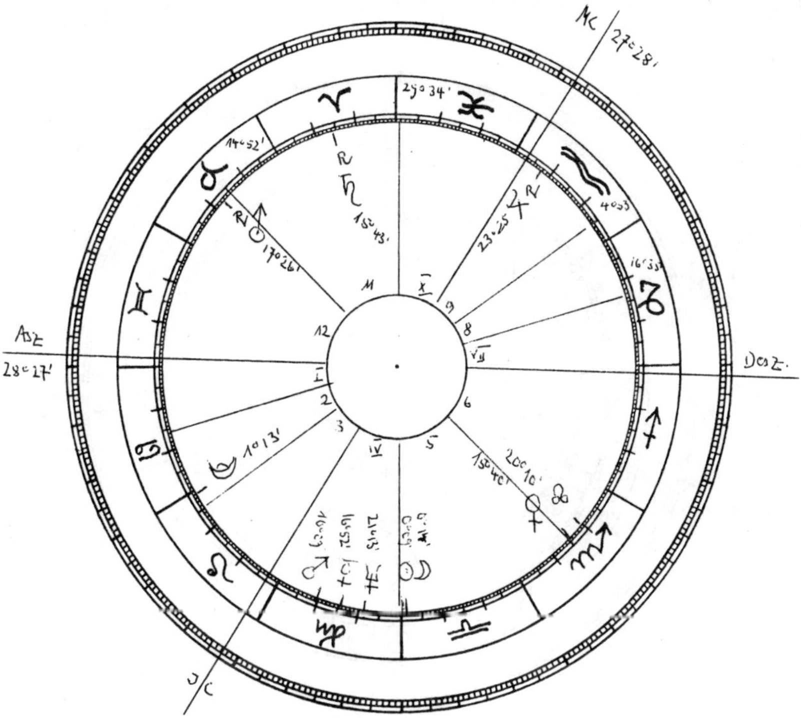


Romy Schneider, Filmschauspielerin, 23.9.1938, 21h45m, Wien
Aspekte zum Horoskop von Alain Delon

Asz.: □ ♀, △ ☿
MC: □ ♃, △ ☿
Sonne: ☌ ♀, ✱ ω, ✱ ♃
Mond: ☌ ♀, ✱ ω, ✱ ♃
Neptun: ☌ ♆
Uranus: △ ♆, △ ☊, ☍ ☉
Saturn: ☌ ☽, □ ☊, ☍ Asz., □ MC
Jupiter: △ ☿
Mars: ✱ ☉, △ ♂
Venus: ☌ ☉, ✱ ♆, ✱ ☊
Merkur: ☌ ♆, ✱ ☉, △ ☊
Pluto: □ ♅
☊:

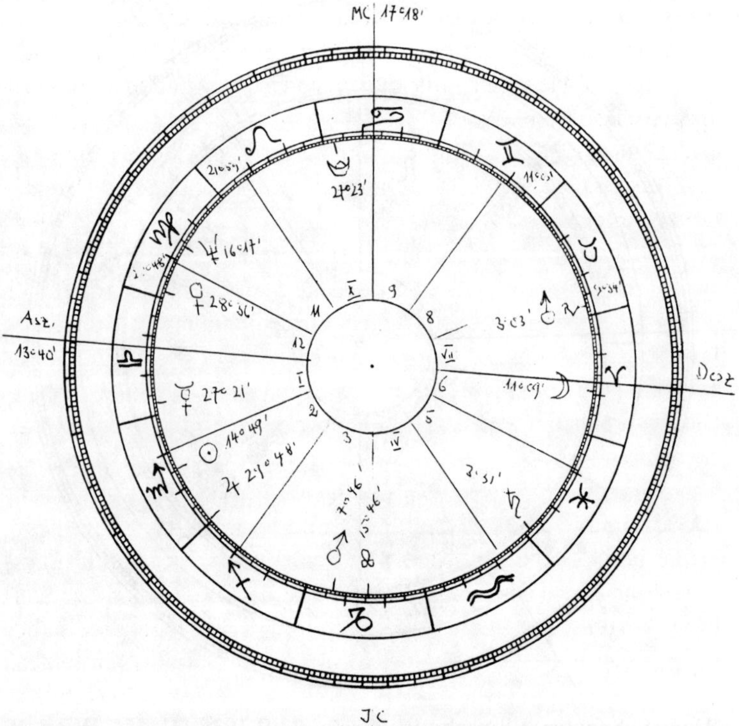


Alain Delon, Filmschauspieler, 8.11.1935, $5^h$, Sceaux
Aspekte zum Horoskop von Romy Schneider

Asz.: ☍ ♄
MC: ✱ ☿, □ ♄, △ ♀
Sonne: ☌ ♀, ☍ ♅, ✱ ☿
Mond: ☌ ♄
Neptun: ☌ ☿, ☌ ♆, ✱ ♀, △ ♅
Uranus: □ ♇
Saturn:
Jupiter: ✱ ☉, ✱ ☽, △ ♇
Mars: △ ♂
Venus: ☌ ☉, ☌ ☽, □ Asz.
Merkur: △ Asz., △ MC, △ ♃
Pluto: ✱ ☉, ✱ ☽
☊ □ ♄, △ ♅, △ ☿

Wir lesen hierüber nach, daß dieses gesellige Menschen sind, die für ihr eigenes Wohlbefinden eine angenehme Umgebung suchen. Sie brauchen Menschen, mit denen sie einen lebhaften Gedankenaustausch pflegen können.
Gefühl und Intellekt verbinden sich harmonisch. Die Gefühle werden verständlich analysiert. Das ergibt eine gute und treffsichere Urteilsfähigkeit.
Diese Menschen sammeln viele Erfahrungen, die sie nutzbringend zu verarbeiten wissen. Es sind belesene Menschen, die sich für Literatur interessieren. Sie pflegen Umgang mit der Kunst und künstlerischen Dingen. Bemerkenswert ist das Stilempfinden und auch das gute Sprachgefühl.
Diese Menschen machen sich überall schnell beliebt. Frauen bestechen durch ihren Charme.
Das alles traf auf die weltweit beliebte Schauspielerin zu. In diesem Zusammenhang müssen Sonne und Mond an der Spitze des 5. Feldes berücksichtigt werden. Die Sonne verrät hier Gestaltungswillen und Liebe zur Kunst. Ebenso gibt der Mond an dieser Stelle ein Gefühl für künstlerische Gestaltung. Beide Gestirne stehen im Sextil zu Pluto. Das verspricht nicht nur Zusammenarbeit mit anderen, es weist auch auf die Beziehung zur Öffentlichkeit hin.
Die Sonne/Mond-Stellung an der Spitze des 5. Feldes zeigt auch bemerkenswerte Liebesverbindungen an, ferner ist das Verhältnis zu eigenen Kindern ein gutes.
Leider bewirkt die Konjunktion von Sonne und Mond auch Unverstandensein. Das hat in ihren Liebesbindungen eine Rolle gespielt.
An ihrem Sohn hing Romy Schneider mit jeder Faser ihres Herzens. Sein tragischer Tod — er stürzte beim Überklettern eines eisernen Gitters in dessen Spitzen und verblutete — kann viel dazu beigetragen haben, daß Romy Schneider ein so frühes Ende fand.
Bemerkenswerte Liebesbeziehungen können bestätigt werden, doch mit ihren Ehen hatte Romy Schneider kein Glück. Sie gingen alle entzwei.
Als sie Alain Delon kennenlernte, hatte sie bereits eine gescheiterte Ehe hinter sich. Hierzu ein Hinweis. Es darf nicht übersehen werden, daß Sonne und Mond im Grundhoroskop Quadraturen

mit dem Deszendenten, der Spitze des 7. Feldes, hatten.
Das Leben beschenkte Romy Schneider mit Ruhm und Ehren. In der Liebe blieb sie letztendlich unerfüllt, wozu im Grundhoroskop auch die Venus Opposition mit Uranus beitrug. Venus/Uranus-Verbindungen, auch die disharmonischen Aspekte, verstärken die künstlerischen Neigungen und Talente. Die disharmonischen Aspekte machen unbeständig in den Gefühlen und empfindlich, sodaß es zu Konflikten in den Liebesbindungen kommt.
Im Grundhoroskop von Romy Schneider steht die Venus im Zeichen Skorpion. Im Grundhoroskop Alain Delons steht die Sonne im Zeichen Skorpion. Sie bildet mit Romy Schneiders Venus eine Konjunktion.
Im Horoskop von Alain Delon steht der Aszendent im Zeichen Waage. Hierüber können wir nachlesen, daß der wasserelementare Skorpion (Stellung der Sonne) und die luftelementare Waage (Stellung des Aszendenten) Gegensätze sind, die den Ausgleich brauchen. Dieser Ausgleich wird von diesen Menschen entweder in einer wissenschaftlichen oder in einer künstlerischen Tätigkeit gefunden. Die Neigung zur einen oder anderen Tätigkeit entscheiden die weiteren Aspekte. Alain Delon fand diesen Ausgleich im Beruf des Schauspielers.
Sein sehr ausgeprägtes Empfindungsleben reagiert schnell auf äußere Anstöße. Erotik wird als sehr wichtig empfunden. Einerseits besteht ein sehr triebhaftes Verlangen, das zu intensiven sexuellen Bindungen führt, andererseits können diese Menschen sich zugleich in einer idealisierten Liebe zusammenfinden.
Eifersucht ist immer im Spiel. Sie gibt Anlaß zu Konflikten. Die Intensität des sexuellen Zusammenspiels entscheidet die Stärke der Bindung an den Partner.
Die Beziehung zwischen Romy Schneider und Alain Delon wurde im Licht der Öffentlichkeit als eine sehr große Liebe gewertet. Das war sie wohl auch. Warum das Schicksal dieser Liebe keine Dauer verlieh, sollen die weiteren Untersuchungen ergeben.
Alain Delons Sonne im Zeichen Skorpion stand im 2. Feld. Dadurch weiß Alain Delon Geld und Gut richtig einzuschätzen, nicht zuletzt, um seine eigenen Machtbedürfnisse zu befriedigen.
Das Sextil zwischen Sonne und Neptun macht ihn feinnervig,

schenkt ihm einen guten Geschmack und fördert sein künstlerisches Empfinden. Das Sextil zwischen Venus und Jupiter macht auch ihn allgemein beliebt. Der Aspekt fördert glückliche, von gegenseitiger Sympathie getragene Verbindungen.
Leider stehen Jupiter und Saturn in einer Quadratur, wodurch auch Unentschlossenheit und Gleichgültigkeit entstehen. Dieser Aspekt verursacht auch innere Unsicherheit, wodurch seelische Spannungen aufkommen.
An der Spitze des 7. Feldes steht der Mond. Der Mond hat eine Quadratur mit dem Mars, ein kritischer Aspekt für Ehe und Partnerschaft. Der Mond verrät Unbeständigkeit in den Zuneigungen. Die Anwesenheit des Uranus im 7. Feld muß ebenfalls als kritisch angesehen werden, trotz seines Trigons zum Mars. Die Erfahrung lehrt, daß selbst ein harmonisch gestellter Uranus im 7. Feld der Beziehung keine Dauer verleiht. Es sind impulsiv geschlossene Verbindungen, wobei die romantische Liebe als Lebensprinzip gilt. Das Trigon zwischen Uranus und Mars unterstreicht noch den Unabhängigkeits- und Freiheitsdrang.
Mit diesen Hinweisen haben wir über beide Persönlichkeiten bereits ein erstes Bild gewonnen. Wir wenden uns nun der Bewertung der Beziehungsaspekte zu.
Von den sieben Sonnenaspekten ist der bemerkenswerteste Aspekt die Konjunktion von Romy Schneiders Sonne mit Alain Delons Venus. Darüber hinaus hat Alain Delons Sonne eine Konjunktion mit Romy Schneiders Venus. Diese beiden Aspekte verstärken sich gegenseitig. Nichts ist wünschenswerter als diese Konjunktion für den Gleichklang in der Liebe. Die Partner suchen stets den harmonischen Ausgleich.
Romy Schneiders Venus steht im Horoskop von Alain Delon im 2. Feld. Das ist in dieser Verbindung ein fördernder Einfluß für die gemeinsamen materiellen und finanziellen Unternehmen. Umgekehrt steht Alain Delons Sonne im Horoskop von Romy Schneider im 6. Feld. Das erwies sich als guter Einfluß auf das künstlerische Schaffen der Partnerin. Tatsächlich kam es durch diese Konstellation auch zu filmischer Zusammenarbeit.
Gute berufliche Zusammenarbeit bestätigt auch der Mars von Romy Schneider im Sextil zu Alain Delons Sonne. Geist und Wille

stehen im harmonischen Einklang. Bei Partnern führt das zu einer guten Zusammenarbeit. Es besteht gute gegenseitige Anpassung unter Liebenden oder Berufspartnern.
In Liebe und Ehe ist diese Mars-Sonneverbindung für das sexuelle Leben wichtig. Die Geschlechter üben gegenseitig aufeinander eine starke Anziehung aus.
Romy Schneiders Mars steht im Horoskop von Alain Delon im 11. Feld, während Romy Schneiders Merkur das 11. Feld im Horoskop von Alain Delon besetzt. Das ist ein Hinweis auf die starke freundschaftliche Beziehung.
Romy Schneiders Merkur hat außerdem ein Sextil mit Alain Delons Sonne. Dieser Aspekt untermauert die geistige Übereinstimmung der Partner. Es ist Alain Delon (Sonne), der das Selbstvertrauen von Romy Schneider (Merkur) stärkte. Diese Beziehung war reich an Ideen und gegenseitigen Anregungen. Es war eine fruchtbare Freundschaft für beide Teile.
Das Sextil von Alain Delons Pluto zu Romy Schneiders Sonne erklärt den anregenden Einfluß, den Alain Delon auf seine Partnerin ausübte. Romy Schneider fühlte sich durch diesen Aspekt darin bestärkt, gemeinsame Ziele durchzusetzen.
Sehr gut muß auch das Sextil von Alain Delons Jupiter auf Romy Schneiders Sonne bewertet werden. Beiderseitiges gutes Einfühlungsvermögen förderte gemeinsame Bestrebungen. In den gemeinsamen Interessen bestand eine gute Abstimmung.
Romy Schneiders Sonne bildete ein Sextil zum Medium Coeli von Alain Delon. Dieser Aspekt förderte die berufliche und soziale Karriere beider Partner.
Allein schon diese sechs Sonnenaspekte versprechen eine recht glückliche Liebes- und Freundschaftsbindung. Allerdings darf die Opposition von Romy Schneiders Uranus auf Alain Delons Sonne nicht übersehen werden. Disharmonische Uranusaspekte sind in Partnerhoroskopen besonders zu fürchten, weil sie in ihren Auswirkungen ebenso plötzlich wie kräftig sind.
In Romy Schneiders Grundhoroskop stehen Uranus und Venus in einer Opposition. Ein empfindlicher Aspekt für die Liebe, denn es kommt hierdurch zu Konflikten, insbesondere in erotischer Beziehung.

Die Uranus-Opposition zur Sonne als Beziehungsaspekt bringt in die Verbindung Unberechenbares. Anfangs ziehen sich die Partner erotisch stark an, um dann doch sehr bald zu erkennen, daß sie nicht füreinander geschaffen sind. Die daraus entstehenden Spannungen können sehr heftig ausgetragen werden. Oft geben Kleinigkeiten den Anstoß zu Streitigkeiten.
Man kann sagen, daß durch diese Uranus Opposition zur Sonne eine Trennung der Partner vorprogrammiert war.
Romy Schneiders Uranus steht im Horoskop von Alain Delon an der Spitze des 8. Feldes. Das bestätigt ebenfalls die Trennung der Partner.
Romy Schneiders Mond stand im Zeichen Waage. Das bestätigt ihr starkes Liebesbedürfnis und ihren Sinn für Harmonie und Gerechtigkeit. Diese Mondposition ließ sie den Schicksalsschlag, den die Trennung auslöste, relativ leicht überwinden.
Romy Schneiders Mond steht im 12. Feld des Partnerhoroskops. Das deutet auf eine karmisch bedingte Schicksalsverkettung hin, die sich intellektuell nicht analysieren läßt. Manchem Außenstehenden mag sie unverständlich gewesen sein, weil die Partner in vieler Hinsicht wiederum auch sehr verschieden waren.
Romy Schneiders Mond stand in einer Konjunktion mit Alain Delons Venus, ein Aspekt, von dem in erster Linie Künstlerpaare profitieren. Das traf in dieser Beziehung in hohem Maß zu.
Das Sextil von Romy Schneiders Mond zu Alain Delons Jupiter bekräftigt die gegenseitigen Sympathien, die die Partner füreinander hegten.
Der Pluto steht im Grundhoroskop von Alain Delon im 10. Feld an exponierter Stelle. Man muß darum dem Sextil zu Romy Schneiders Mond Beachtung schenken. Es war Romy Schneider (Mond), die sich schicksalhaft von Alain Delon (Pluto) angezogen fühlte.
Zu der erwähnten Sonne-Opposition-Uranus gesellt sich noch ein weiterer Aspekt, der verständlich macht, daß trotz so vieler idealer Aspekte, diese Verbindung ein Ende fand. Es ist die Konjunktion, die Romy Schneiders Saturn mit dem Mond von Alain Delon verbindet. Diese Aspekte haben eine Langzeitwirkung. Sie machen sich nicht gleich am Beginn einer Beziehung bemerkbar.

Je länger diese Beziehung bestand, fühlte sich Alain Delon (Mond) gegenüber Romy Schneider (Saturn) in seiner Selbstdarstellung eingeengt. Künstler sind im allgemeinen sehr sensible Menschen.
Den angesehenen französischen Schauspieler Delon muß es in seiner Eitelkeit gekränkt haben, daß er blieb, was er war, während Romy Schneider von Stufe zu Stufe auf der Erfolgsleiter zu Weltruhm gelangte. Ob bewußt oder unbewußt erlebt, wird verletzte Eitelkeit zu einer endgültigen Trennung geführt haben.
Sehen wir uns noch die vier Neptunaspekte zwischen den Partnern an. Romy Schneiders und Alain Delons Neptun stehen in einer Konjunktion, weil der Altersunterschied beider Partner gering ist. Neptun schreitet äußerst langsam fort.
Neptunkonjunktionen gelten als sehr empfindlich, wenn auf diese Konjunktion disharmonische Aspekte zusätzlich fallen. Das trifft hier nicht zu. Die übrigen Aspekte sind alle harmonischer Natur.
Romy Schneiders Uranus steht in einem Trigon zum Neptun von Alain Delon. Nach dieser Konstellation zu schließen, muß Unalltägliches und Ungewöhnliches die beiden Künstler zusammengeführt haben. Gerade die unalltäglichen gemeinsamen Erlebnisse müssen dieser Beziehung ihren besonderen Reiz gegeben haben.
Die Venus in Romy Schneiders Horoskop steht mit dem Neptun im Horoskop von Alain Delon in einem Sextil. Das führt zu Beziehungen, die auf Kunst und Kultur abgestimmt sind. Nicht allein Trieb und Sex sind bestimmend in dieser Verbindung. Es tritt eine geistige Komponente hinzu, die die zarten und gefühlvollen Seiten anspricht.
Dieser Aspekt erklärt, warum Alain Delon nicht zur Beerdigung von Romy Schneider ging. Zum einen wollte er sich der öffentlichen Zurschaustellung entziehen und dem Rummel von Fernsehen, Rundfunk und Zeitung entgehen, zum anderen hätte ein solcher letzter Abschied nicht seinen Gefühlen Ausdruck gegeben, die er nach wie vor für Romy Schneider empfand.
Obwohl die beiden längst wieder getrennt lebten und beide ihre eigenen Wege gingen, waren sie doch Freunde geblieben. Das hätte bei den Beziehungsaspekten in beiden Horoskopen gar nicht anders sein können.

Alain Delons Nachruf an seine tote Freundin war ein Liebesbrief, den die französischen Zeitungen veröffentlichten. Es war eine Liebeserklärung an eine Freundin. Sie kam aus vollem Herzen. Sehen wir uns hierzu den Merkur in Romy Schneiders Horoskop an, der in einer Konjunktion mit dem Neptun in Alain Delons Horoskop stand. Es verbinden sich hier Verstand und Einfühlsamkeit, für Künstler ein schöpferischer Aspekt, der in diesem Fall auch die innere Verbundenheit der beiden Menschen bekundet.
Der Jupiter in Romy Schneiders Horoskop bildete mit dem Merkur in Alain Delons Horoskop ein Trigon. Der Jupiter an der Spitze des 10. Feldes in Romy Schneiders Horoskop war durch Merkur mit Alain Delons 5. Feld verbunden. Es ist dieses ein weiteres Indiz für die schöpferische Zusammenarbeit auf künstlerischem Gebiet. Allerdings hatte das Medium Coeli von Romy Schneider eine Quadratur mit dem Jupiter in Alain Delons Horoskop.
Das gemeinsame Berufsleben verlief nicht ganz ohne einige Schwierigkeiten.
Es sind noch drei Saturnaspekte zu untersuchen. Romy Schneiders Saturn steht genau an der Spitze des 7. Feldes im Horoskop von Alain Delon. Saturn ist disharmonisch aspektiert. Für die Ehe ein äußerst schlechter Aspekt, der in den meisten Fällen zu einer Scheidung führt. Der Saturn hatte damit zugleich eine Opposition zum Aszendenten in Alain Delons Horoskop.
Diese Konstellation bekräftigt noch einmal, was ein anderer Aspekt zuvor bereits ausgesagt hat. Alain Delon (Aszendent) fühlte sich durch Romy Schneider (Opposition Saturn) in seinen eigenen Entfaltungsmöglichkeiten eingeengt. Welcher Mann verträgt es, im Schatten einer Frau zu leben? Alain Delon brauchte die Bestätigung seiner Persönlichkeit durch sein eigenes Publikum.
Romy Schneiders Saturn an der Spitze des 7. Feldes im Horoskop von Alain Delon bildete außerdem eine Quadratur mit dem aufsteigenden Mondknoten, der in Alain Delons Horoskop an der Spitze des 4. Feldes steht, im Saturnzeichen Steinbock. Man darf den Einfluß des Mondknotens, wenn er von den Planeten aspektiert wird, nicht unterschätzen. Die Quadratur trug Störungen in das Zusammenleben, die aus Mangel an Anpassung entstanden.

Das Beispiel wurde gewählt, weil es auf den ersten Blick eine enge, intensive und dauerhafte Beziehung erkennen läßt. Eng und intensiv war diese Beziehung, und sie dauerte auch eine Weile. Es waren nur wenige disharmonische Beziehungsaspekte, die die Trennung bewirkten, die aber die Freundschaft nicht zunichte machen konnten.

*

Wenden wir uns nun noch der Beziehung von zwei Männern zu, die alle Höhen und Tiefen einer Freundschaft aufweist. Es geht um die außerordentlich diffizile Freundschaft zwischen dem jungen König Ludwig II. von Bayern und dem 32 Jahre älteren Komponisten Richard Wagner. Die astrologische Beziehungsanalyse kann uns weitaus mehr Aufschlüsse geben als jede tiefenpsychologische Untersuchung.
Die Horoskope sind entnommen dem Werk von Alan Leo »A Thousand and One Notable Nativities«. Der Planet Pluto blieb unberücksichtigt. Er war damals noch gar nicht entdeckt.
Zuvor werfen wir einen Blick auf die Grundhoroskope beider Persönlichkeiten. Es folgen hierzu nur kurze Hinweise, doch sollten die Leser beide Grundhoroskope gründlich untersuchen und sich dann erst den Beziehungsaspekten zuwenden.
Ludwig II. ist kosmologisch ein Kombinationstyp vom erdelementaren Zeichen Jungfrau (Stellung der Sonne) und dem wasserelementaren Zeichen Krebs (Stellung des Aszendenten). Das Zeichen Jungfrau verleiht Sachlichkeit und Nüchternheit in der Beurteilung von Menschen und Dingen, während das Zeichen Krebs zu gefühlsbetont und emotionell in den seelischen Reaktionen sein läßt.
Bei harmonischen Aspekten ergänzen sich die Anlagen gut.
In Ludwigs Horoskop stehen Sonne und Mond in Quadratur. Die Sonne, Symbol des Geistes, steht mit dem Mond, Symbol der Psyche, in einem Kampfaspekt. So stehen Wille und Wunsch im Widerstreit.
Die Wirklichkeit bleibt hinter der Wunschvorstellung zurück. Aus

Selbstüberschätzung oder Unentschlossenheit entstehen Handlungen, die zu Konflikten mit der Umwelt führen.
In der Auseinandersetzung mit der Wirklichkeit müssen Verlegenheitslösungen eingegangen werden. Es kommt zwangsläufig zu Differenzen mit den Eltern und mit Partnern. Diese Sonnenquadratur zum Mond bewirkt innere Spannungen aus einem Unbefriedigtsein.
Der Mond steht ferner mit dem Uranus in einem Sextilaspekt. Diese Konstellation verlieh dem König die geistige Regsamkeit und zugleich eine starke seelische Erregbarkeit.

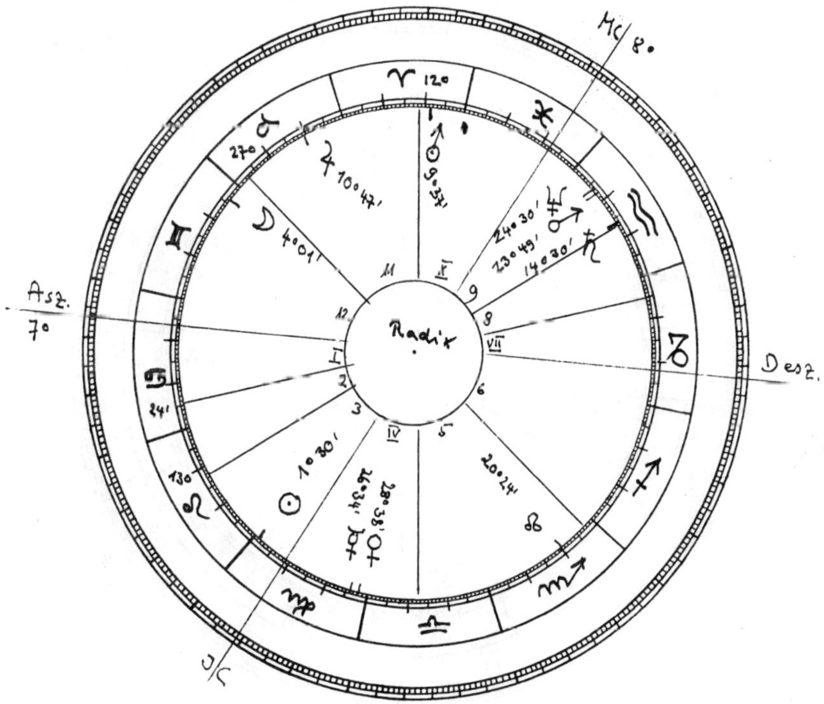


Ludwig II. von Bayern, geb. 25. August 1845, 0 Uhr 28 Minuten, Schloß Nymphenburg

Aspekte zwischen Ludwig II. und Richard Wagner

Asz.: ✶, ☿, ☍ ♂
MC: ✶ ☿
☉: □ ☉, □ ♀, □ Asz., △ ☿
☽: ☌ ☉, △ ♂, ✶ ♃, ☌ ♀
♆: □ ♅, □ ♀
♅: △ ♃, ✶ ♂
♄: ☌ ☽, ✶ ♆
☿: ✶ ♅, △ ♀
♃:
♂: □ ♅
♀: △ ♀, △ ☉, △ Asz., ✶ ♅

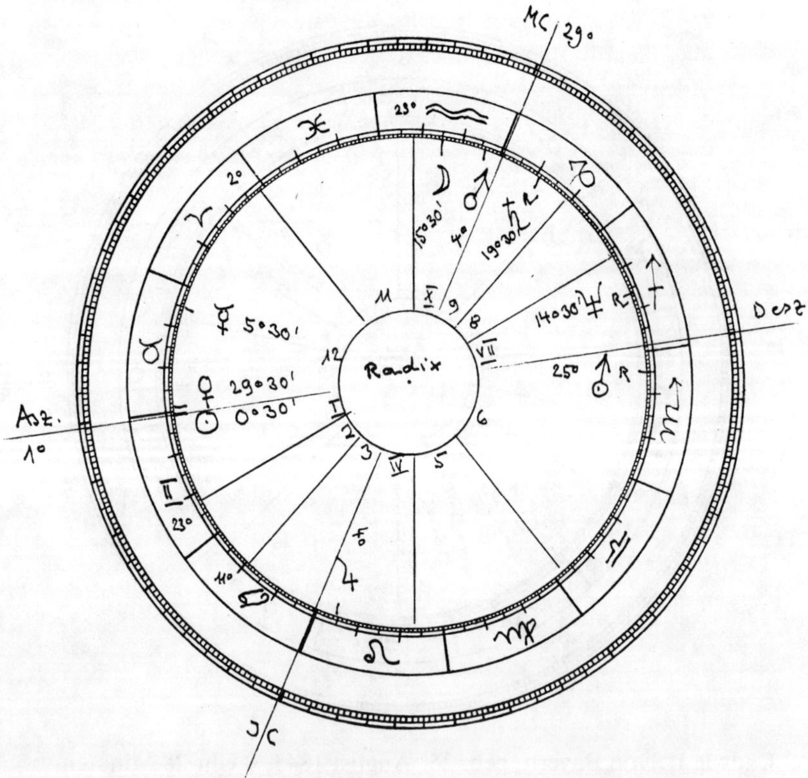


Richard Wagner, geb. 22. Mai 1813, etwa 4 Uhr in Leipzig

Aspekte von Richard Wagner zu Ludwig II.

Asz.: ☌ ☽
MC: △ ♀, △ ☿
☽: □ ♃, □ ☊
♆: △ ♅
♅: □ ♂

Das Gefühlsleben war leicht überspannt, in den Reaktionen unbeständig und sprunghaft. Der König war ein Mensch von nervöser Wesensäußerung. Seine Überzeugungen vertrat er konsequent.
Ludwigs Aufgeschlossenheit für Schönheit und Kunst ist in der Konjunktion von Venus und Merkur zu finden.
Mars und Neptun stehen ebenfalls in Konjunktion. Dieser Aspekt weist auch auf Unzufriedenheit hin, die ihre Ursachen in einer fehlgeleiteten Erotik hat. Dieser enge Zusammenschein von Mars und Neptun kann auch schnell und intensiv seelische Verwirrung hervorrufen.
Nun stehen Venus, Merkur mit Mars, Neptun in Quinkunxaspekten. Es sind disharmonische Verbindungen, die zu impulsiven Wesensäußerungen verleiten. Diese Aspekte geben eine schnelle Auffassung, doch sie verführen zu Übertreibungen. Phantasie kann sich in Phantasterei steigern. Es sind Konstellationen die auch ungeduldig und reizbar machen.
Ludwigs Lebenseinstellung war eine träumerische, unpraktische. Die Venus-Neptunverbindung zeigt ein gestörtes Liebesleben an bei starker sinnlicher Veranlagung. Zugleich macht sie aber auch empfänglich für Musik und Kunst.
Die Jupiter Quadratur mit dem Saturn gab Ludwig die seelischen Spannungen, die auch Unsicherheit aufkommen ließen.
Nun ein Blick auf das Horoskop von Richard Wagner. Der Aszendent und die Sonne bilden eine enge Konjunktion im Zeichen Zwillinge vereint in Konjunktion mit der Venus, die noch im Zeichen Stier stand.
Das Zeichen Zwillinge gibt eine rasche Auffassungsgabe und macht anpassend. Es bringt gute Beobachter hervor, die ihre ge-

sammelten Eindrücke vortrefflich in Wort und Schrift auszuwerten verstehen.
Das Zeichen Zwillinge machte Wagner sehr vielseitig. Wagner war ein hervorragender Anwalt in eigener Sache, allerdings etwas ruhelos durch sein starkes Veränderungsbedürfnis.
Freundschaftliche und gesellschaftliche Kontakte nahmen in Wagners Leben einen breiten Raum ein.
Das Zeichen Stier gab Wagner das sichere Gefühl, wirtschaftliche und finanzielle Belange richtig einzuschätzen. Seine bewußte und unbewußte Beziehung zum Besitz und zum Geld war der Antrieb, zu Wohlstand zu gelangen.
Die Konjunktion von Sonne und Venus bekräftigte Wagners Hinwendung zur Musik. Darüberhinaus stand diese Sonne direkt am Aszendenten. Sie verlieh ihm ein starkes Selbstgefühl, Würde und Autorität.
Dazu kommt die Venus im Stier, die nicht nur persönliche Anziehungskraft schenkt, sie gibt Formensinn, künstlerische Anlagen und die Liebe zum Gesang und zur Musik. Menschen mit der Venus am Aszendenten haben ein ausgeprägtes Schmuckbedürfnis, sie lieben den Luxus und streben nach glanzvoller Entfaltung.
Sonne und Venus bildeten mit dem Uranus eine Doppelopposition. Sonne-Uranusaspekte versprechen eine geistige Originalität, die — wie im vorliegenden Falle — bei einer Opposition auch auf viel Widerstand und Ablehnung stößt. Es ist ein Aspekt, der Spannungen in Freundschaften und Partnerschaften verursacht, die oftmals zu einem plötzlichen und unvermittelten Abbruch bestehender Beziehungen führt.
Mehr noch als die Opposition der Sonne zum Uranus fördert die Venus-Opposition zum Uranus künstlerische Talente. Sie gibt den Sinn für Musik und Literatur. Durch sie gewinnt man viele Freunde und Bekannte. Diese Beziehungen sind konfliktreich, besonders durch Liebesangelegenheiten. Menschen mit diesem Aspekt nehmen es auch mit der Treue nicht sehr genau.
Das harmonische Trigon von Sonne und Mars erklärt Wagners großen Arbeitseifer und seinen Leistungsdrang. Seine Erfolge sind das Ergebnis außergewöhnlichen Strebens. Gefahren und Schwierigkeiten, deren es in Wagners Leben mehr als genug gab, konnte

er durch diesen Aspekt aus eigener Kraft überwinden.
Durch das Trigon von Venus und Mars besaß Wagner nicht nur sein künstlerisches Talent, diese Konstellation steigert die Genußfreudigkeit und Liebe zur Geselligkeit.
Mars und Merkur standen in Quadratur. Einerseits schenkte dieser Aspekt eine schnelle Auffassung, andererseits verleitete er immer wieder zu impulsiven Wesensäußerungen, wodurch Wagner mit anderen Personen leicht in Streit geriet.
Der Mars bildete mit Jupiter eine Opposition. Mut und Entschlossenheit konnte man Wagner bei dieser planetaren Verbindung nicht absprechen, nur störte dabei bisweilen eine anmaßende Haltung. Wagner konnte sehr rechthaberisch auftreten.
Für Wagners künstlerisches Schaffen war das Mondsextil zum Neptun wichtig. Dieser Aspekt macht nicht nur sensibel, er gibt eine reiche Phantasie und fördert die Einfühlungsgabe. Wagner verdankt seine Feinfühligkeit in seinem künstlerischen Schaffen diesem Sextil, das seine Gedankenwelt beeinflußte.
Begnügen wir uns mit diesen kurzen Hinweisen auf die Anlagen beider Persönlichkeiten und wenden uns ihrer Beziehung zu.
Das Wichtigste soll zuerst gesagt sein: Ohne König Ludwig II. von Bayern gäbe es kein Gesamtwerk Richard Wagners.
Der Kronprinz Ludwig hatte schon als Zwölfjähriger Wagners Schriften mit großer Begeisterung gelesen. Wagners Interpretation deutscher Heldensagen hatten es dem Jungen angetan, der bereits Wagners Lohengrin gehört hatte. Die Musik hatte auf Ludwig wie eine Droge gewirkt, der er verfallen war.
Die Schicksalsverkettung dieser beiden Menschen begann, als der neunzehnjährige König Ludwig II. Richard Wagner zu sich nach München kommen ließ.
Wagner lebte bis dahin in Stuttgart verarmt, verschuldet und verzweifelt an der Welt, die er nicht verstand und die ihn nicht verstehen wollte.
Plötzlich stand Richard Wagner einem Verehrer, einem Bewunderer seiner Kunst gegenüber. Auch Ludwig verfiel in eine rauschhafte Begeisterung, als er erstmalig dem Meister der Tonkunst persönlich begegnete. Im ersten Ansturm der Begeisterung ließen Ludwig und Wagner ihren überschwänglichen Gefühlen freien

Lauf. Bei dem homophil veranlagten König mag ein Schuß Homoerotik mitgespielt haben, bei Wagner war es wohl der Rausch, von Ludwig als Genie erkannt worden zu sein.
Wagner, ein ausgesprochener Liebhaber der Frauen, mag anfangs von Ludwigs ungestümer Freundschaft irritiert gewesen sein, aber er wußte genau, daß für ihn viel, ja, alles auf dem Spiel stand.
Ludwig ließ Wagner die Zeit der Armut und Verschuldung schnell vergessen. Er beschenkte ihn reich mit Geld und Gold. Er setzte Wagner ein hohes Gehalt aus, er übereignete ihm Häuser, die Wagner in die Lage versetzten, seine Neigung zum Luxus und Pomp voll zu entfalten.
Es kamen bald Stimmen auf, die Wagners Verschwendungssucht anprangerten. In den Zeitungen erschienen Karikaturen von Wagner. Nicht nur in Hofkreisen kam Wagner ins Gerede, er wurde sogar ein öffentliches Ärgernis.
Der König hielt zu Wagner. Selbstherrlich wie Wagner sein konnte, unternahm er den dilettantischen Versuch, das königliche Kabinett zu stürzen. Mit dieser Dummheit war er entschieden zu weit gegangen. Er wurde bei den Hofschranzen nur noch verhaßter.
Dann trat Cosima, die Tochter von Franz Liszt und die Frau von Hans von Bülow in Wagners Leben. Der König warnte Wagner. Wagner bestritt jede intime Verbindung mit Cosima. Sie sei seine Sekretärin, erklärte er dem König, der dies zunächst glaubte.
Wagner spannte Hans von Bülow die Frau aus und heiratete Cosima. Der König war schockiert, von Wagner so belogen zu sein. Er war zutiefst verletzt. Die Enttäuschung hat er nie ganz überwunden.
Für Wagner wurde ein Verbleiben in München unhaltbar. Der König schickte Wagner fort. Ludwig ging von da an auf Distanz, so weit es den Menschen Wagner betraf, doch den Künstler Wagner hat Ludwig nie im Stich gelassen. Er blieb dem Werk des Komponisten treu.
Von nun an kam es nur noch zu kurzfristigen, gelegentlichen Begegnungen zwischen dem König und Wagner. Der Briefwechsel jedoch brach nicht ab.
Aufschluß über diese diffizile Freundschaft geben die Aspekte der Beziehungsanalyse.

Ludwigs und Wagners Sonne standen miteinander in einer Quadratur. Abgesehen von der Verschiedenartigkeit der geistigen Anlagen, verrät dieser Aspekt bereits manchen Konfliktstoff.
Anfangs kann Rücksichtnahme eine Rolle gespielt haben. Später kann aus Gründen der Zweckmäßigkeit eine ganze Weile Zurückhaltung geübt worden sein. Es mußte jedoch zu Krisen kommen, weil sich der eine durch den anderen unverstanden fühlte oder sich in seiner Selbstdarstellung eingeengt sah.
Das trifft in erster Linie auf Wagner zu. Einerseits schmeichelte ihm Ludwigs Begeisterung für seine Musik, andererseits wollte Wagner nicht auf sein Eigenleben verzichten. Das machte er dem König durch seine Heirat mit Cosima deutlich.
Der Mond in Ludwigs Horoskop stand mit Wagners Sonne in Konjunktion. Hierin kommt die geistig-seelische Aufgeschlossenheit Ludwigs für die Musik Wagners klar zum Ausdruck.
Die Venus in Ludwigs Horoskop stand mit Wagners Sonne in einem Trigon. Das verrät viel Verständnis für die Wünsche des anderen. Ludwigs Venus übte einen guten Einfluß auf Wagners Position aus und förderte Wagners materiellen Belange.
Wir dürfen aber nicht übersehen, daß die Sonne in Ludwigs Horoskop mit Wagners Venus in Quadratur steht. Wagners finanzielles Gebaren brachte ihn ins öffentliche Gerede, auch der König kritisierte Wagners aufwendigen Lebenswandel.
Ludwigs Sonne stand mit Wagners Merkur in einem Trigon. Das war ein guter Einfluß auf diese Verbindung. Abgesehen von einer anregenden Übereinstimmung in künstlerischen Fragen, wurde Wagners Selbstvertrauen durch diesen Aspekt gestärkt.
Wagners Aszendent bildete mit Ludwigs Sonne eine Quadratur. Es ist bei dieser Konstellation so, daß der Sonne-Partner dem anderen gegenüber seine Überlegenheit ins Spiel bringen wird. Das stellt die Partnerschaft auf eine Probe.
Im Horoskop Wagners stand der Mond im Zeichen Wassermann. Das gab Wagner einen starken Freiheits- und Unabhängigkeitsdrang. Dazu kamen Wagners Eigenwilligkeiten. In Ludwigs Horoskop stand der Mond im Zeichen Zwillinge. Das erklärt die leicht erregbare Triebnatur und die Stimmungsschwankungen, denen der König häufig unterlag. Menschen mit dieser Mondposi-

tion suchen einen regen Gedankenaustausch und brauchen stets neue geistige Anregungen.
Ludwigs Mond stand im 12. Feld. Es ist also eine karmische Zusammengehörigkeit durch Schicksalsverkettung. Außenstehenden blieb diese Partnerschaft stets unverständlich, schon wegen der Verschiedenartigkeit der Partner, vom Altersunterschied ganz zu schweigen.
Der Mond im 11. Feld in Wagners Horoskop machte ihn empfänglich für Protektionen.
Ludwigs Mond stand mit Wagners Venus in einer engen Konjunktion. Der hierdurch gegebene seelische Gleichklang ließ Ludwig total in Wagners Musik aufgehen. Wagners Musik versetzte ihn in einen Rausch.
Des Königs Mond stand mit Wagners Mars in einem harmonischen Trigon. Das Geben und Nehmen zwischen den Partnern erfolgte im harmonischen Wechselspiel. Ludwig ging nicht nur ganz in Wagners Musik auf, er regte den Komponisten auch zu neuen Werken an. Die materiellen Zuwendungen des Königs ermöglichten dem Tonkünstler ein sorgenfreies Leben.
Es bestand ganz ohne Zweifel Großzügigkeit im Denken und Handeln zwischen den Partnern, dafür sorgte Ludwigs Mond im Sextil zu Wagners Jupiter.
Es darf aber nicht übersehen werden, daß Wagners Jupiter mit dem Mond des Königs ein Quadrat bildete. Daraus erklärt sich Wagners mißverstandene Großzügigkeit. Seine Verschwendungssucht brachte ihm erhebliche rechtliche Schwierigkeiten ein und führte zur Verärgerung des Königs.
Der Saturn in Ludwigs Horoskop steht mit Wagners Mond in Konjunktion. Dieser Beziehungsaspekt hat Langzeitwirkung. Damit soll gesagt sein, daß die Partner die Auswirkungen der Konstellation erst im Laufe der Zeit zu spüren bekommen. Wagner, der Mond-Partner, fühlte sich allmählich vom König, dem Saturn-Partner, in seiner Selbstdarstellung eingeengt. Es ist ein typischer Trennungsaspekt.
Der Mondknoten in Ludwigs Horoskop stand mit Wagners Mond in einer Quadratur. Auch dieser Aspekt erschwerte den seelischen Kontakt.

Hingegen als ein sehr glücklicher Aspekt ist der Merkur in Ludwigs Horoskop zu Wagners Venus anzusehen. Das Trigon verband die Partner in ihren künstlerischen Interessen und führte zu einem schöpferischen Gedankenaustausch, der anfangs einen belebenden Einfluß auf die Freundschaft hatte.
Es kam hinzu, daß Ludwigs Merkur im Sextil mit Wagners Uranus verbunden war. In ganz unkonventioneller Weise wurden von den Partnern Pläne geschmiedet. Es wurde ein Festspielhaus in München geplant, aber nicht realisiert.
Das Festspielhaus in Bayreuth kam unter schwierigen Geburtswehen zustande. Immer wieder, wenn das Projekt zu scheitern drohte, sprang der König mit Geld ein. Er rettete die Fertigstellung des Festspielhauses.
Aszendent und Medium Coeli in des Königs Horoskop standen mit Wagners Merkur in Sextilen. Das bestätigt die gute Hilfestellung, die Wagner durch den König zuteil wurde.
Wagners Venus stand direkt am Aszendenten, daher sah Wagner alles aus der Perspektive des Schönen, Ästhetischen und Künstlerischen.
Die Venus stand damit zugleich an der Spitze des 12. Feldes im Horoskop des Königs. Ludwig nahm hierdurch an den Problemen Wagners teil, nur muß berücksichtigt werden, daß die Venus im Grundhoroskop Wagners vom Uranus eine Opposition empfing. Es traten Schwierigkeiten in der Verbindung auf, verursacht durch falschen, bzw. verschwenderischen Einsatz der finanziellen Mittel.
Ludwigs Venus stand im 5. Feld in Wagners Horoskop. Diese Position regte einen Künstler wie Wagner zum Schaffen an. Sie bot auch die beste Voraussetzung, um gemeinsam künstlerische und kulturelle Angelegenheiten durchzusetzen.
Auch das Trigon zwischen Wagners und des Königs Venus bestätigt den künstlerischen Gleichklang.
Ludwigs Venus bildet mit Wagners Uranus ein Sextil. Uranus-Venusaspekte, das muß ganz grundsätzlich gesagt werden, haben stets eine besondere Reizwirkung, ganz gleich, ob es sich dabei um harmonische oder disharmonische Aspekte handelt.
Der König als Venus-Partner unterlag der Faszination des

Uranus-Partners Wagner. Uranus und Venus geben einer Partnerschaft auch etwas Exzentrik und den Hang zum Außergewöhnlichen. Künstler erhalten durch solchen Aspekt einen schöpferischen Impuls.
Eros beeinflußt das Denken und Fühlen. Freundschaften, die nicht sexuell motiviert sind, basieren auf einer ganz ungewöhnlichen geistigen gegenseitigen Anziehungskraft.
Wagners Aszendent und Medium Coeli empfing Trigone von Ludwigs Venus. Es sind die Freundschaft fördernde Aspekte und versprechen gutes Zusammenwirken in gemeinsamen Bestrebungen.
Ein sehr kritischer Aspekt ist Ludwigs Neptun in Quadratur zu Wagners Venus. Wagners Musik wirkte auf Ludwig wie eine Droge. Sie machte ihn süchtig. So wurde Wagners Musik für den König zugleich eine Flucht in die Welt des Scheins, des Rausches und der Illusionen. Wagner war für Ludwig der große Magier der Musik.
Negative Neptunaspekte können Partnerschaften durch Skandale belasten. Solche Skandale wurden von Wagner provoziert. Der König war enttäuscht und sah sich getäuscht.
Der Mars stand in beiden Horoskopen im Zeichen Wassermann. Das läßt auf ein beiderseitiges exzentrisches Verhalten schließen, schließt aber ein freundschaftliches Verhalten nicht aus.
Des Königs Mars stand in Wagners 10. Feld. Das führte zu der starken Aktivierung der beruflichen Belange Wagners, zu der es ohne die Hilfe des Königs in dieser Form nie gekommen wäre.
Wagners Mars stand im 8. Feld des Königs. Ein klarer Hinweis, daß Ludwig mit Besitz- und Finanzfragen Wagners beschäftigt war.
Wohl der kritischste Aspekt ist Ludwigs Mars in einer Quadratur zu Wagners Uranus. Dieser Aspekt enthält Explosivstoff. Er löst stets plötzliche Zusammenstöße aus, verbunden mit Aufregungen. Der König als Mars-Partner will sich gegenüber dem Uranus-Partner Wagner behaupten. Bei diesem Aspekt ist auch oft Untreue mit im Spiel. Es kommt zur abrupten, plötzlichen Trennung. Denken wir doch nur an den politischen Eklat, den Wagner verursachte, an seine ewigen Finanzmiseren und nicht zuletzt an seinen Wortbruch in der Affäre Cosima. Das alles trug dazu bei, daß sich

der König räumlich von Wagner trennte, doch dem Werk des Komponisten die Treue hielt.
Im Königshoroskop stand der Aszendent in Opposition zu Wagners Mars. Wagner, der Mars-Partner, wollte in dieser Verbindung allein seinen Einfluß zur Geltung bringen. Diese Rechnung ging jedoch nicht auf.
Die anziehenden Berührungspunkte haben wir bereits behandelt. Bedenken wir aber nun auch die große charakterliche Verschiedenheit und die abgrundtiefe trennende gesellschaftliche Stellung der Partner, dann mußten die kritischen Aspekte zum Eklat führen.
In Wagners Horoskop steht der Jupiter im Zeichen Löwe. Das bedeutet Eitelkeit und Liebe zur Prachtentfaltung. Nun steht dieser Jupiter im Horoskop des Königs im 2. Feld. Großzügigkeit und Freigebigkeit begründeten Wagners Wohlstand. Der Jupiter erhielt vom Merkur einen kritischen Aspekt, daher klingt immer wieder das Motiv der Verschwendung auf.
Ludwigs Jupiter stand bei Wagner im 12. Feld des Horoskops. Außer großer materieller Hilfe protegierte der König Wagner wo und wie er nur konnte.
Der Uranus in Ludwigs Horoskop stand mit Wagners Jupiter in einem Trigon. Die Partner hielten trotz aller Widerstände fest am Projekt des Festspielhauses. Gemeinsam setzen sie sich für Wagners Ziele ein, ideell und materiell.
Ludwig und Wagner haben den Saturn im 9. Feld des Grundhoroskops stehen. Sie konnten sich beide für höhere Zielsetzungen begeistern.
Ludwigs Saturn stand im 10. Feld in Wagners Horoskop. Diese Position beeinflußte Wagners Karriere stark. Durch das Saturnquadrat zum Jupiter kam Eifersucht ins Spiel.
Des Königs Saturn stand im Sextil zu Wagners Neptun. Das ist eine empfindliche Konstellation, weil Realismus und Träumerei nicht recht zueinander passen.
Der Uranus im Horoskop des Königs stand mit dem Neptun Wagners in einem Trigon. Das zeigt die ebenso unalltägliche wie auch ungewöhnliche Verbindung an.
Die hier gegebenen Beispiele sollen für den Leser Anregung sein,

sich weiter in der Beziehungsanalyse zu üben. Sehr schnell ist zu erkennen, wie psychologisch tiefgründig und treffsicher die Beziehungen zwischen Partnern zu deuten sind.